Friedhelm Guttandin

Einführung in die
„Protestantische Ethik" Max Webers

Friedhelm Guttandin

# Einführung in die „Protestantische Ethik" Max Webers

Westdeutscher Verlag

Die Deutsche Bibliothek – CIP-Einheitsaufnahme

**Guttandin, Friedhelm:**
Einführung in die „Protestantische Ethik" Max Webers / Friedhelm
Guttandin. – Opladen ; Wiesbaden : Westdt. Verl., 1998
    ISBN 3-531-12969-4

BR
115
.E3
W432
1998

Der Westdeutsche Verlag ist ein Unternehmen der Bertelsmann Fachinformation GmbH.

http://www.westdeutschervlg.de

Höchste inhaltliche und technische Qualität unserer Produkte ist unser Ziel. Bei der Produktion und Verbreitung unserer Bücher wollen wir die Umwelt schonen: Dieses Buch ist auf
säurefreiem und chlorfrei gebleichtem Papier gedruckt. Die Einschweißfolie besteht aus
Polyäthylen und damit aus organischen Grundstoffen, die weder bei der Herstellung noch bei
der Verbrennung Schadstoffe freisetzen.

Umschlaggestaltung: Horst Dieter Bürkle, Darmstadt
Druck und buchbinderische Verarbeitung: Lengericher Handelsdruckerei, Lengerich
Printed in Germany

ISBN 3-531-12969-4

Inhaltsverzeichnis

# Einleitung

## Die Frage nach der Frage, auf die die „Protestantische Ethik" die Antwort ist

Max Weber ist durch seine Schrift „Die protestantische Ethik und der 'Geist' des Kapitalismus"[1] einer größeren Öffentlichkeit bekannt geworden. Den Ausgangspunkt der Überlegungen Webers bildet die Beobachtung einer engen Beziehung zwischen Protestantismus und kapitalistischer Entwicklung.

Der Kapitalismus gilt Weber als „schicksalsvollste Macht unsres modernen Lebens".[2] Er wird zu einem die Wirtschaft und durch sie das Alltagsschicksal der Menschen unentrinnbar beherrschenden System, das auf seinem Vormarsch geradezu zersetzend auf überkommene Ordnungen wirkt. Das Signum der Neuzeit ist für Weber der drohende Verlust der Freiheit des Individuums, die zunehmende Einengung seiner Handlungsräume. Kein Wort Webers steht hierfür treffender als das oft zitierte von den „stahlharten Ge-

---

[1]  Max Weber, Die protestantische Ethik und der „Geist" des Kapitalismus, in: Archiv für Sozialwissenschaft und Sozialpolitik, Bd. 20, Tübingen (1904) 1905, (im folgenden PE (1), Bd. 20) und Bd. 21, Tübingen 1905 (im folgenden: PE (1), Bd. 21); Nachdruck: Max Weber, Die protestantische Ethik und der „Geist" des Kapitalismus, Faksimile-Ausgabe der 1905 erschienenen Erstdrucke in der Reihe „Klassiker der Nationalökonomie" (hrsg. von Bertram Schefold u.a.), Düsseldorf 1992 / ders., Die protestantische Ethik und der Geist des Kapitalismus, in: ders., Gesammelte Aufsätze zur Religionssoziologie, Bd. I, Tübingen 1988 (photomechanischer Nachdruck der 1920 erschienenen Erstauflage), S. 17-206 (im folgenden: PE (2)) / ders., Die protestantische Ethik und der Geist des Kapitalismus, in: ders., Die protestantische Ethik, Bd. I, Eine Aufsatzsammmlung (hrsg. von Johannes Winckelmann), Hamburg 1975, S. 27-279 (im folgenden: PE (3)) / ders., Die protestantische Ethik und der „Geist" des Kapitalismus (hrsg. von Klaus Lichtblau und Johannes Weiß), Bodenheim 1993, (im folgenden: PE (4))

[2]  Max Weber, Gesammelte Aufsätze zur Religionssoziologie. Bd. 1, Tübingen 1988 (im folgenden GARS I), S. 4 / ders., Die Protestantische Ethik, Bd. I, Eine Aufsatzsammlung (hrsg. von Johannes Winckelmann), Hamburg 1975 (im folgenden We/Wi I), S. 12

häusen", die uns zum Verhängnis werden.[3] Baumeister dieser Gehäuse war zunächst die protestantische Askese, dann - in ihrem Gefolge - der Kapitalismus, die Wirtschaftsordnung des modernen Okzidents als lebensbestimmende Macht.[4] Als Mitherausgeber des Archivs für Sozialwissenschaft und Sozialpolitik - zusammen mit Werner Sombart und Edgar Jaffé - hat Weber in einem gemeinsam mit jenen verantworteten „Geleitwort", von dem „grundstürzenden" Umgestaltungsprozeß, „den unser Wirtschaftsleben und damit unser Kulturdasein überhaupt durch das Vordringen des Kapitalismus erlebte"[5], gesprochen. In diesem Geleitwort, das kurz vor der Veröffentlichung der Protestantischen Ethik erschien, ist die Rede davon, „1. daß der Kapitalismus ein nicht mehr aus der Welt zu schaffendes, also schlechthin hinzunehmendes Ergebnis der geschichtlichen Entwicklung sei, hinter das zurück, zu den patriarchalischen Grundlagen der alten Gesellschaft, heute kein Weg mehr führt; 2. daß daher die alten Formen der gesellschaftlichen Ordnungen, die jenen patriarchalischen Grundlagen entsprochen hatten, ob wir es nun wünschen oder nicht, neuen Platz machen werden, die den veränderten Bedingungen des Wirtschaftslebens sich anzupassen vermögen".[6] Weber war gleichermaßen fasziniert wie entsetzt von der unwiderstehlichen Gewalt, mit der der Kapitalismus alle traditionalen gesellschaftlichen Ordnungen unwiderruflich zerstörte und an ihre Stelle rationale Interaktionssysteme setzte, die einerseits die Dynamik wirtschaftlicher und gesellschaftlicher Kräfte freisetzten, andererseits starre bürokratische Strukturen produzierten, die ihm die Vorboten einer „neuen Hörigkeit" zu sein schienen.

Webers berühmte Untersuchung über „Die protestantische Ethik und der 'Geist' des Kapitalismus" zeigt, daß der Typus des modernen Berufsmenschen und mit ihm die geistigen Grundlagen des modernen Kapitalismus ein Produkt puritanischer Religiosität sind. Die calvinistische Prädestinationslehre in der Fassung, die ihr später von den puritanischen Sekten gegeben worden ist, hat dem Gläubigen eine streng rational reglementierte, ausschließlich dem Erwerb hingegebene Lebensführung zur religiösen Pflicht gemacht und

---

[3]  PE (2), S. 203 f. / PE (3), S. 188 / PE (4), S. 153
[4]  vgl. PE (2), S. 203 f. / PE (3), S. 188 / PE (4), S. 153
[5]  Geleitwort der Herausgeber (Werner Sombart, Max Weber, Edgar Jaffé), in: Archiv für Sozialwissenschaft und Sozialpolitik, Bd. 19, Tübingen 1904, S. II
[6]  ebd., S. IV; vgl. auch: Max Weber, Gesammelte Aufsätze zur Wissenschaftslehre, Tübingen 1973 (im folgenden WL), S. 164-165

damit die inneren Antriebe für eine unablässige Kapitalakkumulation und eine strenge Intensivierung der Produktion bei gleichzeitigem Konsumverzicht geschaffen. Von daher bezeichnet Weber die Puritaner als Geburtshelfer des modernen Kapitalismus, der schlechthin revolutionären Macht unseres Zeitalters.

Die Protestantismusthese wurde lange Zeit nahezu ausschließlich im Zusammenhang mit dem modernen Kapitalismus diskutiert. Diese Thematik hat heute noch in den angelsächsischen Ländern Konjunktur.[7] Es war Friedrich H. Tenbruck, der einen Perspektivenwechsel in der Betrachtungsweise durchsetzen konnte. Er hat die These vertreten, daß Weber im Verlaufe seiner Forschungsarbeiten ein universalgeschichtliches Entwicklungsmodell konzipiert habe.[8] In den religionssoziologischen Studien wird nach Tenbruck deutlich, daß die Entstehung der rationalen Kultur der westlichen Welt das zentrale Thema der Arbeit Webers sei. Das Thema Rationalisierung ist nun aber untrennbar mit Webers Begriff der „Entzauberung" verbunden. Weber erwähnt den Begriff bereits in seiner „Protestantischen Ethik": Es handelt sich um jene Stelle, an der er davon spricht, daß mit dem Calvinismus „jener große religionsgeschichtliche Prozeß der Entzauberung der Welt, welcher mit der altjüdischen Prophetie einsetzte und, im Verein mit dem hellenischen wissenschaftlichen Denken, alle magischen Mittel der Heilssuche als Aberglaube und Frevel verwarf"[9], seinen Abschluß fand. Tenbruck konstatiert, daß diese Bemerkung aber ein Einschub in die überarbeitete Fassung der „Protestantische Ethik" von 1920 sei, in der Urform von 1905 ist der Satz nicht vorhanden. Damit stellt sich die Frage: Wann wurde Weber klar, daß der Calvinismus, daß die protestantische Ethik nur der Schlußakt eines großen religionsgeschichtlichen Rationalisierungsprozesses war?

Tenbruck kommt zu dem Ergebnis, Weber habe sich zunächst nur für die Schlußphase der Entwicklung in Richtung Moderne, eben für die protestanti-

---

[7]   vgl. Robert W. Green (Hrsg.), Protestantism, Capitalism, and Social Science. The Weber Thesis Controversy, Lexington, Massachusetts und Toronto 1973 / für den deutschen Sprachraum: Manfred Brocker, Max Webers Erklärungsansatz für die Entstehung des Kapitalismus. Thesen und Kritik, in: Zeitschrift für Geschichtswissenschaft, H. 6, 43. Jahrgang, 1995, S. 495-514

[8]   vgl. Friedrich H. Tenbruck, Das Werk Max Webers, in: Kölner Zeitschrift für Soziologie und Sozialpsychologie, Nr. 27, Köln 1975, S. 663-702

[9]   PE (2), S. 94 f. / PE (3), S. 123 / PE (4), S. 178

sche Ethik interessiert und sei dann erst im Verlaufe seiner weiteren Forschungen auf den Gedanken eines Prozesses gekommen: Daß nämlich der religionsgeschichtliche Entzauberungsprozeß nur ein Teil eines umfassenden okzidentalen Rationalisierungsprozesses bilde, der mit der protestantischen Ethik ende, woraufhin dann aber der moderne Rationalisierungsprozeß erst richtig beginne. Nun sei aber nicht mehr die Religion sein Träger, sondern Wissenschaft, Wirtschaft und Politik trieben ihn voran.

Tenbruck hält die „Protestantische Ethik" Webers lediglich für eine Art Vorarbeit zu seinem Hauptwerk, die „Wirtschaftsethik der Weltreligionen", die beide zusammen in den „Gesammelten Aufsätzen zur Religionssoziologie" veröffentlicht wurden. Hier seien insbesondere die „Einleitung" und die „Zwischenbetrachtung" zentral. Auf diese Weise verliert die „Protestantische Ethik" im Rahmen des Gesamtwerks erheblich an Bedeutung.

Indem Tenbruck den universalen Rationalisierungsprozeß zur Leitlinie des Weberschen Werks erhebt, stellt er Weber in einen universalgeschichtlichen, evolutionistischen Bezugsrahmen. Gegen diese Deutung hat Wolfgang Schluchter Einwände erhoben, indem er nachdrücklich auf den Widerspruch Webers gegen evolutionistische Geschichtskonstruktionen verweist. Im Gegensatz zu Tenbruck, der Weber als einen Evolutionstheoretiker diskutiert, stellt Wolfgang Schluchter[10] die These auf, es gebe bei Weber lediglich ein „evolutionstheoretisches Minimalprogramm". Weber formuliere zwar eine Evolutionstheorie, aber es sei keine, die einen universalgeschichtlichen Anspruch erhebe. Natürlich habe er die okzidentale Rationalisierung erklären wollen, aber er gebe sich nicht mit der Erkenntnis der inneren Zwangsläufigkeit einer Abfolge zufrieden; es gehe ihm um die historische Identifizierung von Teilvorgängen und um ihr Verhältnis zueinander und dafür formuliere er ein „evolutionstheoretisches Minimalprogramm".

Noch entschiedener als Schluchter wendet sich Johannes Winckelmann[11] gegen die These Tenbrucks, Webers Arbeiten seien evolutionstheoretisch zu verstehen. Auch für Winckelmann stellen „Rationalisierung" und „Entzauberung" das zentrale Thema Webers dar; aber es könne doch keine Rede von

---

[10] vgl. Wolfgang Schluchter, Die Entwicklung des okzidentalen Rationalismus, Tübingen 1979, S. 6 ff.

[11] vgl. Johannes Winckelmann, Die Herkunft von Max Webers „Entzauberungskonzeption", in: Kölner Zeitschrift für Soziologie und Sozialpsychologie, Nr. 32, 1980, S. 12-54

irgendeiner evolutionären Eigenbewegung des Religiösen, die den Kern des Rationalisierungsprozesses ausmache, sein. Nach Winckelmann gibt es für Weber nicht „den" treibenden Faktor des geschichtlichen Geschehens. Die Ursachen der Rationalisierung seien vielfältig. Außerdem bliebe offen, ob es sich um eine in sich einheitliche Bewegung handele. Statt eines Monokausalismus finde man bei Weber das heuristisch-methodische Prinzip der Faktoreninterdependenz und die konkret-empirische Analyse der Fülle der Faktizitäten. Aber auch diese Argumente gegen Tenbruck rücken die „Protestantische Ethik" keineswegs in das Zentrum der Diskussion. Das leistet erst die von Wilhelm Hennis vorgelegte Weberinterpretation.

Im Unterschied zu all den vorher genannten Interpreten glaubt Wilhelm Hennis[12], die Fragestellung Webers aus der auf die „Protestantische Ethik" folgenden Kontroverse zwischen Weber und seinen Kritikern herausarbeiten zu können, denn hier sei Weber gezwungen gewesen, seine Problemperspektive zu präzisieren. Vor allem die Repliken auf die Kritik Fischers[13] versuchen, die Fragestellung zu klären: Es geht um die Beeinflussung der Lebensführung durch bestimmte Arten der Frömmigkeit, letztlich um den Sieg jenes „ethischen Lebensstils", der den Triumph des Kapitalismus in der Seele des Menschen bedeutet. Die Replik auf die Kritik Rachfahls[14] enthält dann die Pointe: „denn nicht die Forderung des Kapitalismus in seiner Expansion war das, was mich zentral interessierte, sondern die Entwicklung des Menschentums, welches durch das Zusammentreffen religiös und ökonomisch bedingter Komponenten geschaffen wurde: das war am Schluß meiner Aufsätze deutlich gesagt"[15]. Wenn nun Webers Interesse der Eigenart des modernen „Menschentums" galt, so wurde - nach Hennis - die „Lebensführung" der Gegenstand der Untersuchung. Das Schicksal des Menschen als Mensch interessiert ihn, die Frage, was wird aus dem Menschen - seelisch und qualitativ?

---

[12] vgl. Wilhelm Hennis, Max Webers Fragestellung. Studien zur Biographie des Werkes, Tübingen 1982

[13] vgl. Max Weber, Kritische Bemerkungen zu den vorstehenden „Kritischen Beiträgen" in: Die Protestantische Ethik, Bd. II. Kritiken und Antikritiken (hrsg. von Johannes Winckelmann), Gütersloh 1978, S. 27-37 (im folgenden: We/Wi II) / vgl. ders., Bermerkungen zu der vorstehenden „Replik", in We/Wi II, S. 44-46

[14] vgl. ders., Antikritisches zum „Geist" des Kapitalismus, in We/Wi II, S. 149-187

[15] vgl. ders., Antikritisches Schlußwort zum „Geist des Kapitalismus", in: We/Wi II, S. 303

Es ist die These von Hennis, daß „hinter allem der Mensch" steht, daß es
Weber um das Schicksal des „Menschentums" geht, also nicht so sehr um die
Schicksale vieler einzelner Individuen, sondern um die Frage, welche
„Qualität" denn die Menschen besitzen werden, die unter den Bedingungen
des Kapitalismus und der umfassenden Rationalität leben müssen. „Nichts,
nicht ein Satz der „Protestantischen Ethik" erlaubt die Annahme, es sei ihm
[Weber; F.G.] in ihr um einen Beitrag zur Entschlüsselung des ‘universal-
geschichtlichen Prozesses der Rationalisierung' gegangen."[16] Dagegen: „Ihr
einziger ‘Gegenstand' ist ‘Lebensführung'. Um sie, in der die Menschen ihr
‘Menschentum' auslegen, dreht sich alles."[17]

Die Frage nach der Frage Webers hat hiermit freilich nicht ihre letzte
Antwort gefunden. Denn mit jenen vorgenannten Lesarten konkurrierend
oder sie auch ergänzend läßt sich eine weitere Perspektive der Interpretation,
nämlich die der paradoxen Verkehrung der Absichten in den Folgen des Handelns, einführen.

Weber hat darauf verwiesen, daß einer seiner Schüler im Jahre 1900 eine
Studie über das Verhältnis von Konfession und sozialer Schichtung in Baden
vorgelegt habe, die die enge Beziehung zwischen Protestantismus und Kapitalismus auch noch für die Zeit der Jahrhundertwende konstatiert.[18] Er wertet
dies als einen weiteren Nachweis dessen, was in den letzten Jahrhunderten
von verschiedenen Wissenschaftlern und Schriftstellern längst schon klar
ausgesprochen worden sei.[19] Und auch die Spanier hätten gewußt, daß der
Calvinismus der Niederländer den Handelsgeist befördere.[20]

Zu den Zeitgenossen und Kollegen Webers, die dieser Spur schon vor seiner Veröffentlichung der „Protestantischen Ethik" nachgegangen waren, ge-
hören Gothein, der 1892 eine „Wirtschaftsgeschichte des Schwarzwaldes"
veröffentlicht hat, in der er die „calvinistischen Diaspora" als „die Pflanz-

---

[16] Wilhelm Hennis, Max Webers Fragestellung. Studien zur Biographie des Werkes, a.a.O.,
     S. 33
[17] ebd.
[18] vgl. PE (1), Bd. 20, S. 2, Anm 1 / PE (2), S. 18, Anm 1 / PE (3), S. 78, Anm. 3 / PE (4),
     S. 1, Anm. 3
[19] vgl. PE (2), S. 196, Anm. 2 / PE (3), S. 272, Anm. 289 / PE (4), S. 200
[20] vgl. PE (1), Bd. 20, S. 9 / PE (2), S. 26 f. / PE (3), S. 36 / PE (4), S. 8

schule der Kapitalwirtschaft"[21] bezeichnete; Sombart, der in seinem umfangreichen Werk „Der moderne Kapitalismus", 1902 zum erstenmal veröffentlicht, das Verhältnis von einzelnen protestantischen Sekten und Kapitalismus erörterte[22]; Troeltsch, der zwar erst 1906 seinen großen Beitrag über „Protestantisches Christentum und Kirche in der Neuzeit" publizierte[23], der aber schon 1901, ein Jahr vor Erscheinen von Sombarts Buch und vier Jahre vor der Publikation von Webers Aufsätzen, in einem Vortrag über „Die Absolutheit des Christentums" die These einer historischen „Stufenkonstruktion": „Urchristentum, Katholizismus, und Protestantismus" diskutiert hatte[24]. Außerdem ist davon auszugehen, daß Weber die 1895 erschienene Schrift seines Heidelberger Kollegen und Freundes Jellinek über „Die Erklärung der Menschen- und Bürgerrechte" kannte, in der dieser ausführt, daß die Menschen- und Bürgerrechte nicht allein der Aufklärung und der Französischen Revolution zu verdanken seien, sondern auch und vor allem den frommen Nonkonformisten des 17. Jahrhunderts, die das für alle weiteren Grundrechte fundamentale Grundrecht auf Glaubens- und Gewissensfreiheit erkämpft hatten.[25] Webers Überlegungen zur Bedeutung des Protestantismus sind also, worauf er selbst ja hingewiesen hat, nicht absolut neu.

---

[21] Eberhard Gothein, Wirtschaftsgeschichte des Schwarzwaldes und der angrenzenden Landschaften, 1892, Reprint New York 1970, S. 674 / vgl. PE (1), Bd. 20, S. 9 / PE (2), S. 27 / PE (3), S. 36; S. 81, Anm. 17 / PE (4), S. 8

[22] vgl. Werner Sombart, Der moderne Kapitalismus, Bd. 1, Kapitel 14 und 15, 1. Auflage, Leipzig 1902, S. 378-397; nachgedruckt in: Bernhard vom Brocke, Sombarts „Moderner Kapitalismus". Materialien zur Kritik und Rezeption, München 1987, S. 87 ff. / vgl. PE (1), Bd. 20, S. 9, Anm. 3 / PE (2), S. 27, Anm. 2 / PE (3), S. 81, Anm. 18 / PE (4), S. 8, Anm. 15; S. 160

[23] vgl. Johannes Winckelmann, Die Herkunft von Max Webers „Entzauberungskonzeption", a.a.O., S. 14

[24] vgl. Ernst Troeltsch, Die Absolutheit des Christentums und die Religionsgeschichte. Vortrag. Gehalten auf der Versammlung der Freunde der christlichen Welt zu Mühlacker am 3. Oktober 1901, Tübingen 1912, S. 40 / vgl. Hartmut Lehmann, Asketischer Protestantismus und ökonomischer Rationalismus: Die Weber-These nach zwei Generationen, in: Wolfgang Schluchter (Hrsg.), Max Webers Sicht des okzidentalen Christentums, Frankfurt/M. 1988, S. 531

[25] vgl. Georg Jellinek, Die Erklärung der Menschen- und Bürgerrechte. Ein Beitrag zur modernen Verfassungsgeschiuchte, München, Leipzig 1919 (2.Aufl.), S. 57 / vgl. Hartmut Lehmann, Asketischer Protestantismus und ökonomischer Rationalismus, a.a.O., S. 534 f. / Johannes Winckelmann, Die Herkunft von Max Webers „Entzauberungskonzeption", a.a.O., S. 13

Wenn Weber hinsichtlich der Beobachtung jener engen Beziehung zwischen Protestantismus und Kapitalismus nicht nur keine Originalität beansprucht, sondern sie geradezu mit dem Hinweis ablehnt, hier handele es sich um bisher von niemandem bestrittene Tatbestände, so liegt das Besondere und Neue seiner Analyse auf der Untersuchung der inneren Triebkräfte jener Beziehung.[26]

Es ist gerade der Nachweis einer scheinbaren historischen Paradoxie jener Beziehungen beim Übergang zur modernen Gesellschaft, die Webers Untersuchungen zur protestantischen Ethik so interessant machen: Eine im Ursprung stark antikapitalistisch gefärbte Religionsbewegung wie die protestantische Reformation spielte bei der Durchsetzung des modernen Kapitalismus und mit ihm einer Kultur massiver Areligiosität eine entscheidende Rolle.

Unter dem Gesichtspunkt dieser scheinbaren Paradoxie kann man Webers Untersuchungen zur protestantischen Ethik nicht nur als einen Ansatz zur Klärung des geschichtlichen Werdens des modernen Kapitalismus und auch der modernen Kultur lesen, sondern die Analysen Webers zeigen auch auf, in welcher - paradoxen - Weise Ideen in der Geschichte wirksam werden. Letztlich geht es hier um einen Beitrag zur Theorie sozialer Wandlungsprozesse.[27]

Allerdings stellt sich die Frage, ob Weber beabsichtigte, in seiner Protestantischen Ethik tatsächlich nur eine einzige Problemstellung zu verfolgen. Vielmehr steht zu vermuten, daß es ihm um die Bearbeitung eines Problemkomplexes ging, in dem sich die bisher aufgeworfenen Fragen bündeln: 1. der Einfluß religiöser Ideen auf das Verhalten, insbesondere auf das wirtschaftliche Verhalten; 2. die paradoxe Verwirklichung von Ideen; 3. die Besonderheiten der okzidentalen Kultur, insbesondere ihr Menschentyp und der spezifische Habitus, den diese Kultur hervorbringt; und 4. die Herausbildung des modernen Kapitalismus.

Jede dieser Lesarten der Protestantismusthese beruft sich nicht nur auf Äußerungen Webers, sondern in spezieller Weise auf einzelne seiner Schriften und deren Veröffentlichungsvarianten.

---

[26] vgl. PE (2), S. 196, Anm. 2 / PE (3), S. 272, Anm. 289 / PE (4), S. 200
[27] vgl. Günter Dux, Religion, Geschichte und sozialer Wandel in Max Webers Religionssoziologie, in: Constans Seyfarth und Walter M. Sprondel, Seminar: Religion und gesellschaftliche Entwicklung. Studien zur Protestantismus-Kapitalismus-These Max Webers, Frankfurt/M. 1973, S. 313 ff.

Im Jahre 1905 veröffentlichte Max Weber die Arbeit „Die protestantische Ethik und der 'Geist' des Kapitalismus" in zwei Teilen im Archiv für Sozialwissenschaft und Sozialpolitik zum erstenmal.[28] 1906 publizierte er in der Frankfurter Zeitung einen weiteren zweiteiligen Aufsatz über „'Kirchen' und 'Sekten'", der dann in überarbeiteter Form noch im selben Jahr in der Zeitschrift Christliche Welt unter dem Titel „'Kirchen' und 'Sekten' in Nordamerika. Eine kirchen- und sozialpolitische Skizze" erschien.

Diese beiden Schriften von Weber wurden nach weiterer Überarbeitung dann an den Anfang seiner Gesammelten Aufsätze zur Religionssoziologie (GARS - insgesamt 3 Bände), deren erster Band 1920 herauskam, gestellt. Neben den Aufsätzen über den Protestantismus sind in den GARS noch die im Jahre 1916 zum erstenmal publizierten Arbeiten über die „Wirtschaftsethik der Weltreligionen" versammelt.

Die GARS geben also nicht die Originaltexte der Protestantismusaufsätze aus den Jahren 1904 und 1905 wieder. Auch die von Johannes Winckelmann nach dem Zweiten Weltkrieg edierte Aufsatzsammlung „Max Weber, Die protestantische Ethik" (PE (3) - 2 Bände) übernimmt die für die GARS überarbeitete Textfassung. Man hat es also bei den sowohl in den GARS wie auch in den von Winckelmann präsentierten Aufsätzen nicht mit den originalen Texten, aber doch mit den von Max Weber selbst autorisierten Ausgaben letzter Hand zu tun. Auch die „Vorbemerkung", die von Winckelmann ebenfalls an erster Stelle in seine Edition übernommen wird, ist von Max Weber zum erstenmal erst 1920 publiziert worden und wurde als solche von ihm nicht nur den Aufsätzen über den Protestantismus, sondern den gesamten GARS vorangestellt.

Diese etwas verschlungene „Herausgabepolitik" hat einige Probleme hinsichtlich der Diskussion über die inhaltliche Stellung der Protestantischen Ethik zur Folge, die hier nur kurz angedeutet werden sollen. Indem nämlich Max Weber seine „Protestantische Ethik" in diesen neuen Kontext der Gesammelten Aufsätze zur Religionssoziologie (GARS) stellt, verlagern sich - im Sinne Tenbrucks - die Akzente von der Analyse des Kapitalismus auf die Geschichte des Rationalismus im Lichte religionssoziologischer Entwicklun-

---

28 Der Bd. 20 des Archivs für Sozialwissenschaft und Sozialpolitik wurde trotz seiner Datierung auf 1905 schon 1904 ausgeliefert. Daher findet sich für diese Ausgabe auch die kombinierte Jahresangabe 1904/1905. Inszwischen wurden diese originalen Aufsätze nachgedruckt: Siehe Anm. 1

gen. Hierfür sorgen weniger einige Überarbeitungen im Text als vielmehr die
dem Gesamtwerk der GARS vorangestellte „Vorbemerkung", die jene Ak-
zentverschiebung hervorhebt. Im Zusammenhang der GARS wird die Formierung des kapitalistischen Geistes nicht mehr rein für sich, sondern als
Ende eines größeren welthistorischen Prozesses der Rationalisierung betrachtet. Die ursprüngliche Frage der Protestantismusaufsätze nach dem Verhältnis von Protestantismus und modernem Kapitalismus gerät im Zusammenhang der GARS etwas in den Hintergrund zugunsten der Untersuchung
universalhistorischer Rationalitätsentwicklungen. Aus dieser Sicht wird ein
Problem der von Winckelmann herausgegebenen „Protestantischen Ethik"
deutlich: Einerseits favorisiert sie die Frage der originalen Aufsätze nach der
Beziehung zwischen Protestantismus und Kapitalismus und andererseits
greift sie auf die für die neuere Fragestellung überarbeiteten Fassungen dieser
Aufsätze zurück und stellt dieser zudem noch die für die gesamte GARS ge-
schriebene Vorbemerkung voran. (Ferner werden von Winckelmann in der
von ihm herausgegebenen „Protestantischen Ethik" noch weitere thematisch
passende Aufsatzteile aus den verschiedensten Schriften Webers versammelt.[29])

Sieht man einmal von diesen für Leser nützlichen Ergänzungen ab, so
handelt es sich bei der von Winckelmann herausgegebenen „Protestantischen
Ethik" um eine Edition, deren von den GARS gesondertes Erscheinen durch
die Diskussion - im Sinne von Hennis - legitimiert wird, die im Anschluß an
den 1905 veröffentlichten Aufsatz über „Die protestantische Ethik und der
'Geist' des Kapitalismus" aufkam (im zweiten Band der Winckelmann-
Edition dokumentiert). Die Auseinandersetzung zwischen Weber und seinen
Kritikern setzte 1906 ein und wurde im wesentlichen 1910 durch Webers
„Antikritisches Schlußwort" beendet. Es ist diese Diskussion, die die Eigen-
ständigkeit des Themas „Protestantische Ethik - Kapitalismus" gegenüber der
Rationalitätsthese der GARS behauptet und trotz aller damit verbundenen
Schwierigkeiten die von Johannes Winckelmann besorgte Edition der
„Protestantischen Ethik" rechtfertigt.

Die Ausgabe (aus dem Jahr 1993) von Klaus Lichtblau und Johannes
Weiß hat nun gegenüber den bisherigen Editionen den Vorteil, beide Textva-

---

[29] vgl. Johannes Winckelmann, Vorwort des Herausgebers, in: Max Weber: Die protestantische Ethik, Bd. I. Eine Aufsatzsammlung (hrsg. von Johannes Winckelmann), Hamburg
1975, S. 7; vgl. auch auf dem letzten Blatt: „Fundorte" (ohne Seitenangabe)

rianten zu präsentieren, nämlich den Ursprungstext von 1905 und - deutlich davon abgehoben - die späteren Ergänzungen und Einfügungen von 1920.

Da jede der Interpretationsvarianten sich vorzugsweise auf „ihre" Edition des Webertextes bezieht, erscheint es für die vorliegende Schrift angebracht, den Anmerkungsapparat so zu gestalten, daß die Leser in verschiedenen Ausgaben gleichzeitig nachschlagen und die Seitenangaben der einen Edition mit den Seitenangaben der anderen abgleichen können.

Die „Protestantische Ethik" ist nur bedingt als ein in sich geschlossenes Werk anzusehen. Weber selbst hat in seiner Vorbemerkung vom provisorischen Charakter dieser Aufsätze gesprochen.[30] Denn die vorliegenden Untersuchungen beschäftigen sich lediglich mit dem Einfluß des Protestantismus auf die Entwicklung des modernen Frühkapitalismus, während Weber ursprünglich den Plan verfolgte, ebenfalls die umgekehrte Kausalbeziehung, nämlich die Bedingtheit der Religion durch die ökonomischen Verhältnisse, zu analysieren.[31] Dabei sei ihm sein Kollege und Freund Ernst Troeltsch teilweise zuvorgekommen, und da er beabsichtige, unnötige Parallelarbeiten zu vermeiden, entfalle diese Arbeit wenigstens teilweise. Im Jahre 1908 äußerte er, er hoffe, wenigstens noch im laufenden Jahre sich an die Überarbeitung der Aufsätze machen zu können, denn der flüchtige Leser könne leicht den Eindruck gewinnen, daß es sich hierbei um etwas in sich Abgeschlossenes handele.[32]

Weber sieht also durchaus Schwierigkeiten, die der Leser seiner Aufsätze aufgrund ihrer Unvollständigkeit und kompositorischen Mängel mit ihnen haben könne. Die von ihm noch redigierte Ausgabe seiner Aufsätze in den GARS verändert freilich nichts Entscheidendes an dieser Situation. In ihr wurde nach seinen eigenen Worten nichts Wesentliches modifiziert, lediglich der Anmerkungsapparat erfuhr eine erhebliche Ausweitung.[33] Das veranlaßte seine Ehefrau, Marianne Weber, von einer „monströsen Form dieser Abhandlung", einer „Fußnotengeschwulst" zu sprechen.[34] Diese Sorglosigkeit Max Webers gegenüber seinen Lesern, zusammen mit der Unvollständigkeit

---

[30] vgl. GARS I, S. 13 / We/Wi I, S. 22
[31] vgl. Max Weber, Antikritisches zum „Geist" des Kapitalismus, in: We/Wi II, S. 183, Anm. 34
[32] ders., Bemerkungen zu der vorstehenden „Replik", in: We/Wi II, S. 54, Anm. 3
[33] vgl. PE (3), S. 27 f.
[34] vgl. Marianne Weber, Max Weber. Ein Lebensbild, Tübingen 1926, S. 351

seines Werkes, machen eine besonders intensive Lektüre seiner „Protestantischen Ethik" nötig.

Der Hinweis, daß eine Einleitung in die Lektüre des Originaltextes einführt, scheint auf den ersten Blick so selbstverständlich zu sein, daß ein damit einhergehendes Problem verdeckt wird: Kann man überhaupt noch in den Originaltext einführen, oder hat sich eine Einführung nicht vielmehr auf die Diskussion dieses Textes zu beziehen? Jedenfalls kann angesichts des Niveaus und der Breite der Erörterungen in der Sekundärliteratur nicht mehr ernsthaft an eine naiv unschuldige Lektüre gedacht werden. Und dennoch: Trotz des Verzichts auf die Naivität einer unmittelbaren Konfrontation mit der „Protestantischen Ethik" Max Webers muß der Originaltext gelesen werden, und dies nicht nur in Kenntnis seiner Kommentare, sondern auch - und gerade - gegen sie. Daher richtet sich die Aufmerksamkeit der folgenden Erörterungen vorrangig auf die Rekonstruktion der Problemstellung, Methode und Argumentationsstrategie Webers anhand seiner Texte.

# I. Problemaufriß

## 1. Der okzidentale Kapitalismus

Weber stellt sich die Frage, wie die Entstehung des okzidentalen, westlichen Kapitalismus möglich gewesen ist. Für ihn impliziert die Frage zweierlei:

Erstens fragt Max Weber nicht danach, wie der moderne Kapitalismus, hat er sich einmal durchgesetzt, funktioniert. Denn die heutige kapitalistische Wirtschaftsordnung sei ein ungeheurer Kosmos, in den der Einzelne hineingeboren werde, und der für den Einzelnen als faktisch unabänderliches Gehäuse gegeben sei, in dem er zu leben habe. Er zwinge dem Individuum, soweit es in den Zusammenhang des Marktes verflochten sei, die Normen seines wirtschaftlichen Handelns auf. Der Fabrikant, welcher diesen Normen dauernd entgegenhandele, werde ökonomisch ebenso unvermeidlich eliminiert, wie der Arbeiter, der sich ihnen nicht anpassen könne oder wolle, als Arbeitsloser auf die Straße gesetzt werde. Der heutige, zur Herrschaft im Wirtschaftsleben gelangte Kapitalismus erziehe und erschaffe sich im Wege der ökonomischen Auslese die Wirtschaftssubjekte - Unternehmer und Arbeiter -, deren er bedürfe.[35] Weber unterscheidet strikt zwischen dem modernen Kapitalismus als „fertigem" System, das die Bedingungen seiner Bestandserhaltung selbst herzustellen vermag, und seiner historischen Entstehung, die von Bedingungen abhängig ist, die nicht allein in der Ökonomie, sondern auch in anderen Sphären des menschlichen Lebens zu suchen sind.

Zweitens verwirft Max Weber in Anspielung an den zu seiner Zeit gängigen Vulgärmarxismus den Gedanken an historisch gültige „ökonomische Ge-

---

[35] vgl. PE (1), Bd. 20, S. 17 f. / PE (2), S. 37 / PE (3), S. 45 / PE (4), S. 16 f.

setze" und „entwicklungsgeschichtlich notwendige" Tendenzen.[36] Für Max
Weber stellen sich geschichtliche Prozesse als prinzipiell nicht von vornherein determiniert dar. Dies bedeutet nicht Beliebigkeit. Geschichtliche Entwicklungen haben immer Voraussetzungen. Aber was ihn interessiert, ist folgendes: Auch andere Kulturen hatten in einem ähnlichen Maße Bedingungen
für die Entstehung eines modernen Kapitalismus hervorgebracht, wie dies im
okzidentalen Mittelalter der Fall war. Warum aber entstand nicht in den
Hochkulturen Chinas, Indiens und Ägyptens dieser Kapitalismus, sondern
lediglich in Europa zu Anfang der Neuzeit? Ausgangspunkt für diese Frage
ist die Beobachtung, daß der Kapitalismus lediglich im Westen jene enorme
Entwicklung genommen hat, so daß er das Wirtschaftsleben innerhalb seiner
Stammländer wie auch - im Zuge der Kolonisierungsbewegungen - auf dem
Großteil des Erdballs nach seinen Prinzipien ausrichtete. Hierfür macht Weber nicht allein eine bloß quantitative Zunahme kapitalistischer Wirt-
schaftstätigkeit verantwortlich, sondern er konstatiert zu Anfang der Neuzeit
im Okzident die Entstehung eines qualitativ neuen Typs, nämlich die Heraufkunft des modernen Kapitalismus. Dies bedeutet nun auch, daß es sich nicht
nur um die Analyse einer Wirtschaftsstruktur als solcher, sondern um die
Analyse eines neuen Typs von Gesellschaft handelt.

Was ist nun erstens für Weber „Kapitalismus", und welche sind zweitens
für ihn die Unterschiede zwischen den älteren Formen kapitalistischen Wirtschaftens einerseits und jenem okzidentalen modernen Kapitalismus andererseits?

Zuerst einmal definiert er den „kapitalistischen" Wirtschaftsakt als einen,
„der auf Erwartung von Gewinn durch Ausnutzung von *Tausch*-Chancen
ruht: auf (formell) *friedlichen* Erwerbschancen also".[37] Insofern der wechsel-
seitige Austausch von Waren immer die freiwillige Einwilligung der jeweiligen Tauschpartner voraussetze, gelte die gewaltsame Aneignung von Gütern
durch Raub, Diebstahl nicht als kapitalistischer Wirtschaftsakt. Es verstehe
sich von daher, daß nicht jeder Erwerbstrieb, jedes Streben nach möglichst
hohem Gewinn als grundlegend für kapitalistisches Wirtschaftshandeln angesehen werden könne. Ebensowenig wie Seeräuber und Wegelagerer gelten

---

[36] vgl. PE (1), Bd. 20, S. 53 f. / PE (2), S. 82 f. / PE (3), S. 76 / PE (4), S. 50
[37] GARS I, S. 4 / We/Wi I, S. 13 (Herv. i. O.)

Kellner, Spielhöllenbesucher und Bettler - obwohl ebenfalls von einem Erwerbstrieb angespornt - als Kapitalisten.[38]

Wenn auch nicht jede Handlung, die durch Erwerbstrieb veranlaßt wird, kapitalistisches Wirtschaftshandeln ist, so beruht dieses doch immer auf dem Streben nach *Gewinn*: „Allerdings ist Kapitalismus identisch mit dem Streben nach Gewinn: im kontinuierlichen, rationalen, kapitalistischen Betrieb; nach immer *erneutem* Gewinn: nach *'Rentabilität'*."[39] Dies gilt für jegliche Art des kapitalistischen Erwerbshandelns. Rentabilität ist freilich an ihre Errechnung gebunden:

> „Wo kapitalistischer Erwerb rational erstrebt wird, da ist das entsprechende Handeln orientiert an Kapital*rechnung*. Das heißt: es ist eingeordnet in eine planmäßige Verwendung von sachlichen oder persönlichen Nutzleistungen als Erwerbsmitteln derart, daß der *bilanz*mäßig errechnete Schlußertrag der Einzelunternehmung an geldwertem Güterbesitz ... beim Rechnungsabschluß das 'Kapital': d.h. den *bilanz*mäßigen Schätzungswert der für den Erwerb durch Tausch verwendeten sachlichen Erwerbsmittel übersteigen ... soll ... - stets ist das Entscheidende: daß eine Kapital*rechnung* in Geld aufgemacht wird, sei es nun in modern buchmäßiger oder in noch so primitiver und oberflächlicher Art."[40]

In jedem Falle, ob in mehr primitiver oder mehr moderner Form, handelt es sich hierbei um kapitalistischen Erwerb. Im Anschluß an diese Erläuterung, was unter kapitalistischem Erwerb zu verstehen sei, konkretisiert Weber, daß es kapitalistisches Wirtschaftshandeln in diesem Sinne in allen Kulturländern der Erde gegeben habe:

> „In China, Indien, Babylon, Ägypten, der mittelländischen Antike, dem Mittelalter so gut wie in der Neuzeit. ... Jedenfalls: die kapitalistische Unternehmung und auch der kapitalistische Unternehmer, nicht nur als Gelegenheits-, sondern auch als Dauerunternehmer, sind uralt und waren höchst universell verbreitet. ... Es hat in aller Welt Händler: Groß- und Detailhändler, Platz- und Fernhändler, es hat Darlehensgeschäfte aller Art, es hat Banken mit höchst verschiedenen, aber doch denjenigen wenigstens etwa unseres 16. Jahrhunderts im Wesen ähnlichen Funktionen gegeben; Seedarlehen, Kommenden und kommanditartige Geschäfte und Assoziationen sind, auch betriebsmäßig, weit verbreitet gewesen."[41]

Nach der Definition des kapitalistischen Erwerbshandelns und der daran angeschlossenen Feststellung, daß es sich beim Kapitalismus im Sinne dieser Definition um ein altes Kulturphänomen handelt, ist zu fragen, wie sich das

---

[38] GARS I, S. 4 / We/Wi I, S. 12
[39] GARS I, S. 4 / We/Wi I, S. 12 (Herv. i. O.)
[40] GARS I, S. 4-5 / We/Wi I, S. 13 (Herv. i. O.)
[41] GARS I, S. 6 / We/Wi I, S. 14-15

Besondere des neuzeitlich okzidentalen Kapitalismus im Unterschied zu jenen alten Erscheinungsformen kapitalistischen Erwerbs bestimmen läßt. Auf
Grundlage dieser im folgenden zu entwickelnden Definition kann dann noch
einmal die Ausgangsfrage, nämlich wie es zur Entstehung des okzidentalen
Kapitalismus gekommen sei, gestellt werden.

Für den okzidentalen Kapitalismus nennt Weber drei Charakteristika, aufgrund deren er sich zu der nirgends sonst auf der Erde hervortretenden Art
von Kapitalismus herausbildet. Dies sind erstens „die rational-kapitalistische
(betriebliche) Organisation von (formell) freier Arbeit", zweitens „die Trennung von Haushalt und Betrieb" und drittens „die rationale Buchführung".[42]

Für kapitalistisch-rational organisierte Betriebe, in denen freie Lohnarbei-
ter produzieren, existieren anderswo nur Vorstufen. So seien die Plantagen
Amerikas, die Fronhöfe und Gutsfabriken des Feudalismus und die Latifun-
dien Roms zwar mit einer gewissen Rationalität geführt worden, aber in ihnen seien Unfreie, Sklaven, Hörige tätig gewesen. Zwar finde sich überall die
Verwendung von Tagelöhnern bezeugt, aber ihr Einsatz geschehe nicht in
Manufakturen oder größeren Produktionsstätten.

Außerdem: Der kapitalistisch-rational organisierte Betrieb orientiere sich
an den Chancen des Gütermarktes und nicht an irrationalen Spekulation-
schancen.[43] (Man beachte den hier aufgeworfenen Gegensatz von rational
und irrational, auf den später ausführlich einzugehen sein wird.) Typisch für
den kapitalistisch-rational organisierten Betriebskapitalismus sei weiterhin
der moderne Gegensatz: großindustrieller Unternehmer - freier Lohnarbei-
ter.[44]

Die Trennung von Haushalt und Betrieb ermöglicht erst die Gründung von
Kapitalgesellschaften, an denen mehrere Teilhaber partizipieren. Auch dies
gab es schon in Ansätzen in anderen Kulturgebieten, konnte dort allerdings
nicht voll entwickelt werden, da der auf Grundlage des jeweiligen Kapitalein-
satzes an die verschiedenen Teilhaber zu zahlende Gewinn mangels einer
rationalen Buchführung nicht errechenbar war. Soweit Webers Definition des
okzidentalen Kapitalismus im Unterschied zu älteren Formen des Kapitalismus. Die eingangs gestellte Frage kann nun folgendermaßen präzisiert werden: Wie konnte sich das für Okzident und Neuzeit typische kapitalistische

[42] GARS I, S. 8 / We/Wi I, S. 16
[43] vgl. GARS I, S. 7 / We/Wi I, S. 16
[44] vgl. GARS I, S. 9 / We/Wi I, S. 18

Erwerbshandeln auf der Basis der in Produktionsbetrieben rational organisierten freien Lohnarbeit, der juristischen und ökonomischen Trennung von
Privathaushalt und Erwerbsbetrieb und schließlich einer rationalen Buchführung bzw. Kalkulation durchsetzen?

## 2. Rationalisierung

Blickt man kurz zurück, so läßt sich rekapitulieren, daß für den Kapitalismus
das Erwerbsstreben zwar zur Grundlage wird, das heißt, die Absicht (und
deren Ausführung), Güter, Geld, Kapital zu vermehren, daß aber nicht jedes
Erwerbsstreben zu einer kapitalistischen Handlungsorientierung (so im Falle
des Diebes oder des Bettlers) führt. Wie Erwerbsstreben eine notwendige,
aber nicht hinreichende Bedingung für kapitalistisches Handeln ist, so unterscheidet Weber innerhalb der kapitalistischen Handlungsorientierung noch
einmal zwischen Intentionen, die die Entwicklung des modernen okzidentalen Kapitalismus befördern, und solchen, die dies nicht tun. Weber diskutiert
dies unter dem Stichwort „Rationalität". Der moderne Kapitalismus beruhe -
im Unterschied zu seinen Vorformen - auf der Rationalität des in ihm reali-
sierten Erwerbshandelns.

In seiner Definition des neuzeitlichen okzidentalen Kapitalismus verwendet Weber ausdrücklich den Terminus „rational", er spricht von der
„rationalen Organisation freier Arbeit als Betrieb" und von der „rationalen
Betriebsbuchführung"[45] als Grundbedingungen (neben der Trennung von
Privathaushalt und Produktionsbetrieb).

> Es sei „eine der fundamentalen Eigenschaften der kapitalistischen Privatwirtschaft, daß
> sie auf der Basis streng rechnerischen Kalküls rationalisiert, planvoll und nüchtern auf
> den erstrebten wirtschaftlichen Erfolg ausgerichtet ist, im Gegensatz zu dem von-der-
> Hand-in-den-Mund-Leben des Bauern, dem privilegierten Schlendrian des alten Zunft-
> handwerkers und dem 'Abenteurerkapitalismus', der an politischer Chance und irratio-
> naler Spekulation orientiert war".[46]

Bedeutungsvoll im Sinne der Ergänzung und Stützung dieses Prozesses wird
nun die rationale Entwicklung dreier weiterer Bereiche, nämlich die der wissenschaftlich fundierten Technik, des Rechts und der Verwaltung.

---

[45] vgl. GARS I, S. 8 / We/Wi I, S. 16
[46] PE (1), Bd. 20, S. 34 / PE (2), S. 61 / PE (3), S. 64 / PE (4), S. 32

„Der spezifisch moderne okzidentale Kapitalismus nun ist zunächst offenkundig in starkem Maße durch Entwicklungen von technischen Möglichkeiten mitbestimmt. Seine Rationalität ist heute wesenhaft bedingt durch Berechenbarkeit der technisch entscheidenden Faktoren: der Unterlagen exakter Kalkulation. Das heißt aber in Wahrheit: durch die Eigenart der abendländischen Wissenschaft, insbesondere der mathematisch und experimentell exakt und rational fundierten Naturwissenschaften. Die Entwicklung dieser Wissenschaften und der auf ihnen beruhenden Technik erhielt und erhält nun ihrerseits entscheidende Impulse von den kapitalistischen Chancen, die sich an ihre wirtschaftliche Verwertbarkeit als Prämien knüpfen."[47]

Zwar kannten schon die Inder die Algebra und das Positionszahlensystem. Aber Mathematik und Mechanik wurden, wie auch noch bei Griechen und Römern, nicht in den Dienst kapitalistischer Interessen gestellt. Die Entstehung von Mathematik und Mechanik war also nicht durch kapitalistische Interessen verursacht. Entscheidend ist nun, daß erst in der westlichen Neuzeit ihre Verwendung im Dienst kapitalistischer Interessen systematisch stattfand. Offensichtlich bildete sich zu dieser Zeit eine Sozialordnung heraus, die auf die kapitalistische Verwendung und Weiterentwicklung jener Kenntnisse großen Wert legte. Welche waren nun die für diesen Vorgang entscheidenden Eigenarten jener Sozialordnung?

„Zu den unzweifelhaft wichtigen gehört die rationale Struktur des Rechts und der Verwaltung. Denn der moderne rationale Betriebskapitalismus bedarf, wie der berechenbaren technischen Arbeitsmittel, so auch des berechenbaren Rechts und der Verwaltung nach formalen Regeln, ohne welche zwar Abenteurer- und spekulativer Händlerkapitalismus und alle möglichen Arten von politisch bedingtem Kapitalismus, aber kein rationaler privatwirtschaftlicher Betrieb mit stehendem Kapital und sicherer Kalkulation möglich ist."[48]

Freilich handelt es sich auch bei Recht und Verwaltung um keine Sphären, die etwa aus dem Kapitalismus heraus sich entwickelt hätten. Wie Wissenschaft, Mathematik und Technik haben auch sie ihre eigene Geschichte, die sich jedoch in der westlichen Neuzeit entscheidend mit dem Kapitalismus verzahnt. Warum geschah dies nicht in früheren und anderen Kulturen? „Warum lenkten dort überhaupt weder die wissenschaftliche noch die künstlerische noch die staatliche noch die wirtschaftliche Entwicklung in diejenigen Bahnen der *Rationalisierung* ein, welche dem Okzident eigen sind?"[49]

---

[47] GARS I, S. 10 / We/Wi I, S. 18-19
[48] GARS I, S. 11 / We/Wi I, S. 19
[49] GARS I, S. 11 / We/Wi I, S. 20 (Herv. i. O.)

Oder anders herum gefragt: Wie kam es zu dem spezifisch gearteten Rationalismus der neuzeitlich-okzidentalen Kultur?

Wie kam es dazu, daß kapitalistisches Wirtschaften, wissenschaftliche
Technik, Recht und Verwaltung rationalisiert, dies heißt bei Weber im allge-
meinsten Sinne: berechenbar gemacht wurden? Rationalisierung als berechenbar machen, mithin als Erweiterung des empirischen Wissens, der Pro-
gnosefähigkeit, der instrumentellen und organisatorischen Beherrschung empirischer Vorgänge, hat es schon „auf den verschiedenen Lebensgebieten in
höchst verschiedener Art in allen Kulturkreisen gegeben. Charakteristisch für
deren kulturgeschichtlichen Unterschied ist erst: *welche* Sphären und in welcher Richtung sie rationalisiert wurden. Es kommt also zunächst wieder darauf an: die besondere *Eigenart* des okzidentalen und, innerhalb dieses, des
modernen okzidentalen, Rationalismus zu erkennen und in ihrer Entstehung
zu erklären."[50]

Weber zufolge ist immer mitzubedenken, daß der moderne, weil rationale,
Kapitalismus nur entstehen konnte, weil er mit all den anderen sich rational
entwickelnden Sphären zusammentraf und sich verzahnen konnte. Es ist das
Spezifische des modernen Kapitalismus, daß er jene anderen rationalen Prozesse sich dienstbar machte und deren Weiterentwicklung im Sinne seines
eigenen Progresses durch ökonomische Prämien vorantrieb. Das heißt, ab
einem gewissen Punkt der historischen Entwicklung übernimmt der Kapitalismus innerhalb des Ganzen der Rationalisierung des Lebens die Führer-
schaft und gibt mithin die Richtung der okzidentalen Rationalisierung an.

Die eingangs gestellte Frage kann nun nochmals präzisiert werden: Welche sind die Bedingungen und Ursachen für die im modernen Okzident zunehmende Rationalisierung des kapitalistischen Erwerbshandelns und für
dessen Verzahnung mit den sich gleichzeitig zunehmend rationalisierenden
Sphären von Wissenschaft, Technik, Recht und Verwaltung?

## 3. Rational-praktische Lebensführung

Um die Frage nach den Bedingungen der zunehmenden Rationalisierung von
kapitalistischem Erwerbshandeln und der Sphären von Recht, Verwaltung,
Wissenschaft und Technik zu klären, verschiebt Max Weber die Perspektive

---

[50] GARS I, S. 12 / We/Wi I, S. 20 (Herv. i. O.)

seiner Betrachtungen: War es anfangs sein Problem, weshalb sich nur im Okzident in der Neuzeit ein moderner Kapitalismus entwickelte, und dies im
Unterschied zu anderen und früheren Hochkulturen, die dies trotz ansatzweise
schon vorhandener Entwicklungen in dieser Richtung nicht leisteten, so fragt
Max Weber nun, welche Aspekte zu Anfang der Neuzeit der Entwicklung des
modernen Kapitalismus und seiner von ihm geforderten Rationalität entgegenstanden. Dies bedeutet weiter: Die Aufmerksamkeit der Analyse richtet
sich auf die Vorgänge in der historischen Entwicklung, die jene Kräfte überwunden haben, die die Entstehung des modernen rationalen Kapitalismus
behinderten. Im Sinne der Frage nach den Bedingungen der zunehmenden
Rationalisierung des Wirtschaftshandelns geht es Max Weber mithin um die
Auseinandersetzung zwischen den beharrenden und aus der Perspektive des
modernen Kapitalismus irrationalen Potenzen der alten Gesellschaftsordnung
und den Kräften, die eine zunehmende Rationalisierung schließlich durchsetzten.

Und noch eine weitere Präzisierung der Perspektive findet statt: Eine rationale Arbeitsorganisation, ein rationales Recht und eine rational organisierte Verwaltung funktionieren nur insoweit, als die Menschen, die in ihnen
tätig sind, sich dieser Rationalität zumindest anzupassen in der Lage sind.

> „Denn wie von rationaler Technik und rationalem Recht, so ist der ökonomische Ratio-
> nalismus in seiner Entstehung auch von der Fähigkeit und Disposition der Menschen zu
> bestimmten Arten praktisch-rationaler *Lebensführung* überhaupt abhängig. Wo diese
> durch Hemmungen seelischer Art obstruiert war, da stieß auch die Entwicklung einer
> *wirtschaftlich* rationalen Lebensführung auf schwere innere Widerstände. Zu den wich-
> tigsten formenden Elementen der Lebensführung nun gehörten in der Vergangenheit
> überall die magischen und religiösen Mächte und die am Glauben an sie verankerten
> ethischen Pflichtvorstellungen."[51]

Es geht hier um Qualitäten und Dispositionen von Menschen, die sie zu mehr
oder weniger praktisch rationaler Lebensführung befähigen, da von solchen
Fähigkeiten abhängt, ob eine rationale Organisation überhaupt zu funktionieren vermag. Denn diese verlangt von ihren Mitgliedern immer schon jene
Fähigkeit und Disposition.

Wie oben schon besprochen, vermag der moderne Kapitalismus als fertiges System sich seine „Mitarbeiter" durch Auslese zu erziehen. Aber der erst
entstehende Kapitalismus ist davon abhängig, daß jene Dispositionen und

---

[51] GARS I, S. 12 / We/Wi I, S. 20 f. (Herv. i. O.)

Fähigkeiten irgendwie und - aus seiner Sicht - von außen kommen, um ihm gegen magische und religiöse Hemmnisse zum Durchbruch zu verhelfen.

„Damit jene der Eigenart des Kapitalismus angepaßte Art der Lebensführung und Berufsauffassung 'ausgelesen' werden, d.h.: über andere den Sieg davontragen konnte, mußte sie offenbar zunächst *entstanden* sein, und zwar nicht in einzelnen isolierten Individuen, sondern als eine Anschauungsweise, die von Menschen*gruppen* getragen wurde. Diese Entstehung ist also das eigentlich zu Erklärende."[52]

Bis zu diesem Punkt konnte folgende Struktur in der Weberschen Argumentation rekonstruiert werden:

1. Der moderne Kapitalismus hat sich trotz schon gegebener Ansätze in anderen Hochkulturen nur im Okzident herausgebildet.

2. Charakteristisch für diesen modernen okzidentalen Kapitalismus ist seine Rationalität. Er vermag es, sich schon vorgegebene Rationalitätsstrukturen der Sphären von Recht, Verwaltung und Wissenschaft und Technik kompatibel zu machen und sich mit ihnen zu verzahnen.

3. Dazu bedarf es menschlicher Dispositionen und Fähigkeiten, die aufgrund ihrer praktisch-rationalen Lebensführung in der Lage sind, in rationalen Strukturen mitzuspielen, und nicht nur dies: Diese Fähigkeiten und Dispositionen zu einer praktisch-rationalen Lebensführung müssen stark genug sein, sich gegen eine feindliche traditionale Umwelt durchzusetzen.

4. Diese Bewegung gegen den „ökonomischen Traditionalismus"[53] erhält ihre Durchschlagskraft erst dadurch, daß sie nicht nur von einzelnen, sondern von Menschengruppen getragen wird. Dieser Punkt soll im folgenden Kapitel unter dem Stichwort „Geist des Kapitalismus" näher erläutert werden.

## 4. Geist und Ethik

In seinem Titel „Die protestantische Ethik und der 'Geist' des Kapitalismus" spielt Weber auf Protestantismus, Ethik, Geist und Kapitalismus an. Liest man den Titel genau, dann stellt sich heraus, daß es nicht etwa vorrangig um das Verhältnis von Protestantismus und Kapitalismus geht, sondern daß hier eine Beziehung zwischen einer Ethik und einem Geist angesprochen wird. Erst auf zweiter Ebene werden diese - in dem einen Fall als protestantisch, in

---

[52] PE (1), Bd. 20, S. 18 / PE (2), S. 37 / PE (3), S. 45-46 / PE (4), S. 17 (Herv. i. O.)
[53] PE (1), Bd. 20, S. 3 / PE (2), S. 20 / PE (3), S. 30 / PE (4), S. 2

dem anderen als kapitalistisch - näher charakterisiert. Entscheidend für das
Verhältnis von protestantischer Ethik und Geist des Kapitalismus ist nun, daß
Weber nicht etwa den Kapitalismus in eine direkte Beziehung zur protestanti-
schen Ethik setzt, sondern den Geist des Kapitalismus in seinem Verhältnis
zur protestantischen Ethik untersucht. Worum handelt es sich bei „Ethik" und
„Geist" im Sprachgebrauch Webers?

*a) Ethik*

Nur soweit ethische Imperative das Handeln der Menschen steuern, kann von
diesen Menschen gesagt werden, daß es sich bei ihnen im exakten Sinne um
Persönlichkeiten handelt. Die innere Entschiedenheit für eine Person oder
Sache charakterisiert die ethische Fundierung des Handelns. Es gibt Lebens-
ordnungen, die eine derartige ethische Fundierung menschlichen Handelns
nicht benötigen: Dazu gehörte das mittelalterliche Zunftwesen, in dem ein
„geistiges Band" zwischen dem innersten Kern der Persönlichkeit und dem
Beruf gefehlt habe. Und dazu inzwischen der moderne Kapitalismus, der die
Menschen nur noch partiell benötigt, nämlich hinsichtlich einiger spezieller
Qualifikationen.

Der ganze Mensch, befähigt, mit innerster Entschiedenheit für eine Sache
oder eine Person einzutreten, und der Alltag der Berufsnotwendigkeiten wurden nur in einem einzigen historischen Fall, nämlich dem der protestantischen Berufsethik zusammengebracht. Der Beruf und der innerste Kern der
Persönlichkeit bildeten in diesem Falle eine ungebrochene Einheit. Daß der
moderne Kapitalismus in die Welt getreten war, durch die historisch einmalige Ermöglichung der vollen ethischen Ausdeutbarkeit des Alltags - das war
es, was Weber am asketischen Protestantismus so faszinierte. Inzwischen ruht
der Kapitalismus auf „mechanischer" Basis und kann der seelischen Stützen
der Religion entbehren. Die Puritaner hatten Beruf, Leben und Ethik in ein
eigentümliches Spannungsverhältnis zueinander gebracht, während diese
vorher und nachher irgendwie immer nebeneinander existierten.

Ethisches Handeln, als ein Handeln aus den Bestimmungen des innersten
Kerns der Persönlichkeit heraus, ist kaum alltägliches Handeln. Alltag wird
von Routinen und Gewohnheiten charakterisiert. Entscheidend nun für die
protestantische Ethik ist, daß sie Alltag durchdringt, daß sie das tägliche Leben nach ihren Prinzipien ordnet.

Im Gegensatz zu den Wirkungen einer Prophetie, die den Menschen „von
innen" her „ganz" ergreift, steht eine nur „von außen" her erfolgende „Ankul-

tivierung" einer Lebensführung. „Ein optimal angepaßter, nur im Maße der Anpassungsbedürftigkeit in seiner Lebensführung rationalisierter Mensch ist keine systematische Einheit, sondern eine Kombination nützlicher Einzelqualitäten."[54] Das „Streben" zur Einheit von innen heraus, das Weber mit dem Begriff der Persönlichkeit und ihrer ethischen Fundierung verbindet, ist im modernen Kapitalismus wie auch in der mittelalterlichen Zunftwirtschaft obsolet. „Das Leben blieb eine Serie von Vorgängen, kein methodisch unter ein transzendentes Ziel gestelltes Ganzes."[55]

*b) Geist*

Weber weist darauf hin, daß neben dem Kapitalismus auch andere Institutionen von einem „Geist" erfüllt sein können: Er spricht vom „Geist der Bürokratie", „Geist des Syndikatismus" und dem „Geist des Imperialismus". Entscheidend wird nun, daß es sich bei „Geist" um kein statisches Gebilde handelt, sondern um eine sich verändernde Größe, die in einem mehr oder weniger engen Verhältnis zur Institution steht, die er jeweils „erfüllt": „Es ist zum Beispiel ein typischer Vorgang in der Geschichte, daß eine (staatliche oder andere soziale) Institution in ganz den gleichen Formen weiter besteht, aber in ihrem 'Sinn' für das geschichtliche Leben, ihrer kulturhistorischen 'Bedeutung' verändert erscheint."[56] Wenn z.B. der alte „Geist" aus ihnen entwichen und ein neuer in sie eingezogen ist. Der Begriff „Geist des Kapitalismus" wurde sofort nach Erscheinen der „Protestantischen Ethik" Gegenstand der Kritik. Erst in der Auseinandersetzung mit einem seiner Kritiker, Felix Rachfahl, und nicht schon in der Protestantischen Ethik führt Weber explizit in definitorischer Weise aus, was er unter „Geist" des Kapitalismus oder „kapitalistischem Geist" versteht: Nämlich einen „Habitus, den ich (ad hoc und lediglich für meine Zwecke) 'kapitalistischen Geist' getauft habe".[57] Es geht mithin in der ganzen Untersuchung gar nicht um etwas rein Spirituelles, was ja der Terminus „Geist" vermuten lassen könnte, sondern um einen

---

[54] GARS I, S.521
[55] ebd.
[56] Max Weber, Antikritisches Schlußwort zum „Geist" des Kapitalismus, in: We/Wi II, S. 284
[57] ebd., S. 157

„Habitus", mithin um irgendwie verfestigte Einstellungen, Motive und Handlungsmuster.

Geist bzw. Habitus steht für eine spezifische psychische Disposition, die sich der einzelne im Laufe seines Lebens aneignet, und die sich in Verhaltens- und Orientierungsmustern niederschlägt. Im Bezug auf Geist des Kapitalismus meint Habitus die Übertragung von religiösen Ideen in verfestigte, institutionell gestützte Handlungsdispositionen, die sich in einem besonderen Stil der Lebensführung äußern, der wiederum im modernen Kapitalismus einen institutionellen Fixpunkt gewonnen hat. „Geist" bzw. „Habitus" sind also relativ selbständig zwischen einerseits den Ideen und andererseits den Institutionen, in denen das Handeln sich bewegt, zu situieren. Kapitalismus kann sowohl als Geist wie auch als System auftreten. Geist (Habitus/Kultur) und System (Ökonomie/Form) verhalten sich zueinander jeweils relativ selbständig. Sie können deshalb auch in verschieden abgestuften Adäquanzverhältnissen stehen. Der „Geist" kann, wie Weber ausdrücklich sagt, „der 'Form' mehr oder minder (oder gar nicht) 'adäquat' sein"[58]. Dies deshalb, weil beide weder gleichursprünglich sind noch von vornherein in einem Ableitungsverhältnis stehen. Es gibt Kapitalismus ohne Geist des Kapitalismus, und dieser Geist kann auch ohne die entsprechende Wirtschaftsform auftreten.

Form und Geist können nicht nur auseinanderfallen, sondern auch die Analyse des Geistes läßt sich nicht einfach durch die der Form ersetzen. Erst wenn jede der beiden Seiten für sich analysiert ist, läßt sich prüfen, welche Abstufung des Adäquanzverhältnisses vorliegt: ob Geist und System in einem Verhältnis einseitiger oder wechselseitiger Begünstigung, Indifferenz oder gar Obstruktion zueinander stehen.

## 5. Geist des Kapitalismus

Im folgenden soll untersucht werden, wie der Geist des Kapitalismus sich in einer ihm fremden, feindseligen traditionalen Umwelt durchsetzt. Im Laufe dieser Beschreibungen werden dann auch die wichtigsten Aspekte jenes Geistes des Kapitalismus, wie Weber ihn versteht, in vier Schritten charakterisiert.

---

[58] Max Weber, Antikritisches zum „Geist" des Kapitalismus, in: We/Wi II, S. 171

## a) Arbeit um der Arbeit willen

Wie schon gesagt, der Gegenspieler jenes „kapitalistischen Geistes" war der Traditionalismus. Weber definiert diesen folgendermaßen:

> „der Mensch will 'von Natur' nicht Geld und mehr Geld verdienen, sondern einfach leben, so leben, wie er zu leben gewohnt ist, und soviel erwerben, wie dazu erforderlich ist. Überall, wo der moderne Kapitalismus sein Werk der Steigerung der 'Produktivität' der menschlichen Arbeit durch Steigerung ihrer Intensität begann, stieß er auf den unendlich zähen Widerstand dieses Leitmotivs präkapitalistischer wirtschaftlicher Arbeit, und er stößt noch heute überall um so mehr darauf, je 'rückständiger' (vom kapitalistischen Standpunkt aus) die Arbeiterschaft ist, auf die er sich angewiesen sieht".[59]

Im Gegensatz dazu ist für eine Haltung, die als „Geist des Kapitalismus" bezeichnet wird, entscheidend, daß die Arbeit nicht mehr bloß Mittel ist zum Zwecke der Realisierung eines Lebensstils, sondern daß die Arbeit selbst zum eigentlichen Zweck wird. Man verrichtet seine Arbeit über eine gewisse Zeit und mit einer gewissen Qualität nicht mehr allein deshalb, weil dies Voraussetzung für eine erweiterte Entlohnung oder einen erwarteten Gewinn ist, sondern man tut dies, weil die Arbeit selbst für denjenigen, der arbeitet, zu einem eigenständigen Wert, der gewisse Qualitätsstandards verlangt, geworden ist. Arbeit in diesem Sinne wird zum „Beruf", zu einer „Berufung", die in dem Arbeitsvorgang einen Wert für sich selbst sieht. Auf diese Weise wird Arbeit, von traditionalistischen Vorstellungen noch als bloßes Mittel angesehen, zum Selbstzweck. In der Arbeit bewährt sich die Seele (untheologisch formuliert: der Charakter) des Menschen. Letztlich geht es hier um eine tiefgreifende Verhaltensformung, Charakterprägung, der, liest man Weber (insbesondere das obige Zitat) einmal gegen den Strich, etwas Naturwidriges anhaftet.

## b) Erwerb des Geldes um des Geldes willen

Und ebensowenig wie der Kapitalismus den bloß auf Konsum und an Erhaltung oder Ausweitung seines Lebensstils orientierten Arbeiter gebrauchen kann, ist er an dem skrupellosen Geschäftsmann interessiert.

> „Die universelle Herrschaft absoluter Skrupellosigkeit der Geltendmachung des Eigeninteresses beim Gelderwerb war gerade ein ganz spezifisches Charakteristikum solcher Länder, deren bürgerlich-kapitalistische Entfaltung - an den Maßstäben der okzidentalen Entwicklung gemessen - 'rückständig' geblieben war. ... In der verschieden starken

---

[59] PE (1), Bd. 20, S. 21-22 / PE (2), S. 44-45 / PE (3), S. 50 / PE (4), S. 20

Entwicklung irgendeines 'Triebes' nach dem Gelde also liegt der Unterschied nicht. ...
Den rücksichtslosen, an keine Norm innerlich sich bindenden Erwerb hat es zu allen
Zeiten der Geschichte gegeben, wo und wie immer er tatsächlich überhaupt möglich
war."[60]

Krieg, Seeraub, Spekulation schaffen von selbst kein kapitalistisches System,
das in sich Bestand hat. Zur Errichtung des modernen Kapitalismus bedurfte
es der Ausbreitung eines Wirtschaftshandelns, das die einzelnen Akteure
gleichsam in ein Netz von Kauf, Verkauf, Produktion so einwob, daß sie
langfristig und stabil kalkulieren und wirtschaften konnten. Die Erhaltung
eines solchen Netzes braucht einen Geschäftsmann, der nach größeren Gewinnen sich nicht etwa einfach zur Ruhe setzt oder seine Gewinne konsu-
miert, anstatt sie zumindest teilweise zu investieren und so an dem Netz wei-
terzuknüpfen.

„Der 'Idealtypus' des kapitalistischen Unternehmers scheut ... den unnötigen Aufwand
ebenso wie den bewußten Genuß seiner Macht und die ihm eher unbequeme Entgegen-
nahme von äußeren Zeichen der gesellschaftlichen Achtung, die er genießt. Seine Lebensführung trägt m.a.W. oft ... einen gewissen asketischen Zug an sich. ... Er 'hat
nichts' von seinem Reichtum für seine Person, - außer: der irrationalen Empfindung guter 'Berufserfüllung'."[61]

„Die kapitalistische Wirtschaftsordnung braucht diese Hingabe an den 'Beruf' des Geldverdienens."[62]

Daher ist die Frage nach den Triebkräften der Expansion des modernen Kapitalismus in erster Linie nicht eine Frage nach der Herkunft der kapitalistisch verwertbaren Geldvorräte, sondern vor allem nach der Entwicklung
jener Hingabe an den Beruf des Geldverdienens. Denn durch Krieg, Seeraub
oder Spekulation angehäufte Reichtümer vermögen jene Hingabe nicht zu
erzeugen. Aber umgekehrt wird eine Person, die ihre Berufserfüllung in der
Vermehrung des Geldes sieht, sich vergleichsweise leichter ein Grundkapital
verschaffen können.

*c) Ethische Grundhaltung*
Diese kapitalistische Geisteshaltung ist etwas, „was dem präkapitalistischen
Menschen so unfaßlich und rätselhaft, so schmutzig und verächtlich er-

---

[60] PE (1), Bd. 20, S. 19 / PE (2), S. 42-43 / PE (3), S. 47-48 / PE (4), S. 18
[61] PE (1), Bd. 20, S. 31 / PE (2), S. 55 / PE (3), S. 60 / PE (4), S. 28-29
[62] PE (1), Bd. 20, S. 31 / PE (2), S. 55 / PE (3), S. 61 / PE (4), S. 29

scheint. Daß jemand zum Zweck seiner Lebensarbeit ausschließlich den Gedanken machen könne, dereinst mit hohem materiellem Gewicht an Geld und
Gut belastet ins Grab zu sinken, scheint ihm nur als Produkt perverser Triebe
… erklärlich".[63]

Dieser präkapitalistische Menschentypus, wie der Bauer, arbeitet, um zu
leben. Falls man über Reichtum verfügt, meidet man die Arbeit und wendet
sich, wie der mittelalterliche Adel, „edlen Tätigkeiten" wie Jagd, Spiel, Krieg
und Minne zu. Reichtum wird dazu verwendet, diesen ehrenhaften Lebensstil
demonstrativ vorzuführen. Je größer die Ausgaben, so könnte man sagen,
desto höher das Ansehen unter seinesgleichen und unter den Untertanen, die
durch den Prunk beeindruckt werden. Städtische Großkaufleute und Bankiers
suchen sich diesem Lebensstil anzupassen. Im Unterschied dazu sichern sich
die in den Zünften der mittelalterlichen Städte zusammengeschlossenen
Handwerker einen gewissen Lebensstandard mit Hilfe der in den Zunftregeln
genauestens festgeschriebenen Arbeits- und Qualitätsnormen sowie der Preise
und Absatzbedingungen ihrer Produkte, ein Zusammenschluß, der ökonomisches Handeln streng regelt, um den Lebensstandard zu erhalten.

> „Es ist so leicht niemand unbefangen genug zu bemerken, daß gerade einen solchen Un-
> ternehmer 'neuen Stils' nur ein ungewöhnlich fester Charakter vor dem Verlust der
> nüchternen Selbstbeherrschung und vor moralischem wie ökonomischem Schiffbruch
> bewahren kann, daß, neben Klarheit des Blickes und Tatkraft, vor allem doch auch ganz
> bestimmte und sehr ausgeprägte 'ethische' Qualitäten es sind, welche … ihm die Spann-
> kraft zur Überwindung der ungezählten Widerstände erhalten, vor allem aber die so un-
> endlich viel intensivere Arbeitsleistung, welche nunmehr von dem Unternehmer gefor-
> dert wird und die mit bequemem Lebensgenuß unvereinbar ist, überhaupt ermöglicht ha-
> ben: - nur eben ethische Qualitäten spezifisch anderer Art als die dem Traditionalismus
> der Vergangenheit adäquaten."[64]

Einfache Lebensregeln würden einem solchen Menschen wohl nicht die Kraft
geben, trotz Mißtrauen, Haß und Verachtung seiner sozialen Umgebung konstant und unbeirrt mit seinen Unternehmungen fortzufahren. Dazu bedarf es
schon einer tieferen Verankerung und Begründung dessen, was er tut. Und
dieses leistet eine ethische, an letzten Werten und Pflichten orientierte Überzeugung, die dafür sorgt, daß eine Person sich konstant zu widrigen äußeren
Umständen zu verhalten mag.

---

[63] PE (1), Bd. 20, S. 31 / PE (2), S. 55 / PE (3), S. 60 / PE (4), S. 29
[64] PE (1), Bd. 20, S. 29 / PE (2), S. 53 / PE (3), S. 58 / PE (4), S. 27

## d) Gruppenethik

Berücksichtigt man, daß die Durchsetzung jener kapitalistischen Berufsethik im großen Stil wohl kaum das Werk vereinzelter Kaufleute, Fabrikanten, Handwerker und Arbeiter gewesen sein kann, dann stellt sich die Frage, woher jene Gruppen kamen, die diesen Prozeß bewerkstelligt haben.

Einen weiteren Punkt gilt es zu bedenken: Zwar handelt es sich bei diesem Prozeß um eine von ihrem Ergebnis her gesehen zunehmende Rationalisierung menschlicher Lebensbereiche, aber der „Ursprung" dieses Prozesses kann nicht in jeder Hinsicht rational gewesen sein. Aus der Perspektive des persönlichen Glücks gesehen, handelt es sich schlicht um eine irrationale Lebensführung, nur für sein Geschäft da zu sein und nicht umgekehrt, und sich dafür auch noch das Mißtrauen, den Haß und die Verachtung seiner Umwelt zuzuziehen.

> „Man kann eben - dieser einfache Satz, der oft vergessen wird, sollte an der Spitze jeder Studie stehen, die sich mit 'Rationalismus' befaßt - das Leben unter höchst verschiedenen letzten Gesichtspunkten und nach sehr verschiedenen Richtungen hin 'rationalisieren'. Der 'Rationalismus' ist ein historischer Begriff, der eine Welt von Gegensätzen in sich schließt, und wir werden gerade zu untersuchen haben, wes Geistes Kind diejenige konkrete Form 'rationalen' Denkens und Lebens war, aus welcher jener 'Berufs'-Gedanke und jenes - wie wir sahen, vom Standpunkt der rein eudämonistischen Eigeninteressen aus so irrationale - Sichhingeben an die Berufsarbeit erwachsen ist, welches einer der charakteristischsten Bestandteile unserer kapitalistischen Kultur war und noch immer ist. Uns interessiert gerade die Herkunft jenes irrationalen Elements, welches in diesem wie in jedem 'Berufs'-Begriff liegt."[65]

Das im Verhältnis zum Traditionalismus Irrationale der Berufsarbeit im rationalen modernen Kapitalismus verweist darauf, daß es nicht aus dem Traditionalismus, etwa in Form von dessen Weiterentwicklung, herausgewachsen sein kann, sondern daß es als fremdes Element irgendwie von außen in jenen eingedrungen sein muß. Gegen eine traditionell vorherrschende Ethik wurde von außen eine neue Ethik, die in der Lage war, größere Menschengruppen zu formen, gesetzt. Dies war, historisch gesehen, bislang nur mit Hilfe der Gründung neuer Religionen möglich.[66] Hier, und erst hier, ist im Sinne der Weberschen Argumentationslogik von der „protestantischen Ethik"

---

[65] PE (1), Bd. 20, S. 35 / PE (2), S. 62 / PE (3), S. 65 u. 66 / PE (4), S. 33

[66] vgl. Max Weber, Wirtschaftsgeschichte. Abriß der universalen Sozial- und Wirtschaftsgeschichte, Berlin 1981, S. 308 f. (im folgenden: Wirtschaftsgeschichte) / We/Wi I, S. 367

zu sprechen. Weber verortet den „eigentlichen" Gegenstand seiner Untersuchung gerade an dem Punkt,

> „wo ein virtuoser kapitalistischer Geschäftssinn mit den intensivsten Formen einer das ganze Leben durchdringenden und regelnden Frömmigkeit in denselben Personen und Menschengruppen *zusammentrifft*, und diese Fälle sind nicht etwa vereinzelt, sondern sie sind geradezu bezeichnendes Merkmal für ganze Gruppen der historisch wichtigsten protestantischen Kirchen und Sekten. Speziell der Calvinismus zeigt, *wo immer er aufgetreten ist*, diese Kombination".[67]

Soviel läßt sich schon einmal vorwegnehmen: Der puritanischen Interpretation der Prädestinationslehre Calvins zufolge sind die Absichten Gottes, des „deus absconditus", den Menschen verborgen, und niemand, auch die Kirche nicht, vermag zu sagen, wer dereinst ausgewählt oder verworfen sein wird. Alles Bemühen, des Gnadenstandes teilhaftig zu werden, ist daher umsonst, da Gott selbst in seinem unergründlichen Ratschluß den Menschen zur ewigen Seligkeit oder zur ewigen Verdammnis vorherbestimmt hat. Calvins Lehre von der Prädestination wurde indes so ausgelegt, daß die Menschen bereits in diesem Leben sich so verhalten mußten, als wären sie Auserwählte: Die Lebensführung hatte tugendhaft zu sein und allem abzuschwören, was den Geboten Gottes entgegenzustehen schien: dem aufwendigen Prunk, dem Vergnügen und dem Genuß. Am Erfolg, und zwar eindeutig am sich mehrenden Reichtum, sei jedoch abzulesen, wen Gott erwählt habe und wen nicht. Um des Nachweises der ewigen Seligkeit willen habe man in dieser Welt und in seinem Inneren sich gleichsam einer Askese zu unterziehen, die alles Tun und Denken einzig daran messe, daß nichts unnütz und unkontrolliert getan oder gedacht werde.

Die eingangs aufgeworfene Frage, wie die Entstehung des modernen Kapitalismus möglich gewesen ist, wird Max Weber, wie im folgenden zu zeigen sein wird, anhand der Wirtschaftsgesinnung, die mit jener protestantischen Ethik einhergeht, analysieren.

## 6. Geschichte verläuft nicht linear

Weber beabsichtigte eine Klarstellung seiner Frage in zweierlei Hinsicht: zum ersten, was das Verhältnis von ökonomischen Strukturen zum Geist des

---

[67] PE (1), Bd. 20, S. 8 / PE (2), S. 26 / PE (3), S. 36 / PE (4), S. 8 (Herv. i. O.)

Kapitalismus angeht; und zum zweiten, was die Beziehung zwischen dem Rationalismus in der Lebensführung der Menschen und der Rationalisierung von Recht und Verwaltung betrifft.

Zuerst zum Verhältnis von Ökonomie und kapitalistischem Geist: Max Weber wehrt sich gegen die vulgärmarxistische Position, die ökonomische Entwicklung sei historisch gesehen aufgrund einer eigenen Gesetzmäßigkeit vor sich gegangen. Solche überhistorischen Gesetze lehnt er ab. So müsse man sich

> „von der Ansicht emanzipieren: man könne aus ökonomischen Verschiebungen die Reformation als 'entwicklungsgeschichtlich notwendig' deduzieren. Ungezählte historische Konstellationen, die nicht nur in kein 'ökonomisches Gesetz', sondern überhaupt in keinen ökonomischen Gesichtspunkt irgendwelcher Art sich einfügen, namentlich rein politische Vorgänge, mußten zusammenwirken, damit die neu geschaffenen Kirchen überhaupt fortzubestehen vermochten".[68]

Die Geschichte der Reformation sei mithin nicht einfach auf ökonomische Gesetze reduzierbar. Insbesondere politische Vorgänge wären für deren Überleben ausschlaggebend gewesen. Wird hier die Reformation als beeinflußte, bedingte betrachtet, so interessiert sich Weber in seinen Untersuchungen für die umgekehrte Perspektive: Er will erst einmal die Bedingtheit der Entstehung der gegenwärtigen Wirtschaftsform nachweisen, nämlich „des 'Ethos' einer Wirtschaftsform, durch bestimmte religiöse Glaubensinhalte, und zwar an dem Beispiel der Zusammenhänge des modernen Wirtschaftsethos mit der rationalen Ethik des asketischen Protestantismus".[69] Zwar hatte Weber durchaus vor, künftig einmal die ökonomischen und politischen Einflüsse auf die Entwicklung der protestantischen Ethik zu untersuchen[70], aber in seiner vorliegenden Analyse wird „nur der *einen* Seite der Kausalbeziehung nachgegangen"[71].

Weber hat betont, daß es für kulturwichtige Erscheinungen zwei Ursachengruppen gibt: Interessenkonstellationen und Ideenkonstellationen. Keine dieser Konstellationen kann für sich eine Priorität gegenüber der jeweils anderen beanspruchen, doch hat sich Weber in seiner Protestantismus-Studie überwiegend auf den Bereich der Ideenkonstellationen bezogen. Er wollte zeigen, wie sich Ideen in der Geschichte durchsetzen, wirksam werden, ohne

---

[68] PE (1), Bd. 20, S. 53-54 / PE (2), S. 83 / PE (3), S. 76 / PE (4), S. 50
[69] GARS I, S. 12 / We/Wi I, S. 21
[70] vgl. PE (1), Bd. 21, S. 109 f. / PE (2), S. 205 f. / PE (3), S. 190 / PE (4), S. 154 f.
[71] GARS I, S. 12 / We/Wi I, S. 21 (Herv. i. O.)

deshalb schon einer idealistischen Geschichtskonstruktion das Wort zu reden. Daher veranlaßt ihn seine analytische Einschränkung, was den Einfluß der protestantischen Ethik auf die Entwicklung des modernen Kapitalismus angeht, zu warnen:

„Aber andererseits soll ganz und gar nicht eine so töricht-doktrinäre These verfochten werden wie etwa die: daß der 'kapitalistische Geist' ... *nur* als Ausfluß bestimmter Einflüsse der Reformation habe entstehen *können*, oder wohl gar: daß der Kapitalismus als *Wirtschaftssystem* ein Erzeugnis der Reformation sei. Schon daß gewisse wichtige *Formen* kapitalistischen Geschäftsbetriebs notorisch erheblich *älter* sind als die Reformation, stände einer solchen Ansicht ein- für allemal im Wege. Sondern es soll nur festgestellt werden: ob und wieweit religiöse Einflüsse bei der qualitativen Prägung und quantitativen Expansion jenes 'Geistes' über die Welt hin *mit*beteiligt gewesen sind und welche konkreten *Seiten* der auf kapitalistischer Basis ruhenden *Kultur* auf sie zurückgehen."[72]

Die zweite von Weber vorgenommene Klarstellung betrifft das Verhältnis zwischen rationaler Lebensführung, wie sie in der protestantischen Ethik repräsentiert wird, und der Gesamtentwicklung des Rationalismus. Wie schon erwähnt, ist der moderne Kapitalismus nur existenzfähig, wenn gleichzeitig ein rationales Rechtswesen, eine rationale Verwaltung und eine rational vorgehende Wissenschaft und Technik sich ebenfalls herausgebildet haben. Er spricht in diesem Zusammenhang von einer Gesamtentwicklung des Rationalismus. Zwei zentrale Argumente führt er zur Begründung dafür an, daß er in seiner Untersuchung sich innerhalb der Geschichte dieser Gesamtentwicklung des Rationalismus auf die Organisierung einer rationalen Lebenspraxis, wie sie die protestantische Ethik darstellt, beschränkt.

Weder sei der Protestantismus Resultat jener Gesamtentwicklung, die schon viel älter ist. Er könne dies nicht sein, da er ja - wie oben schon besprochen - in seinem sozialen Umfeld, das ja schon ältere Ansätze rationaler Entwicklung integriert hatte, als völlig irrational erscheinen mußte. Noch könne der Protestantismus als religiöse Ethik etwa als bloßer Vorläufer einer rein rationalistischen Lebensanschauung, die sich schließlich von jeglichem religiösen Inhalt gelöst habe, angesehen werden. Denn jene rein rationalistischen nicht-religiösen Lebensanschauungen hätten sich vorzugsweise in den katholisch-romanischen Ländern Südeuropas - erinnert sei an Machiavelli und Voltaire - herausgebildet.

Wenn Weber davon spricht, daß „die Geschichte des Rationalismus *keineswegs* auf den einzelnen Lebensgebieten *parallel* fortschreitende Entwick-

---

[72] PE (1), Bd. 20, S. 54 / PE (2), S. 83 / PE (3), S. 76-77 / PE (4), S. 50-51 (Herv. i. O.)

lung zeigt"[73], dann wendet er sich gegen den Versuch, in der Gesamtentwicklung des Rationalismus irgendeine immanente Entwicklungslogik ausmachen zu wollen - dies wäre wohl der vulgär-idealistische Widerpart gegen
die vulgärmarxistische Überzeugung von überhistorisch gültigen ökonomischen Gesetzen[74]. Für ihn hat der Protestantismus innerhalb der Gesamtentwicklung des Rationalismus seinen Platz, und zwar einen entscheidenden,
aber dies nur als Einzelfall. Diesen Einzelfall wählt er, um zu zeigen, daß er
im Übergang vom Traditionalismus zum Kapitalismus letzterem die Tür auf-
gestoßen und ihn auf den Weg gebracht hat.

> „Was letzten Endes den Kapitalismus geschaffen hat, ist die rationale Dauerunterneh-
> mung, rationale Buchführung, rationale Technik, das rationale Recht, aber auch nicht sie
> allein; es muß ergänzend hinzutreten: die rationale Gesinnung, die Rationalisierung der
> Lebensführung, das rationale Wirtschaftsethos."[75]

Die protestantische Ethik, die die Lebensführung systematisch rationalisierte,
verhalf dem modernen Kapitalismus, als seine anderen Bedingungen schon
weitgehend vorlagen, endgültig zum Durchbruch.

In seinen Versuchen, sich von Annahmen überhistorischer Entwicklungen
abzusetzen, geht Weber schließlich scheinbar so weit, einer eindeutigen Kausalbeziehung zwischen protestantischer Ethik und kapitalistischem Geist den
Abschied zu geben. Anstelle von „Kausalbeziehungen" spricht er nun von
„'Wahlverwandtschaften' zwischen gewissen Formen des religiösen Glaubens und der Berufsethik".[76] Über solche Wahlverwandtschaften wirkte die
religiöse Bewegung auf die Entwicklung der materiellen Kultur ein. Erst
nachdem dieses Verhältnis der Wahlverwandtschaft untersucht sei, könnte
überhaupt der Versuch gemacht werden zu analysieren, inwiefern die geschichtliche Entstehung des modernen Kapitalismus jenen religiösen Aspekten oder anderen Bedingungen in Form einer Kausalbeziehung zuzurechnen
sei.[77] Dieser Aspekt wird im dritten Abschnitt genauer besprochen werden.

Am Beispiel des Niedergangs der antiken Kulturen läßt sich Webers Skep-
sis gegenüber linearen Fortschrittskonzeptionen aufzeigen. Gerade aus der

---

[73] PE (1), Bd. 20, S. 34 / PE (2), S. 61 / PE (3), S. 65 / PE (4), S. 32 (Herv. i. O.)
[74] vgl. PE (1), Bd. 21, S. 109 f. / PE (2), S. 205 f. / PE (3), S. 190 / PE (4), S. 154 f.
[75] We/Wi I, S. 360 / Wirtschaftsgeschichte, S. 302 (Herv. i. O.)
[76] PE (1), Bd. 20, S. 54 / PE (2), S. 83 / PE (3), S. 77 / PE (4), S. 51
[77] ebd.

Geschichte der antiken Entwicklungsblockade heraus polemisiert er gegen zu weitreichende Kontinuitätstheorien.

> „Das Kontinuum der mittelländisch-europäischen Kulturentwicklung kannte bisher weder abgeschlossene 'Kreisläufe' noch eine eindeutig orientierte 'gradlinige' Entwicklung. Zeitweise gänzlich versunkene Erscheinungen der antiken Kultur sind später in einer ihnen fremden Welt wieder aufgetaucht. Andererseits sind, wie die Städte der Spätantike ..., so die spätantiken Grundherrschaften ... Vorstufen des Mittelalters gewesen."[78]

Weber zufolge entwickeln sich weder ökonomische Strukturen noch Ideenkomplexe linear. Seine Analyse der protestantischen Ethik und ihres Einflusses auf die Heraufkunft des modernen Kapitalismus läßt sich auch als ein Lehrstück darüber lesen, wie Ideen sich materiell durchsetzen. Im Falle der protestantischen Ethik handelt es sich ursprünglich, das heißt, in der Gedankenwelt der ersten Generation der Reformatoren, um eine Haltung, die dem Kapitalismus feindlich gegenübersteht, während die katholische Kirche jener Zeit darum bemüht war, theoretisch wie praktisch zwischen Religion und Kapitalismus Kompromisse zu finden. Im Sinne eines linear konzipierten Fortschrittsmodells müßte man die katholische Kirche zur „Seite des Fortschritts", die ersten Reformatoren jedoch zur „Seite der Reaktion" rechnen. Eine der Absichten Webers besteht darin nachzuweisen, daß Geschichte nicht linear verläuft. Dieser Nachweis beschränkt sich jedoch auf einige knappe Bemerkungen, da Weber wohl bei seinen Lesern historische Kenntnisse hinsichtlich der vorreformatorischen Epoche voraussetzt. Daher soll im folgenden Abschnitt eine Beschreibung derjenigen Zustände geliefert werden, gegen die die protestantische Ethik sich durchsetzen mußte und gegenüber denen sie - in den Anfängen der Reformation - als ein „Rückfall" erscheinen mußte.

---

[78] Max Weber, Gesammelte Aufsätze zur Sozial- und Wirtschaftsgeschichte, Tübingen 1924, S. 278

## II. Ökonomie, Politik und Religion im Mittelalter und die Anfänge der Reformation

### 1. Indifferenzzustand von Ökonomie, Politik und Religion

Nicht schon im römischen Staat, sondern erst im Mittelalter gelang der christlichen Kirche ein symbiotisches Zusammenleben mit der Gesellschaft. Entgegen der Bereitschaft der Kirche, sich den politischen Gegebenheiten des römischen Imperiums anzupassen, fand, auch nachdem Konstantin im 4. Jahrhundert im Mailänder Edikt das Christentum zur Staatsreligion erhoben hatte, kein vollständiger Verschmelzungsprozeß statt. Denn in dem späteren Imperium waren trotz aller Erschütterungen die Fortdauer des antiken Staatsgedankens, die Existenz eines die Beziehungen der Menschen strukturierenden formalen Rechts und einer hochentwickelten bürokratischen Verwaltung, schließlich eine nach eigenen Prinzipien funktionierende Geldwirtschaft entscheidende Hindernisse gegen das Eindringen christlicher Glaubensinhalte in die Poren der Gesellschaft. Obwohl diese Bedingungen eine enge Verbindung von Kirche und Staat, auch nachdem das Christentum Staatsreligion geworden war, verhinderten, war die Kirche doch in ihrem eigenen Interesse zu einer relativen Anpassung gezwungen. Hieraus resultierte dann eine zwiespältige Haltung der Anlehnung an eine Institution, die letztlich als Verkörperung der schlechten Welt dennoch verachtet wurde.[1]

Erst nachdem sich im untergehenden Imperium mit dem Zerfall der zentral-staatlichen Bürokratie und Militärherrschaft, mit dem Niedergang des Handels und der Sklavenhalterwirtschaft erste Formen der feudalen Grund

---

[1] vgl. Ernst Troeltsch, Die Soziallehren der christlichen Kirchen und Gruppen, Tübingen 1923, S. 241 f.; Prinzipiell wurde diese Trennung des christlichen Glaubens von der Volksgemeinschaft erst nach dem Scheitern der Urgemeinde und der von Paulus vorgenommenen Ausdehnung des Christentums auf nicht-jüdische Völker möglich. Vgl. dazu: Talcott Parsons, Das System moderner Gesellschaften, München 1972, S. 44 ff.

herrschaft herausgebildet hatten[2], konnten die Kirchen beginnen, sich voll in das weltlich-politische System zu integrieren. Denn anders als das absterbende Imperium kannte der Feudalismus des frühen Mittelalters keinen straff und zentral organisierten Staat[3]; dazu kamen das weitgehende Fehlen der Geldwirtschaft[4] und eines die menschlichen Lebensbeziehungen formalisierenden Rechtes[5], überhaupt das Fehlen abstrakt-formeller Beziehungen. Statt dessen waren die menschlichen Beziehungen auf persönliche Verständigung gestellt.[6]

Dies bot der christlichen Kirche eine günstige Voraussetzung zur Verwirklichung der moralischen Ideale, die ihre Wirksamkeit ja nur gegenüber Menschen, aber nicht gegenüber abstrakten Mechanismen der Lebensregulierung entfalten konnte.[7]

Die Fusion von Religion und Feudalsystem baute auf der Indifferenz[8] von Ökonomie und Politik, die für die feudale Grundherrschaft charakteristisch war, auf. Wenn hier von Grundherrschaft und der Sphäre der Ausübung der Macht zwecks Unterdrückung gesprochen wird, dann bedeutet das noch nicht eine Unterscheidung zwischen Ökonomie und Politik. Denn die Realisierung der feudalen Grundherrschaft impliziert den Indifferenzzustand von politischer und ökonomischer Sphäre, das heißt, der permanenten Anwesenheit von Gewalt im Produktionsprozeß: Die Grundherrschaft basierte darauf, daß eine Minderheit von Großgrundbesitzern den Großteil des Bodens nicht selbst bewirtschaftete oder durch Sklaven bewirtschaften ließ, sondern ihn zur Nutzung in eigenständigen Bauernwirtschaften an einzelne Bauernfamili-

2  vgl. Max Weber, Die Sozialen Gründe des Untergangs der antiken Kultur, in: ders., Universalgeschichtliche Analysen, Stuttgart 1973, S. 10 ff. / Karl Bosl, Die Gesellschaft in der Geschichte des Mittelalters, Göttingen 1975, S. 48
3  vgl. Walter Ullmann, Individuum und Gesellschaft im Mittelalter, Göttingen 1974, S. 47 ff.
4  vgl. Henri Pirenne, Social- und Wirtschaftsgeschichte Europas im Mittelalter, München 1974, S. 7 ff.
5  vgl. Karl Kroeschell, Deutsche Rechtsgeschichte, Bd. 1, Reinbek b. Hamburg 1972, S. 151
6  Worauf die stark genossenschaftliche Organisierung der Menschen im frühen Mittelalter hinweist. Vgl.dazu: Jahn Dhondt, Das frühe Mittelalter, Frankfurt/M. 1968, S. 118 ff.
7  vgl. Arnold Gehlen, Sozialpsychologische Probleme in der industriellen Gesellschaft, Tübingen 1949, S. 12 / Max Weber, Die Entfaltung der kapitalistischen Gesellschaft, in: We/Wi I, S. 363 / Wirtschaftsgeschichte, S. 305
8  Zum Terminus „Indifferenz" vgl. Georg Simmel, Philosophie des Geldes, Bd. 6 der Georg Simmel Gesamtausgabe (Hg.: Otthein Rammstedt), Frankfurt/M. 1989, S. 401 f.

en gegen persönliche Dienstleistungen und Abgaben verlieh.[9] Der Grundeigentümer verfolgte bei der Landverleihung das Ziel, sich das jeweilige Mehrprodukt der bäuerlichen Arbeit, mithin das Produkt, das die Bauern über ihren eigenen Lebensbedarf hinaus produziert hatten, in Form der Grundrente anzueignen. Bei dem damals im Frühmittelalter vorgegebenen Stand der Produktivkräfte mußte sich die Feudalherrschaft mit fast allen anfallenden Arbeitsleistungen selbst versorgen. Dies bedingte vielfach einen fronwirtschaftlichen Gutsbetrieb und erforderte weitgefächerte Frondienste und Naturalleistungen. Hieraus ergab sich, daß die Grundrente vor allem in ihrer Arbeits- und Naturalform auftrat. Nun war es nicht möglich, den Bauern zu verheimlichen, daß die drei Tage, die sie wöchentlich auf der Domäne des Grundherren arbeiteten, für sie drei verlorene Tage waren. Die Mehrarbeit für den nominellen Grundeigentümer konnte ihnen unter diesen Bedingungen nur durch außerökonomischen Zwang abgepreßt werden.[10] Da also die Arbeit des unmittelbaren Produzenten für sich selbst räumlich und zeitlich geschieden war von seiner Arbeit für den Grundherrn, erschien die letztere unmittelbar in der brutalen Form der Zwangsarbeit für einen Dritten. Die Nicht-Koinzidenz von Arbeit zur eigenen Reproduktion und Mehrarbeit für den Grundherren, ihre räumliche und zeitliche Trennung, machte das Eingreifen außerökonomischer Maßnahmen zur Durchführung der Mehrarbeit notwendig. Und diese außerökonomischen Maßnahmen nahmen die Form der feudalistischen Herrschafts- und Knechtschaftsbeziehungen an. Der direkte außerökonomische Zwang wurde hier zur unabdingbaren Voraussetzung, diese Art der Produktion aufrechterhalten zu können. Die Ökonomie hatte sich noch nicht als eine sich selbst regulierende Sphäre herausgebildet. Erst wenn die Arbeit und die Mehrarbeit zeitlich und räumlich zusammenfallen, Mehrarbeit als solche nicht mehr augenfällig sichtbar wird und die Arbeit freiwillig verrichtet wird, kann der Produktionsprozeß als rein ökonomischer Sektor unterschieden von anderen Bereichen menschlichen Zusammenlebens begriffen werden. Aber

---

[9]   Die Unterwerfung der Bauern wurde in unterschiedlichen Formen praktiziert. Oft ging die Abhängigkeit der Bauern schon der Landleihe voraus, oder sie konnte in späteren Generationen folgen, oder sie konnte auch zusammen mit der Landleihe hergestellt werden. Je nachdem existierten auch unterschiedliche Grade der Abhängigkeit wie Leibeigenschaft, Grundhörigkeit und Halbfreiheit. / vgl. dazu: Rodney H. Hilton, Die Natur mittelalterlicher Bauernwirtschaft, in: Ludolf Kuchenbuch (Hrsg.), Feudalismus - Materialien zur Theorie und Geschichte, Frankfurt/M., Berlin und Wien 1977, S. 510

[10]  vgl. Karl Marx, Das Kapital, Bd. III, MEW 25, Berlin 1973, S. 798 ff.

auf dem Niveau der Zwangsarbeit für den Grundherrn wurde der militärisch-politische Einfluß, der zur Aufrechterhaltung dieses Zwangsverhältnisses Voraussetzung war, nicht als eigenständige Sphäre gedacht, da er als ein unabdingbares Element der Produktionsweise offensichtlich war. Das Denken der relativen Autonomie des Politischen ist in Wirklichkeit eine spätere, dem „bürgerlichen" Denken eigentümliche Erscheinung.

Dieser Indifferenzzustand von ökonomischer, politischer (legal gewaltausübender) Sphäre als Aspekt der Unterwerfung der Bauern unter die Gewaltherrschaft ihrer Grundherren wurde nun von der Kirche religiös abgesichert, indem sie die Indifferenz von Ökonomie und Politik zu einer Indifferenz von Politik, Ökonomie und religiöser Moral erhöhte:

Dies leistete der Realismus, der davon ausgeht, daß die Universalien (Gott, Geist usw.) nicht nur Substanzen, res, sondern den sinnlich wahrnehmbaren einzelnen Dingen gegenüber die ursprünglichen, erzeugenden Realitäten seien. Dem sinnlich Wahrnehmbaren gegenüber werden sie als die realen Substanzen - und zwar als um so realer, je allgemeiner, universeller; und Gott als das Allgemeinste ist demzufolge auch das Realste - aufgefaßt. Insofern das Allgemeinste, Allerrealste aus sich heraus die Gesamtheit der Welt erzeuge, sei diese Welt mit all ihren Aspekten nichts anderes als eine Erscheinung. Von der Konzeption einer Stufenfolge der Kräfte kann der Realismus verschiedene Grade der Annäherung bzw. Abwesenheit der Allgemeinheit ableiten, um so schließlich eine Hierarchie der Lebewesen zu definieren. Die Struktur der moralischen Welt ist mithin von derselben Art wie die der physischen Welt. Mit der Schöpfung der physischen Welt hat Gott sich gleichzeitig als Gesetzgeber, als Ursprung der in die physische Beschaffenheit der Welt eingegangenen moralischen Prinzipien betätigt. Insofern gilt es, die physische Hierarchie innerhalb der Schöpfung immer schon auch als moralische Abstufung zu verstehen.

Die religiöse Konzeption einer hierarchisch durchgegliederten Gesellschaft entsprach den Aufbauprinzipien der Feudalgesellschaft, die sich nicht nur in die Blöcke der unfreien Bauern und der Grundherren untergliederte, sondern in der auch die Grundherren untereinander in einer Lehnshierarchie einander zugeordnet waren. An oberster Stelle Kaiser und Könige, dann die Fürsten, Grafen, Freiherren und Ritter. Diese sich über dem Fundament der Grundherrschaft erhebende Gliederung der Machtverteilung war wesentlich durch eine Dezentralisierung der Macht gekennzeichnet. Die Dezentralisierung sollte nun durch ein System der Privatverträge, die man unter zwei

Aspekten gleichzeitig, nämlich einem persönlichen und einem sachlichen Rechtsverhältnis, der Vasallität und dem Benefizium, abschloß, vor der Zersplitterung bewahrt werden. Die Vasallität war ein Dienstverhältnis, das auf dem Grundsatz gegenseitiger Treue beruhte: Der Vasall verzichtet auf den Schutz seiner Gens, indem er sich in ein zwischen Individuen gegründetes Rechtsverhältnis begab. Zu diesem Vertrag zwischen zwei Individuen gehörte auch, daß der Ranghöhere als der gleichzeitig Mächtigere seinem Vertragspartner nicht nur Schutz, sondern auch einen standesgemäßen Unterhalt gewährleistet. Daher verlieh er ihm ein Gut, ein Benefizium, für das der Vasall kein volles Eigentumsrecht, sondern lediglich einen Nutzanspruch reklamieren konnte. In dieser Konzeption der Lehnsherrschaft[11] war der Kaiser bzw. König als oberster Lehnsherr vorgesehen, dessen direkte Vasallen, die Fürsten und Grafen, selbst wiederum Vasallen, die sie belehnten, hatten.

Daraus ergab sich zwar ein dezentrales, aber hierarchisch auf eine einzige Spitze hin orientiertes Herrschaftsgefüge. Dieses Idealbild der Lehnsherrschaft entsprach auch dem Ordnungsdenken des von der mittelalterlichen Kirche propagierten Realismus. Je höher die Menschen in der Hierarchie, desto näher waren sie bei Gott und umgekehrt. Nicht umsonst sind die Gestalten des mittelalterlichen Lebens auf den Bildern je nach ihrer Stellung in der Hierarchie auch unterschiedlich groß und schön dargestellt. Jesus, Maria und die Heiligen überragten die Könige und die Fürsten an Größe und Glanz; klein und häßlich waren jedoch die Bauern abgebildet. Gleichzeitig präsentierte sich nicht nur die Hierarchie als gottgewollt, sondern Gott schien die Menschen in dieser Welt schlechthin wohlversorgt zu haben. Die Übel und Probleme ihres Lebens hatten die Menschen demzufolge nicht etwa in einer schlecht organisierten Welt, sondern in der allgegenwärtigen strafenden Ge-

---

[11] Das Lehnssystem als Charakteristikum des Feudalismus ist streng genommen nur auf das karolingische Reich und dessen nachfolgende Ordnungsgebilde zu beziehen, also auf Frankreich, Deutschland, Italien und Spanien, während die umliegenden Länder in ihrer Organisationsstruktur recht stark von dem Modell des Lehnssystems abwichen. / vgl. dazu: Otto Hintze, Feudalismus und Kapitalismus, Göttingen 1970, S. 31.; Wollte man den Feudalismusbegriff auf das Lehnssystem beschränken, dann wäre der Feudalismus im 11. und 12. Jh., als das Lehen erblich und somit der Verfügungsgewalt des Lehnsherrn entzogen wurde, praktisch schon zu Ende. Beschränkt man den Begriff des Feudalismus allein auf den Aspekt der Grundherrschaft, dann dauerte er partiell, wie in Preußen, bis in das 18. Jh. Ohne dieses Problem entscheiden zu wollen, wird hier pragmatischerweise von Feudalismus nur bei gleichzeitigem Auftreten von Grundherrschaft und Lehnsherrschaft gesprochen.

rechtigkeit Gottes zu suchen. Anstelle sozialer Veränderungen zur Lösung ihrer Probleme konnte nun den Menschen ein demütiges gottgefälliges Leben anempfohlen werden.

Diese Haltung wurde von der Kirche mit Hilfe der Sakramentenspende, insbesondere dem Sakrament der Taufe und dem Bußsakrament, abgesichert und verstärkt. Dem Realismus zufolge komme die Ur-Sache oder Substanz Gott den einen Dingen oder Menschen zwar mehr zu als den anderen, aber sie sei doch gleichzeitig das, was selbst die unterschiedlichsten Existenzen miteinander wesenhaft verbinde. Der Realismus vermag mithin die Vorstellung einer wesenhaften Verbindung zwischen Gott und Menschen mit Hilfe des Zelebrierens von Substanzen, die die wesenhaften Qualitäten in höchster Reinheit enthalten, plausibel zu machen. Auf dieser Vorstellung beruht dann auch die Wirkung der heiligen Sakramente, die, von der Kirche verliehen, auf Gott und Menschen ihre Wirkung nicht verfehlen können. Zentraler Punkt dieser Strategie wie auch des Glaubens im frühen Mittelalter war das Sakrament der Taufe; denn durch sie wurde der Mensch in die Körperschaft der Kirche aufgenommen und damit ein vollwertiges Mitglied des Corpus Christi.[12]

Doch die Taufe war nicht bloß ein liturgischer Akt, sondern als getaufter Christ galt der einzelne Mensch als neues Geschöpf, das eine wesentliche Wandlung durchgemacht hatte: Durch die in der Taufe wirkende göttliche Gnade war er kein natürlicher Mensch mehr, vielmehr hatte er sich seines natürlichen Menschseins entledigt, um einen Anteil an den „göttlichen Eigenschaften" zu gewinnen. Diese „Neugeburt" wirkte sich entscheidend auf die Stellung des einzelnen Menschen im sozialen Leben aus. Denn als Christ stand er nach damaliger Ansicht auf einer ganz anderen Ebene, als wenn er einfach nur natürlicher Mensch geblieben wäre. So wurde er nicht Mitglied der Kirche, sondern galt auch als Fidelis. Dieser Status hatte zur Konsequenz, daß die Lebensgestaltung der getauften Menschen nicht mehr als Ergebnis ihrer rein rationalen Einsicht und dem daraus resultierenden Handeln gesehen wurde. Und dies bedeutete weiterhin, daß die Menschen auch hinsichtlich der Bewältigung der sozialen Probleme keine im Sinne des Naturrechts angeborenen Rechte und Pflichten besaßen. Als Glied des Leibes Christi, der Korporation der Kirche, war der Gläubige in seinem ganzen sozialen Leben der ihm vorgegebenen, nicht von ihm selbst gestalteten Ordnung unterworfen. Diese

---

12 vgl. Walter Ullmann, Individuum und Gesellschaft im Mittelalter, a.a.O., S. 14

„Einverleibung" in den Corpus Christi, die Kirche, bedeutete für ihn, daß er seine Fidelitas, seine Gläubigkeit zu beweisen hatte, indem er dem Befehl derer gehorchte, die Gott über ihn gesetzt hatte. Was den Christen ausmachte, war sein Glaube, und aufgrund seines Glaubens hatte er sich gehorsam in die gottgewollte Hierarchie einzuordnen. So setzte Gehorsam nicht nur den Glauben voraus, sondern der Gehorsam galt auch umgekehrt als das äußere Zeichen des Glaubens. Derjenige, der gegen seinen Herrn und die gottge- wollte Organisation der sozialen Ordnung rebellierte, hatte von vornherein mit dem Zorn der Priester, die ihn als Ungläubigen abzustempeln hatten, zu rechnen.

Die Integration von Ökonomie und Politik in das religiöse System machte mithin keinerlei Unterschied zwischen sozialem und religiösem Verhalten. Im Gegenteil: Soziale Konformität vermochte man durch religiöse Sanktio- nen zu sichern. Die Wunderwirkung der Sakramente wurde in Kultakten fest- gelegt, die deren Vollzug nur in der rechtmäßigen Gemeinde und nur in der Hand des ordnungsmäßigen Klerus wirksam werden ließ. So entwickelten sich die Wunder der sakramentalen Feiern nicht nur zu Höhepunkten des Kultus, sondern auch zu den entscheidenen Heilsvermittlern. Dadurch modi- fizierte man das völlig unsakramentale, rein ethisch geprägte Evangelium: Außer dem Sakrament gab es kein Heil, und da kein Sakrament ohne die Priester möglich war, konnte niemand sein Heil jenseits der Kirche erwarten. Indem sich die Kirche und ihre Priesterschaft nun zuständig erklärten für die mystisch-magische Heilsvermittlung der Sakramente und indem so das gött- liche Sein im Priestertum faßbar wurde, erschien die Kirche als ein Corpus mysticum.

Die Sakramente als Verlängerung oder Fortsetzung der Mitteilung Gottes an die Menschen durch Materialisierung des Göttlichen können jedoch, um nicht völlig den ursprünglichen christlichen Ideen zuwiderzulaufen, kein rei- ner Sakramentszauber sein, sondern müssen zugleich moralisch kontrollie- rend und leitend sich auswirken. Diese Forderung erfüllt das Bußsakrament, das keine eigentliche Materia sacramenti hat, das aber praktisch in einem mit der Messe zelebriert wird. Das Sakrament der Buße entwickelte sich zu einer der entscheidenden Stützen des kirchlichen Einflusses. Aus ihm entsteht die ganze christliche Ethik als Erforschung und Beratung des Gewissens, als Tilgung der Sünden.[13] Mit Hilfe des Bußsakraments konstituierte sich die Kirche zu einer Macht, die die Menschen in ihrem Sinne lenken konnte. Gleichzeitig begann sie, den ursprünglich christlichen Individualismus[14] des für sich selbst vor Gott verantwortlichen Menschen aufzulösen, indem sie sich mittels der Sakramente zwischen menschliches und göttliches Selbst schob.

> „Die Kirche hat mit Hilfe ihrer Buß- und Beichtordnung das mittelalterliche Europa domestiziert. Aber für den Menschen des Mittelalters bedeutete die Möglichkeit, sich im Wege der Beichte zu entlasten, indem er sich bestimmte Strafhandlungen auferlegen ließ, eine Entspannung des Schuldbewußtseins und Sündengefühls, das die ethischen Vorschriften der Kirche hervorgerufen hatten."[15]

In das Verhältnis des göttlichen Selbst zu dem menschlichen Selbst drängte sich der Klerus, der mit Hilfe der magisch-mystischen Kraft der Sakramente eine für das menschliche Selbst erlösende Herstellung der Einheit versprach; dies allerdings um den Preis der Unterwerfung der Menschen unter die Kirche, die letztlich mit ihrem Despositum absoluter Wahrheit und wunderbarer Sakramentalkräfte nicht nur den Gläubigen die „Last" der Eigenverantwortlichkeit abnahm, sondern auch Gott, der in den von der Kirche gespendeten Sakramenten nicht umhin konnte, seine Gnade zu erweisen, entmachtete. Die Kirche erhob sich auf diese Weise zur eigentlichen Zentrale des Verhältnisses von göttlichem und menschlichem Selbst wie auch des Verhältnisses der Menschen zueinander. Dies erklärt die zentrale Stellung des Klerus in der mittelalterlichen Ordnung.

## 2. Mittelalterlicher Kapitalismus und kirchliche Ethik

Im Verlaufe des Mittelalters entwickelte sich aus dem Feudalsystem das Marktsystem. Der Zerfall des Feudalismus und die Konstitution der Märkte ging keineswegs einheitlich vonstatten, sondern war von Region zu Region und Jahrhundert zu Jahrhundert unterschiedlich und durchaus nicht kontinuierlich. Trotzdem lassen sich einige durchgehende Entwicklungslinien skizzieren. Als Hauptindiz der Entstehung einer Marktgesellschaft gilt gemeinhin

---

[13] vgl. Ernst Troeltsch, Die Soziallehren der christlichen Kirchen und Gruppen, a.a.O., S. 219 f.
[14] vgl. ebd., S. 64 f.
[15] We/Wi I, S. 370 / Wirtschaftsgeschichte, S. 311

das sprunghafte Ansteigen der Städtegründungen nach der Jahrtausendwende. Jedoch waren die Städte nicht von Anfang an ausschließlich oder vorherrschend nach dem Prinzip einer Marktvergesellschaftung organisiert.[16] Zwar fungierten sie als Zentren des Austauschs von Waren, aber dieser Austausch vollzog sich nicht in jedem Fall so, daß man im strengen Sinne von Markt sprechen kann. Um dies zu erklären, bietet sich ein Modell von Polanyi an, das drei Arten von Tausch, nämlich erstens die rein örtliche Bewegung, die lediglich einen Platzwechsel zwischen den Beteiligten vollzieht, zweitens den Tausch zu festgelegten Raten, und drittens den Tausch zu ausgehandelten Raten, der für die Marktvergesellschaftung konstitutiv ist, unterscheidet.[17] Alle drei Formen des Tauschs lassen sich nun in den mittelalterlichen Städten von Anfang an feststellen. Und die Genese des Marktsystems vollzog sich über die Verdrängung der beiden ersteren durch die letztere Austauschform: Es war dies die Verdrängung der weitgehend für den Eigenbedarf wirtschaftenden Stadtbauern als Repräsentanten der ersten und der in Zünften organisierten Handwerker als Vertreter der zweiten Austauschform durch die Kaufleute, die den Tausch zu ausgehandelten Raten durchsetzten.

Der direkte Austausch von Arbeitsprodukten, wie er anfangs noch vielfach von den Stadtbauern bevorzugt wurde, und der Kauf und Verkauf zu festgesetzten Bedingungen, wie die Zünfte sie vorschrieben, schufen allein noch keinen Markt, der erst dann gegeben war, sobald die Preise in Konkurrenz mehrerer Anbieter und Nachfrager sich im Prozeß des Kaufs und Verkaufs herausbildeten. Dies implizierte die Konstitution eines relativ eigenständigen Bereichs ökonomischen Handelns.

---

[16] Inwieweit die Renaissance des zusammen mit dem römischen Imperium weitgehend verschwundenen Handels nach der Jahrtausendwende primär auf die wirtschaftlichen Entwicklungen im Binnenland oder auf Anstöße eines nie ganz verschwundenen Küstenhandels zurückzuführen ist, braucht hier nicht entschieden zu werden; ebensowenig wie die Frage, ob die im europäischen Inland sprunghaft steigende Zahl der Städtegründungen mehr auf marktrechtlich oder mehr auf hofrechtliche Ursprünge zurückgeht. Vgl. dazu: Leo Kofler, Geschichte der bürgerlichen Gesellschaft, Wien und Berlin 1974, S. 66; 68 / Rodney H. Hilton, Ein Kommentar zum Übergang vom Feudalismus zum Kapitalismus, in: Ludolf Kuchenbuch (Hrsg.), Feudalismus - Materialien zur Theorie und Geschichte, a.a.O., S. 393; S. 401 / Henri Pirenne, Social- und Wirtschaftsgeschichte Europas im Mittelalter, a.a.O., S. 43 ff. / Rolf Sprandel, Verfassung und Gesellschaft im Mittelalter, Paderborn 1975, S. 108 f.

[17] vgl. Karl Polanyi, Reziprozität, Redistribution und Tausch, in: Ekkehart Schlicht, Einführung in die Verteilungstheorie, Reinbek b. Hamburg 1976, S. 70

Während die Zünfte ihre Mitglieder in ihrer gesamten Lebenstätigkeit ein-
gliederten - eine Zunft war nämlich nicht nur ein Zusammenschluß von Menschen, welcher lediglich die Interessen ihres speziellen Handwerks pflegte,
sondern eine Lebensgemeinschaft in fachlicher, geselliger und religiöser Hinsicht, die neben Herstellungsweise, Absatzmengen und Preisen der Produkte
auch die gesamte Lebensweise ihrer Mitglieder regelte -, ließen sich die über-
regional tätigen Kaufleute organisatorisch in dieser Weise nie einbinden. Ihr
Geschäft lebte von dem spezifischen Charakter ihrer Beweglichkeit, auch
wenn sie, die anfangs als fahrende Abenteurer auftraten, sich schließlich in
einer Stadt niederließen und von da aus ihre Unternehmungen steuerten. Für
die Zunfthandwerker blieben sie, obwohl sie in den Städten wohnten, Fremde.[18] Schließlich spitzten sich die Gegensätze zwischen beiden Lagern so
weit zu, daß es in nahezu allen mittelalterlichen Städten zu gewaltsamen
Auseinandersetzungen kam.[19] Die Trennung unterschiedlicher Vergesell-
schaftungsweisen zeigte sich noch nicht so sehr in dem Gegensatz zwischen
Stadt und Land, vielmehr ging sie noch quer durch die Städte.

Schließlich bildete sich auch eine Opposition zwischen traditionell verfahrenden und modern verfahrenden Kaufleuten heraus. Für Max Weber zeichnet sich in diesem Gegensatz der Beginn des kapitalistischen Geistes ab. An
dem Spezialfall eines traditionellen Verlegers der Textilindustrie macht er
diese Revolutionierung anschaulich.

„Man mag sich seinen Verlauf etwa so vorstellen: Die Bauern kamen mit ihren Geweben
- oft (bei Leinen) noch vorwiegend oder ganz aus selbstproduziertem Rohstoff hergestellt
- in die Stadt, in der die Verleger wohnten, und erhielten nach sorgsamer, oft amtlicher,
Prüfung der Qualität die üblichen Preise dafür gezahlt. Die Kunden der Verleger waren
für den Absatz auf alle weiteren Entfernungen Zwischenhändler, die ebenfalls hergereist
kamen, meist noch nicht nach Mustern, sondern nach herkömmlichen Qualitäten und
vom Lager kauften oder, und dann lange vorher, bestellten, worauf dann eventuell weiter
bei den Bauern bestellt wurde. Eigenes Bereisen der Kundschaft geschah, wenn überhaupt, dann selten einmal in großen Perioden, sonst genügte Korrespondenz und, langsam zunehmend, Musterversendung. Mäßiger Umfang der Kontorstunden - vielleicht 5-6

---

[18] vgl. Georg Simmel, Der Fremde, in: ders., Das individuelle Gesetz. Philosophische Exkurse, Frankfurt/M. 1968, S. 64 f. / Werner Sombart, Der moderne Kapitalismus, Bd. 1,
München und Leipzig 1924, S. 833 ff. / Lujo Brentano, Die Anfänge des modernen Kapitalismus, München 1916, S. 57 f.

[19] vgl. Leo Kofler, Geschichte der bürgerlichen Gesellschaft, a.a.O., S. 79 / Karl August
Wittfogel, Geschichte der bürgerlichen Gesellschaft. Von ihren Anfängen bis zur Gegenwart, Wien 1924, S. 82 ff. / Rolf Sprandel, Verfassung und Gesellschaft im Mittelalter, a.a.O., S. 225 f.

am Tage, zeitweise erheblich weniger, in der Kampagnezeit, wo es eine solche gab, mehr
-, leidlicher, zur anständigen Lebensführung und in guten Zeiten zur Rücklage eines kleinen Vermögens ausreichender Verdienst, im ganzen relativ große Verträglichkeit der
Konkurrenten untereinander bei großer Übereinstimmung der Geschäftsgrundsätze, aus-
giebiger täglicher Besuch der 'Ressource', daneben je nachdem noch Dämmerschoppen,
Kränzchen und gemächliches Lebenstempo überhaupt.
Es war eine in jeder Hinsicht 'kapitalistische' *Form* der Organisation, wenn man auf den
rein kaufmännisch-geschäftlichen Charakter der Unternehmer, ebenso wenn man auf die
Tatsache der Unentbehrlichkeit des Dazwischentretens von Kapitalien, welche in dem
Geschäft umgeschlagen wurden, ebenso endlich, wenn man auf die objektive Seite des
ökonomischen Hergangs oder auf die Art der Buchführung sieht. Aber es war
'traditionalistische' Wirtschaft, wenn man auf den *Geist* sieht, der die Unternehmer be-
seelte: die traditionelle Lebenshaltung, die traditionelle Höhe des Profits, das traditionelle
Maß von Arbeit, die traditionelle Art der Geschäftsführung, der Beziehungen zu den Arbeitern und zu dem wesentlich traditionellen Kundenkreis, sowie der Kundengewinnung
und des Absatzes beherrschten den Geschäftsbetrieb, lagen - so kann man geradezu sagen
- dem 'Ethos' dieses Kreises von Unternehmern zugrunde.
Irgendwann nun wurde diese Behaglichkeit plötzlich gestört, und zwar oft ganz ohne daß
dabei irgendeine prinzipielle Änderung der Organisations*form* - etwa Übergang zum geschlossenen Betrieb, zum Maschinenstuhl und dgl. - stattgefunden hätte. Was geschah,
war vielmehr oft lediglich dies: daß irgendein junger Mann aus einer der beteiligten
Verlegerfamilien aus der Stadt auf das Land zog, die Weber für seinen Bedarf sorgfältig
auswählte, ihre Abhängigkeit und Kontrolle zunehmend verschärfte, sie so aus Bauern zu
Arbeitern erzog, andererseits aber den Absatz durch möglichst direktes Herangehen an
die letzten Abnehmer: die Detailgeschäfte, ganz in die eigene Hand nahm, Kunden per-
sönlich warb, sie regelmäßig jährlich bereiste, vor allem aber die Qualität der Produkte
ausschließlich ihren Bedürfnissen und Wünschen anzupassen, ihnen 'mundgerecht' zu
machen wußte und zugleich den Grundsatz 'billiger Preis, großer Umsatz' durchzuführen
begann. Alsdann nun wiederholte sich, was immer und überall die Folge eines solchen
'Rationalisierungs'-Prozesses ist: wer nicht hinaufstieg, mußte hinabsteigen. Die Idylle
brach unter dem beginnenden erbitterten Konkurrenzkampf zusammen, ansehnliche
Vermögen wurden gewonnen und nicht auf Zinsen gelegt, sondern immer wieder im Geschäft investiert, die alte und behäbige und behagliche Lebenshaltung wich harter Nüch-
ternheit: bei denen, die mitmachten und hochkamen, weil sie nicht verbrauchen, sondern
erwerben *wollten*, bei denen, die bei der alten Art blieben, weil sie sich einschränken
*mußten*. Und - worauf es hier vor allem ankommt - es war in solchen Fällen in der Regel
*nicht* etwa ein Zustrom neuen *Geldes*, welcher diese Umwälzung hervorbrachte - mit wenigen Tausenden, von Verwandten hergeliehenen Kapitals wurde in manchen mir be-
kannten Fällen der ganze Revolutionierungsprozeß ins Werk gesetzt -, sondern der neue
*Geist*, eben der 'Geist des modernen Kapitalismus', der eingezogen war."[20]

---

[20] PE (1), Bd. 20, S. 27-29 / PE (2), S. 51-53 / PE (3), S. 56-58 / PE (4), S. 25-27 (Herv.i.
O.)

Hinter all diesen Konflikten wird ein ungeheurer Veränderungsprozeß erkennbar, der die wirtschaftliche Organisation Europas entscheidend revolutionierte. Diese Veränderung besteht darin, daß sich in Gestalt des Marktsystems ein eigenständiger Bereich des Ökonomischen herausbildete.

Kennzeichnend für die Lebensweise der Menschen im Feudalsystem und in den Zünften war der Indifferenzzustand von Ökonomie, Politik und Religion. Wirtschaftliche Motive als solche ließen sich vom normalen Lebensverlauf nicht trennen; sie waren mit religiösen Verpflichtungen und machtpolitischen Abhängigkeitsverhältnissen aufs engste verzahnt. Ökonomische Beziehungen waren identisch mit sozialen Beziehungen, so in der Abhängigkeit des Leibeigenen oder Lehrlings vom Feudalherren oder Zunftmeister. Die religiösen und politischen Restriktionen und Spezifikationen der zum Tausch zugelassenen Güter waren noch nicht als irrelevant aus dem Tauschvorgang herausgenommen. Erst mit der Monetarisierung des Lebens, und sobald alle angebotenen Leistungen in Geld verrechnet wurden, konnte sich die Marktökonomie als ein ökonomisches System konstituieren, das allein durch das Marktgeschehen reguliert und gelenkt wurde. Dies geschah in dem Maße, wie im ausgehenden Mittelalter Land durch Tausch oder Pacht beweglich wurde, wie sich Arbeitskraft in eine freie Ware verwandelte und wie man Geld in Form von Kapital einsetzte, wie sich also die Produktionsfaktoren Boden, Arbeit und Kapital historisch als solche herausbildeten.[21] Während auf „älteren" Stufen der Vergesellschaftung es nicht möglich war, „ökonomische" Transaktionen unabhängig von verwandtschaftlichen, politischen und religiösen Aspekten vorzunehmen, wo sie sich mithin überhaupt noch nicht als rein ökonomische konstituiert hatten, konnte sich nunmehr ein eigenständiger Sektor ökonomischen Handelns herausbilden.[22] Daß konzessionierte Großbanken begannen, den Verkehr des Geldes zu regeln, ist Indiz für die zunehmende Bedeutung desselben.[23] Mit Hilfe der Geldmechanismen bildeten sich in der Sphäre der Ökonomie neue Kriterien des Handelns her-

[21] vgl. Robert L. Heilbronner, Die Entstehung von Märkten und Produktionsfaktoren, in: E. Schlicht, Einführung in die Verteilungstheorie, Reinbek b. Hamburg 1976, S. 94 f.
[22] vgl. Jochen Röpke, Neuere Richtungen und theoretische Probleme der Wirtschaftsethnologie, in: Hermann Trimborn (Hrsg.), Lehrbuch der Völkerkunde, Stuttgart 1971, S. 450
[23] vgl. Henri Pirenne, Social- und Wirtschaftsgeschichte Europas im Mittelalter, a.a.O., S. 128 ff.

aus, an denen sich die Menschen, die sich am Marktgeschehen beteiligten, zu orientieren hatten.

> „Die tiefe Abneigung der katholischen ... Ethik gegen jede kapitalistische Regung beruht im wesentlichen auf der Scheu vor der Unpersönlichkeit der Beziehungen zwischen den Erwerbskontrahenten innerhalb der kapitalistischen Wirtschaft. Diese Unpersönlichkeit ist es, die der Kirche und ihrem Einfluß der Ethisierung bestimmte menschliche Beziehungen entzieht und es auf diese Weise ausschließt, daß sie von ihr ethisch reglementiert und durchdrungen werden. Die Beziehungen zwischen Herrn und Sklaven ließen sich ethisch unmittelbar regulieren. Aber die Beziehungen zwischen dem Pfandbriefgläubiger und dem Gut, das für die Hypothek haftet ... zu ethisieren, ist mindestens außerordentlich schwierig, wenn nicht unmöglich."[24]

Anstelle persönlicher Abhängigkeitsverhältnisse, die von der Kirche immer unter ethische Postulate gestellt werden konnten, da sie weitgehend von dem individuellen Willen der Beteiligten abhingen, tritt eine Marktvergesellschaftung, die durchweg ihren eigenen sachlichen Gesetzlichkeiten folgt, deren Nichtbeachtung auf die Dauer den ökonomischen Untergang nach sich zieht.[25]

Die sachlichen Gesetzlichkeiten des Marktes bestehen für jemanden, der seine Arbeitskraft in einer Gesellschaft (die für seinen Unterhalt keine Verantwortung übernimmt, wie vormals die Sklavenbesitzer, der Fronherr, der Zunftmeister) auf dem Markt verkauft, darin, daß er sie anbieten muß und daß der Preis, zu dem er sie verkauft, von entscheidender Bedeutung ist. Für alle am Markt Beteiligten kam es jetzt darauf an, ihr Einkommen zu maximieren. Dieses Motiv trat im ausgehenden Mittelalter nicht völlig neu auf, denn gewinnsüchtige Menschen gab es wohl schon in der Antike und im frühen Mittelalter; neu war jedoch, daß das Motiv der Einkommensmaximierung für immer mehr Menschen zum allgegenwärtigen verbindlichen Aspekt gesellschaftlichen Verhaltens gemacht wurde. In dem Maße, wie der Tausch aus seiner marginalen Existenz in das Zentrum gesellschaftlichen Handelns trat, waren die Menschen zunehmend gezwungen, das, was sie taten, unter dem Gesichtspunkt der Effektivität zu betreiben. Dies verlangte nun die Konstitution einer neuen Arbeitsmoral, die den frühmittelalterlichen, von der Kirche geprägten Traditionalismus ablöste.

---

[24] We/Wi I, S. 363 / Wirtschaftsgeschichte, S. 305
[25] vgl. ders., Wirtschaft und Gesellschaft. Grundriss der verstehenden Soziologie, Studienausgabe, Tübingen 1976, S. 353 (im folgenden: W. u. G.)

Aus der Sicht der Kirche galt die Arbeit als der Sünden Strafe, als eine Buße, die dem sündigen Menschen auferlegt war.[26] Diejenigen, die arbeiten mußten, waren von Gott zur Arbeit verdammt. Dementsprechend war der Sinn, den man den eigenen Arbeitsleistungen zuschreiben konnte, darin zu suchen, daß man damit Schuld abtragen und seine Sündenlast vermindern konnte. Nicht weil es seinen Neigungen entsprochen hätte, arbeitete der Mensch, sondern weil er aus der Perspektive eines göttlichen Heilsplans die Arbeit als etwas Sinnvolles ansah. Nicht in der Arbeitsleistung, in dem Resultat der Arbeit lag ihr eigentlicher Sinn, sondern stets in der Mühe und Anstrengung, die sie gekostet hatte und die sie als Buße kennzeichnete. Die Arbeitsanstrengung und nicht die Arbeitsleistung machte den höheren Sinn der Arbeit aus.[27] Nicht zufällig waren Zunftregeln auch nicht auf die Maximierung des Erfolgs der Arbeit ausgerichtet; im Gegenteil verhinderten sie ein ungehemmtes Gewinnstreben, indem sie die zu verwendenden Werkzeuge, die Zahl der Werkstätten und der herzustellenden Produkte, deren Qualität und Preis wie die Zahl der von den Meistern zu beschäftigenden Gesellen vorschrieben.[28] Daß damit nicht nur beabsichtigt war, die interne Differenzierung der Zunftgemeinschaft, etwa in Form des Aufstiegs einzelner Meister zu Kaufleuten, zu verhindern, sondern auch ein Denken im Sinne eines gewinnmaximierenden Handelns auszuschließen, darauf weist die Finanzierung der ungeheuer kostspieligen Kirchenbauten durch die Zünfte hin: Soweit über die eigene Reproduktion hinaus Gewinn erzielt wurde, verausgabte man ihn zur Ehre Gottes in Form der Finanzierung von Kirchen oder auch von Almosen für die Armen.[29]

Reich zu werden oder Reichtum geizig zu horten, galt als schändlicher, als nicht immerzu tätig zu sein und zu betteln; niemand scheute sich, Almosen zu empfangen oder zu geben. Dies bedeutet jedoch nicht, daß von der katholi-

---

[26] vgl. Bernhard Groethuysen, Die Entdeckung der bürgerlichen Welt- und Lebensanschauung in Frankreich, Bd. 2, Frankfurt/M. 1970, S. 140 ff.

[27] vgl. ebd., S. 96 / Georges Bataille, Der verfemte Teil, in: ders., Die Aufhebung der Ökonomie, München 1975, S. 154

[28] vgl. Hans Mottek, Wirtschaftsgeschichte Deutschlands Bd. 1, Berlin 1968, S. 174 f. / Karl Marx, Resultate des unmittelbaren Produktionsprozesses, Frankfurt/M.1969,S.55 f.

[29] vgl. Martin Warnke, Bau und Überbau. Soziologie der mittelalterlichen Architektur nach den Schriftquellen, Frankfurt/M. 1976, S. 39 ff. / Georges Bataille, Der Begriff der Verausgabung, in: ders., Die Aufhebung der Ökonomie, a.a.O., S. 15 u. 22 / Thorstein Veblen, Theorie der feinen Leute. Eine ökonomische Untersuchung der Institutionen, München 1981, S. 95 ff.

schen Kirche Reichtum prinzipiell verurteilt wurde. So hatte gerade der gebo-
rene Reiche eine bedeutsame Stellung: Er war der Almosenspender, der Vertreter der göttlichen Vorsehung den Armen gegenüber. Indem er darauf ver-
zichtete, seinen Reichtum zur Anhäufung weiterer Reichtums einzusetzen
und vielmehr jenen in Form von Almosen unter die Armen streute, hatte sein
karitatives Verhalten quasi religiösen Charakter; denn den Armen gab er
stellvertretend für Gott.[30] Also nicht das Reich-Sein, sondern das Reich-
Werden wurde von der Kirche verurteilt. Während der Reiche durch göttliche
Vorsehung zu dem gemacht worden war, was er war, galten diejenigen, die
aufgrund ihres Gewinnstrebens zum Reichtum kamen, als Sünder; denn sie
hatten ihren Reichtum gewollt. Daß jemand reich geboren war, konnte als
Werk der göttlichen Vorsehung verstanden werden, daß jedoch jemand reich
wurde, galt als sein eigenes Werk.[31]

Und hier lag für die Kirche der entscheidende Unterschied zwischen
Zunfthandwerkern und Kaufleuten: Arbeit wurde von letzteren nicht unter
dem Gesichtspunkt der Buße, sondern unter dem des Erfolgs betrieben. Mit
Hilfe der Arbeit wollte es der Kaufmann aus eigener Kraft zu etwas bringen:
Er verfolgte ein bestimmtes Ziel und sah jenseits der göttlichen Vorsehung in
seiner Arbeitsleistung Mittel, wie er zu diesem Ziel gelangen konnte. Der
Kaufmann rechnete sich das, was er sich durch seine Arbeit erworben hatte,
als eigenes Verdienst zu. Er ging davon aus, daß der Herr ihm nichts gibt und
nichts nimmt, und dementsprechend suchte er die Gründe seiner Erfolge und
Mißerfolge bei sich selbst. Diese Haltung ging einher mit der Verdrängung
Gottes aus dem Alltagsleben, mithin mit der Eliminierung der göttlichen Vorsehung und der durchgängigen Abhängigkeit der Menschen von Gott. Anstelle der göttlichen Vorsehung und des Vertrauens in Gott trat die eigene
Voraussicht und das Vertrauen in sich selbst.

Während das Denken der in die mittelalterlichen Lebens- und Arbeitsge-
meinschaften integrierten Menschen stark an Traditionen gebunden und
durch starre Regeln und Normen eingeengt war, zwang die Konkurrenz zu
einem antizipatorischen Denken. Die Vorhaben der wirtschaftlichen Gegner,

---

[30] vgl. Bernhard Groethuysen, Die Entdeckung der bürgerlichen Welt- und Lebensanschauung in Frankreich, a.a.O., S. 125 f. / Erich Maschke, Das Bewußtsein des mittelalterlichen Fernkaufmanns, Berlin 1964, S. 326

[31] vgl. Bernhard Groethuysen, Die Entdeckung der bürgerlichen Welt- und Lebensanschauung in Frankreich, a.a.O., S. 115

die Bewegungen des Marktes, die Entwicklungen in der Herstellungsweise der jeweiligen Güter, das Erschließen neuer Handelswege und Rohstoffquellen mußten jetzt vorbedacht, einkalkuliert und ausgenutzt werden. Damit konnte sich der erfolgreiche Kaufmann nicht mehr an traditionellen Regeln und Ordnungen orientieren, sondern war gezwungen, neue Absatzmöglichkeiten, günstige Einkaufsquellen, rentable Produktionsweisen und schnelle und billige Transportmöglichkeiten zu erspähen, zu planen und auszunutzen. Je rascher und findiger er gegenüber seinen Konkurrenten war, desto eher konnte er sich selbst erhalten. Das Unberechenbare, das Unbekannte suchten die Kaufleute immer mehr aus ihrem Leben zu eliminieren. Sie sammelten Erfahrungen, prüften die Gründe ihrer Erfolge und Mißerfolge, um daraus Lehren für künftiges Handeln zu ziehen.[32] Indem der Versuch gemacht wurde, das Leben unter möglichstem Ausschluß alles Unbekannten zu regeln, also systematisch zu rationalisieren, hatte die göttliche Vorsehung ausgespielt. An ihre Stelle suchte sich der sich selbst verantwortliche Händler zu setzen. Und dort, wo diese sich selbst verantwortlichen Menschen noch mit Unwägbarkeiten bei ihren Unternehmungen zu rechnen hatten, zum Beispiel mit Naturkatastrophen, trat im ausgehenden Mittelalter die Allegorie der Fortuna auf.[33] Sie galt als eine Schicksalsmacht, die aus irgendwelchen Gründen dieses oder jenes Günstige oder Ungünstige veranlaßte, aber sie war keine systematische Determinante menschlichen Handelns wie die göttliche Vorsehung.

Die Flexibilität, die die katholische Kirche und Theologie angesichts dieser Entwicklungen an den Tag legte, soll anhand der Anpassung der kirchlichen Wirtschaftsethik an die neuen ökonomischen Verhältnisse kurz dargelegt werden.

Die oben skizzierte Wirtschaftsethik der katholischen Kirche trägt das Gepräge der kleinen, naturalwirtschaftlich-handwerklichen Verhältnisse des mittelalterlichen Gewerbe- und Handelsbetriebes. Dem entsprach auch die theoretische Neigung zur Statik und der einem konservativen Gemeinschaftsleben gemäße Traditionalismus. Das Aufhäufen von Warenvorräten in großem Stil und in spekulativer Absicht wurde als Habgier gebrandmarkt. Nur der von den Zünften geregelte Handel galt als erlaubt, der rationell be-

---

[32] vgl. Werner Sombart, Der Bourgeois, München und Leipzig 1923, S. 137 ff.
[33] vgl. Jacob Burckhardt, Die Kultur der Renaissance in Italien, Stuttgart 1976, S. 472 / Erich Maschke, Das Bewußtsein des mittelalterlichen Fernkaufmanns, a.a.O., S. 323

triebene dagegen als Sünde. Von der Sünde freizubleiben, war am ehesten möglich innerhalb der statischen, traditionellen Ordnung. Die Kirche als Garant einer traditionellen Kollektivmoral brandmarkt daher den Eindringling, den Fremden, der seinen Betrieb und sein Geschäft willkürlich und rationell ausdehnt und damit die überkommene traditionelle Produktionsordnung stört. Aber der rationelle kaufmännische Erwerb ist dynamisch und durchbricht die von der kirchlichen Theorie als statisch und als ein für allemal vorgegebene Ordnung.

Die kleinen Verhältnisse des mittelalterlichen Handwerkers und Krämers und die diese Verhältnisse absichernde wirtschaftsethische Theorie konnten der Entfaltung des neuen Unternehmungsgeistes keinen Spielraum gewähren. So entstand in der Theorie ein Gegensatz zwischen Kirche und neuem Unternehmertum. Freilich war die Kirche in jener Zeit eine der größten gesellschaftlichen Mächte, die zur Aufrechterhaltung ihres Einflußbereiches und nicht zuletzt der päpstlichen Hofhaltung einen zunehmenden Finanzbedarf entwickelte. Das Bündnis zwischen Kirche und kapitalistischen Bankiers, die allein jene wachsenden finanziellen Ansprüche zu finanzieren in der Lage waren, weist darauf hin, daß die Kirche selbst in pragmatischer Hinsicht sich genötigt sah, zwischen dem, was die moralische Tradition von ihr verlangte, und dem, was in ihrem finanziellen Interesse war, die „Diagonale" zu suchen.[34]

„So muß die Kirche - in Praxis und Theorie - einen gewissen Ausgleich der auseinandergehenden Tendenzen und Interessen suchen. Sie muß ihres moralischen Ansehens (bei den Mittelschichten) willen am Zinsverbot, mindestens formal, festhalten, und sie muß zugleich darauf verzichten, aus jener Norm noch praktische Folgerungen zu ziehen. Da die Kirche darauf angewiesen ist, daß ihr von der neuen wirtschaftlich führenden Schicht die Mittel zufließen, deren sie für ein Funktionieren ihres Apparates bedarf, muß sie mit denen sich arrangieren, ja eine enge Verbindung eingehen, welche die alte Wirtschafts- und Gesellschaftsordnung zersetzen und im Zusammenhang damit auch eine neue Wirtschaftsgesinnung heraufführen. Sie muß deren Vertreter sogar 'aktiv schützen vor der Reaktion der traditionellen Kollektivmoral'; und indem die Kirche selbst 'eine neue Gemeinschaftsmoral' ausbildet, in der für den individuellen Erwerbstrieb Raum ist, fallen die Hemmungen, welche diesem bislang entgegenstanden, wird von dem rationalen Gewinnstreben der Makel der sozialen Diffamierung genommen."[35]

---

[34] vgl. Alfred von Martin, Soziologie der Renaissance, München 1974, S. 153 / vgl. auch Jakob Strieder, Studien zur Geschichte der kapitalistischen Organisationsformen, München und Leipzig 1914, S. 63 ff.

[35] Alfred von Martin, Soziologie der Renaissance, a.a.O., S. 153

Max Weber spricht davon, daß dieses Gewinnstreben „tolerabel" wurde.[36]
Gleichzeitig läßt sich eine gewisse „Temperierung der Ansprüche kapitalistischen Gewinnstrebens"[37] beobachten, die als Folge dieser Politik sich be-
merkbar macht. Dies läßt sich so verstehen, daß kapitalistisches Gewinnstreben zwar nicht mehr diffamiert wird, daß es freilich aber auch nicht dem nach
wie vor vorherrschenden Codex sozialer Ehre, der noch mittelalterlich-
ständisch geprägt ist, entspricht. Das heißt, der reiche Kaufmann und Bankier
besitzen im Vergleich zum Adel zwar ökonomisch gesehen weit größere
Möglichkeiten, müssen sich aber sozial gesehen minderwertig fühlen. Dies
erklärt die Tendenz der ständigen Feudalisierung der großen kapitalistischen
Vermögen jener Zeit: das Geld wurde nicht in Geschäfte reinvestiert, sondern
für Landbesitz verausgabt.[38]

Dies bietet Max Weber Gelegenheit zu fragen, woher nun jener Unternehmertypus kommt, der unabhängig von der vorherrschenden Auffassung
von Prestige und Ehre gewillt ist, sein erworbenes Geld immer wieder zu
reinvestieren.

> „Und wir werden sehen, daß überhaupt an der Schwelle der Neuzeit keineswegs allein
> oder vorwiegend die kapitalistischen Unternehmer des Handelspatriziates, sondern weit
> mehr die aufstrebenden Schichten des gewerblichen Mittelstandes die Träger derjenigen
> Gesinnung waren, die wir hier als 'Geist des Kapitals' bezeichnet haben."[39]

Hier zeichnet sich schon ein gewisser „Umweg" ab, den die historische Entwicklung des Kapitalismus genommen hat. Berücksichtigt man, daß Weber
vorhat, die Entstehung dieses kapitalistischen Geistes mit der protestantischen Ethik zu verkoppeln, einer Ethik, die - zumindest in ihren Anfängen -
gerade gegen die Geldgeschäfte des Vatikans sich richtete - erinnert sei an die

---

[36]  vgl. PE (1), Bd. 20, S. 33 / PE (2), S. 59 f. / PE (3), S. 63 / PE (4), S. 31 / vgl. auch:
      Franz Irsigler, Kaufmannsmentalität im Mittelalter, in: Cord Meckseper und Elisabeth
      Schraut (Hrsg.), Mentalität und Alltag im Spätmittelalter, Göttingen 1985, S. 60 f.
[37]  Alfred von Martin, Soziologie der Renaissance, a.a.O., S. 153
[38]  PE (1), Bd. 21, S. 102 / PE (2), S. 193 / PE (3), S.181 / PE (4), S. 148
[39]  PE (1), Bd. 20, S. 26 / PE (2), S. 49-50 / PE (3), S. 55 / PE (4), S. 24

Empörungen Luthers gegen den Ablaßhandel -, so verstärkt sich der Eindruck
des Umweges. Angesichts der antikapitalistischen Tendenzen der Reformati-
onsbewegung könnte man geradezu von einem historischen „Rückfall" sprechen, hätte der Protestantismus sich im Laufe seiner Geschichte nicht zu einem Beförderer des Kapitalismus herausgebildet:

> „Gar keine Rede vollends davon, daß irgendwelche 'Weltfeindschaft' der Kirche von ei-
> ner nach Lebensoffenheit, Freiheit der 'Persönlichkeit' und, womöglich, Schönheit und
> Lebensgenuß dürstenden Gesellschaft als Fessel empfunden worden wäre. In dieser Hin-
> sicht ließ die Praxis der Kirche schlechterdings nichts zu wünschen übrig. Genau das Ge-
> genteil ist richtig: den Reformern ging die religiöse Durchdringung des Lebens durch die
> bisherige hierokratische Beeinflussung *nicht weit genug*, und zwar waren es gerade die
> bürgerlichen Kreise, bei denen dies am meisten der Fall war. Ein solches für uns heute
> unausdenkbares Maß von Lebenskontrolle, Askese und Kirchenzucht, wie es sich die
> prinzipiellsten Gegner des Papsttums: die täuferischen und verwandten Sekten, auferleg-
> ten, hat die Kirche den Gläubigen zuzumuten niemals gewagt."[40]
> „Fast alle großen wissenschaftlichen Entdeckungen des 16. und noch am Anfang des 17.
> Jahrhunderts sind auf dem Boden des Katholizismus erwachsen: KOPERNIKUS war
> Katholik, während sich LUTHER und MELANCHTON seinen Entdeckungen gegenüber
> ablehnend verhielten. Überhaupt sind wissenschaftlicher Fortschritt und Protestantismus
> nicht ohne weiteres zu identifizieren."[41]

## 3. Unterschiedliche ethische Anforderungen an Mönche und Laien

Je mehr sich die Kirche im Mittelalter in das gesellschaftliche Leben integrierte und dieses schließlich sogar zu beherrschen suchte, desto mehr sah sie
sich auch gezwungen, von ihrer ursprünglich radikalen Ethik Abstriche zu
machen. Die Ethik wurde nun in verschiedenartige Verbindungen mit pragmatischen Überlegungen gebracht, mit jenen pragmatischen Überlegungen
vermischt und so in bloße Annäherungswerte an die absoluten Grundsätze
verwandelt.

Die reine Durchführung der Ethik mußte daher einem besonderen Stande
innerhalb der Kirche überwiesen werden, nämlich den Mönchen, die die absoluten Grundsätze stellvertretend für die restliche Kirche verwirklichten, um
so deren Wirkungskraft demonstrativ aufrechtzuerhalten. Auf diese Weise
konnte das Absolute, das das kirchliche Gnadeninstitut für sich beanspruchte,

---

[40] We/Wi I, S. 342 / W. u. G., S. 716
[41] We/Wi I, S. 373 / Wirtschaftsgeschichte, S. 314 (Herv. i. O.)

indem es als die objektive Inkarnation der übernatürlichen Wunderkräfte jederzeit deren Wirkung und Gegenwart garantierte, unabhängig von dem jeweiligen Maß der Verwirklichung der Ideale seitens einzelner mit weltlichen Aufgaben beschäftigter Teile des Klerus und der Laien sichergestellt werden.[42] Um die Gläubigen trotz der Verweltlichung der Kirchenorganisation im Glauben an deren Heiligkeit nicht zweifeln zu lassen, mußte wenigstens ein Teil der Kirche die christliche Ethik radikal verwirklichen.

Daraus ergibt sich, daß der eigentlich vollkommene Christ der Mönch ist. Freilich werden seine Leistungen nicht von jedermann verlangt, wenn auch gewisse seiner Tugenden für das Alltagsleben der Laien in abgeschwächtem Maße vorbildlich bleiben. Die religiösen Anforderungen an das Alltagsleben eines Durchschnittschristen skizziert Max Weber:

> „Der normale mittelalterliche katholische Laie lebte in ethischer Hinsicht gewissermaßen 'von der Hand in den Mund'. Er erfüllte zunächst gewissenhaft die traditionellen Pflichten. Seine darüber hinausgehenden 'guten Werke' aber blieben normalerweise eine nicht notwendig zusammenhängende, zum wenigsten eine nicht notwendigerweise zu einem Lebens*system* rationalisierte Reihe *einzelner* Handlungen, die er je nach Gelegenheit, etwa zur Ausgleichung konkreter Sünden oder unter dem Einfluß der Seelsorge oder gegen Ende seines Lebens gewissermaßen als Versicherungsprämie vollzog. Natürlich war die katholische Ethik 'Gesinnungs'ethik. Aber die konkrete 'intentio' der *einzelnen* Handlung entschied über deren Wert. Und die *einzelne* - gute oder schlechte - Handlung wurde dem Handelnden angerechnet, beeinflußte sein zeitliches und ewiges Schicksal. Ganz realistisch rechnete die Kirche damit, daß der Mensch *keine* absolut eindeutig determinierte oder zu bewertende Einheit, sondern daß sein sittliches Leben (normalerweise) ein durch streitende Motive beeinflußtes, oft sehr widerspruchsvolles Sichverhalten sei. Gewiß forderte auch sie von ihm als Ideal *prinzipielle* Wandlung des Lebens. Aber eben diese Forderung schwächte sie (für den Durchschnitt) durch eines ihrer allerwichtigsten Macht- und Erziehungsmittel wieder ab: durch das Bußsakrament, dessen Funktion tief mit der innersten Eigenart der katholischen Religiosität verknüpft war. ... Dem Katholiken stand die *Sakramentsgnade* seiner Kirche als Ausgleichsmittel eigener Unzulänglichkeit zur Verfügung: der Priester war ein Magier, der das Wunder der Wandlung vollbrachte und in dessen Hand die Schlüsselgewalt gelegt war. Man konnte sich in Reue und Bußfertigkeit an ihn wenden, er spendete Sühne, Gnadenhoffnung, Gewißheit der Vergebung."[43]

Angesichts der im Laufe des Mittelalters beobachtbaren Ausdifferenzierung der Gesellschaft in unterschiedliche Systeme (Ökonomie, Politik, Religion) mit ihren je verschiedenen Anforderungen an das Verhalten der Menschen,

---

[42] vgl. Ernst Troeltsch, Die Soziallehren der christlichen Kirchen und Gruppen, a.a.O., S. 275

[43] PE (1), Bd. 21, S. 26-27 / PE (2), S. 113 / PE (3), S. 132-133 / PE (4), S. 76 (Herv. i. O.)

handelte es sich bei dieser Form der Religiosität um einen Versuch, eine gleichsam pluralistische Wertheterogenität mit Kompromissen nach verschiedenen Seiten zu integrieren. Umgekehrt intendierten die protestantischen Reformatoren - was sich noch zeigen wird - eine Entdifferenzierung der Wertheterogenität durch rigide Unterordnung aller Lebensbereiche unter religiöse Grundsätze.

## 4. Die Kirche im Vorfeld der Reformation

Das Verhältnis zwischen der Wirtschaftsform des modernen Kapitalismus und dem Protestantismus wird von Max Weber - wie schon erwähnt - lediglich von der einen Seite der Kausalbeziehung her analysiert, nämlich von der Frage, welchen Einfluß der Protestantismus auf die Herausbildung des modernen Kapitalismus hatte. Über die umgekehrte Kausalrichtung hat er sich hinsichtlich der Entstehungsbedingungen der Reformation nur knapp geäußert:

„Die abendländische Glaubensspaltung, welche eine starke Verschiebung in der Stellung der Hierokratie brachte, ist ohne Zweifel ökonomisch mitbedingt. Aber im ganzen nur in indirekter Art. Die Bauern allerdings interessierten sich für die neue Lehre wesentlich unter dem Gesichtspunkt der Befreiung des Bodens von den biblisch nicht begründeten Abgaben und Pflichten .... Direkte materielle Interessen des Bürgertums dagegen waren im wesentlichsten in den Konflikten mit den Klostergewerben engagiert, alles andere blieb sekundär. Von dem Zinsverbot als Punkt des Anstoßes ist nirgends auch nur die Rede. Äußerlich war die Schwächung der Autorität des päpstlichen Stuhles verantwortlich, die herbeigeführt wurde durch das (seinerseits politisch bedingte) Schisma und die dadurch zur Macht gelangte konziliare Bewegung, die seine ohnehin geringere Autorität in den entlegenen nordischen Ländern noch weiter schwächte. Ferner durch die anhaltenden und erfolgreichen, seine Autorität schwächenden Kämpfe der Fürsten und Stände gegen seine Eingriffe in die Vergebung der einheimischen Pfründen und gegen sein Steuer- und Sportelsystem, durch die cäsaropapistischen und Säkularisationstendenzen der mit zunehmender Rationalisierung der Verwaltung mächtig erstarkenden Fürstenmacht und (durch) die Diskreditierung der kirchlichen Tradition bei der Intellektuellenschicht und den ständischen und bürgerlichen Kreisen, nachdem sich die Kirchengewalt den 'Reform'-Tendenzen verschlossen hatte."[44]

---

[44] We/Wi I, S. 341-342 / W. u. G., S. 716

## 4.1 Das Papsttum[45]

Im 13. Jahrhundert endete der Machtkampf zwischen den beiden universalen Gewalten des Abendlandes mit dem Sieg des Papsttums über das Kaisertum. Dies war freilich kein Sieg der kirchlichen Mächte über die weltlichen Kräfte. Koalitionen und Bündnisse wurden quer durch die Reihen geschlossen. Das Papsttum konnte immer mit Landesfürsten und das Kaisertum immer mit Bischöfen, denen jeweils ein zu starkes Oberhaupt unbequem war, als Bündnispartner rechnen.

Nach dem Tode des Stauferkaisers Friedrich II. und in der Regentschaft des Papstes Bonifaz VIII. schien der päpstliche Weltherrschaftsanspruch und der papale Absolutismus innerhalb der Kirche einem Höhepunkt entgegenzustreben. Aber schon zu Lebzeiten dieses Papstes regten sich Widerstände: Vor allem der französische König wollte sich in seinen Herrschaftsbereich nicht von dem Papst hineinregieren lassen, und auch das Kardinalskollegium dachte nicht daran, sich jeden Einfluß aus der Hand schlagen zu lassen. Beide Kräfte taten sich zusammen und nahmen den Papst gefangen, der dann kurz nach seiner Befreiung starb. Dies darf als Wendepunkt hinsichtlich der Realisierung der papalen Machtansprüche angesehen werden.

Ähnlich wie das Kaisertum mußte auch das Papsttum wenige Jahre nach seinem triumphalen Sieg über ersteres in den folgenden Jahrhunderten erleben, daß seine Ansprüche auf Universalität mehr auf Idee als auf Wirklichkeit beruhten. Beide Kräfte hatten sich in einem jahrhundertelangen Ringen um die Macht verausgabt, und neue Mächte traten in den Vordergrund. Die Päpste residierten seit 1309 fast 70 Jahre lang in Avignon unter dem Einfluß der französischen Könige, und die Kaiser waren in der Folgezeit weitgehend Spielbälle im Machtkampf der deutschen Landesfürsten untereinander. Als völlig angeschlagen erwies sich die päpstliche Macht in der Zeit des jahrzehntelangen Schismas, in der seit 1378 zwei Päpste, einer in Rom und ein anderer in Avignon, sich gegenüberstanden. Die Konzilien in Konstanz (1414-1418) und in Basel (1431-1449), die eine Kirchenspaltung verhinderten, führten zu einem Wiedererstarken der Kirchenfürsten gegen einen papa-

---

45 vgl. hierzu: Franz Xaver Seppelt und Klemens Löffler, Papstgeschichte von den Anfängen bis zur Gegenwart, München 1933, S. 148-280 / vgl. Bernd Moeller, Geschichte des Christentums in Grundzügen, Göttingen 1979, S. 200 ff.

len Absolutismus. In der Folgezeit war es Hauptziel der päpstlichen Politik, ebenso wie die weltlichen Fürsten dies jeweils für sich taten, die eigene Hausmacht, das heißt, den Kirchenstaat zu festigen, um von dieser Position aus politisch und kirchlich Einfluß nehmen zu können. Diese Beschränkung war um so nötiger, als die alten Geldquellen des Papstes zunehmend versiegten: Neben den Erträgen des Kirchenstaates waren dies Zinsen der dem Papst lehnspflichtigen Königreiche (z.b. Neapel, England), der Peterspfennig (Polen, Ungarn) und Kreuzzugssteuern, die keineswegs nur diesem Zweck zugute kamen.

Je weniger diese Geldquellen hergaben, desto mehr mußte die chronisch finanzknappe päpstliche Hofhaltung nach neuen Möglichkeiten Ausschau halten. Dies führte in der Folgezeit dazu, daß hohe Kirchenämter gegen Geld verliehen wurden (Simonie) und daß der Kirchenstaat immer stärker auf den Kredit italienischer und oberdeutscher Bankiers zurückgriff, was zu einer Verflechtung der Kurie mit jenen führte. Über das Verbot des Zinsnehmens, ein fundamentaler Grundsatz der mittelalterlichen Wirtschaftsethik, wurde dabei stillschweigend hinweggesehen. Ihren Höhepunkt erreichte die Verquickung kirchlich-religiöser Angelegenheiten mit finanziellen Interessen im Ablaßhandel, wie er in den Jahren nach 1515 betrieben wurde. Nach wie vor bildete die Reue den zentralen Punkt des Bußsakraments, denn ein Gesinnungsakt war die unerläßliche Voraussetzung der priesterlichen Absolution. Theoretisch gesehen wurde dieser Punkt nicht dadurch berührt, daß der Sakramentsempfänger Ablaß erwerben, durch eine Geldzahlung an die Kirche eine zeitliche, von dem Priester auferlegte Sündenstrafe tilgen konnte, statt wie ursprünglich mit dem Einsatz seiner ganzen Person die ihm auferlegte Buße abzuleisten. Dieser theoretische Sachverhalt kam jedoch in der Praxis des Ablaßhandels kaum zur Geltung. Die jeweiligen Käufer - in den theologischen Finessen meist nicht bewandert - sahen dies wohl anders, und auch die Verkäufer hatten kein Interesse, diesbezügliche Irrtümer zurechtzurücken.

Der Ablaßhandel wurde dem 1514 gewählten Kardinal Albrecht von Brandenburg - einem Hohenzollern - als Bestandteil eines Tauschgeschäftes zugestanden: Der Kardinal konnte eine kirchenrechtlich unzulässige Ämterhäufung gegen Entrichtung einer beträchtlichen Summe an den Papst, der diese zur Finanzierung des zu bauenden Petersdoms benötigte, erreichen. Bestandteil des Geschäfts war, daß jener Albrecht zur Refinanzierung seiner Auslagen zur Hälfte an den Einnahmen aus einem Ablaßhandel, der in seinen drei Diözesen (Mainz, Magdeburg, Halberstadt) aufgezogen wurde, beteiligt war. Finanziellen Nutzen aus diesem Ablaß zog außerdem das Bankhaus Fugger, das den Hohenzollern den Konzessionsbetrag für die Ämterhäufung vorgeschossen hatte.

In dem Maße wie das Papsttum seine universell kirchlichen Ansprüche immer weniger realisieren konnte, wurden die Päpste insbesondere in der zweiten Hälfte des 15. und der ersten des 16. Jahrhunderts immer mehr zu Fürsten und weltlichen Monarchen, deren Hoheitsbereich sich auf den die italienische Politik jener Zeit dominierenden Kirchenstaat konzentrierte. Sie ordneten in der Regel Forderungen der Kirche der Behauptung ihrer weltlichen persönlichen und familiären Macht unter. In einer Phase der Machtausübung in Italien, wo bei Fehlen einer nationalen Zentralgewalt die Familie den hauptsächlichen Stützpunkt für die politischen, wirtschaftlichen und kirchlichen Auseinandersetzungen bildete, entsprach auch der päpstliche Nepotismus, die Verleihung von kirchlichen Ämtern, Gütern und Geld an Neffen und Verwandte, ganz den politischen Gepflogenheiten und Notwendigkeiten. Denn es waren Familienclans wie die Borgia, Medici, Farnese und Carafa, die sich in der Besetzung des Heiligen Stuhls jeweils über mehrere Generationen hin behaupten konnten. Der Clan investierte und wollte dementsprechend auch von der Politik des Heiligen Stuhls profitieren.

## 4.2 Herausbildung von Landeskirchen[46]

Mit dem Schwund der päpstlichen Verfügungsgewalt über die allgemeine Kirche geht das Bestreben der Könige und Fürsten einher, die Abhängigkeit des in ihren Gebieten ansässigen Klerus von Rom zu lockern, um selbst stärkeren Einfluß auf ihn zu gewinnen.

Hierbei stand der Klerus mehrheitlich auf Seiten der jeweiligen Landesherren. Avignon, das Schisma und die Zeit der Konzile boten günstige Voraussetzungen für eine derartige Politik. Berücksichtigt man, daß die Kirche jener Zeit etwa über ein Drittel des Grundbesitzes verfügte und neben dem daraus sich ergebenden weltlichen Einfluß ja auch auf geistigem Gebiet einen gro

---

[46] vgl. hierzu: Georg von Below, Die Ursachen der Reformation, Prorektoratsrede vom 13. April 1916, Freiburg/Br. 1916, S. 67 ff. / Joseph Lortz, Die Reformation in Deutschland, Freiburg/Br. 1939, S. 139 ff. / Isnard Wilhelm Frank, Kirchengeschichte des Mittelalters, Düsseldorf 1984, S. 167-177

ßen Teil des Lebens der Menschen anleitete, so war eine derartige Politik aus der Sicht der Fürsten und Monarchen im Sinne der Bestandserhaltung und Ausweitung der Macht in ihrem Herrschaftsbereich unabdingbar.

In Frankreich entzündete sich die Auseinandersetzung zwischen Papst und König vor allem an der Besteuerung des Klerus durch die Krone. Bonifaz VIII. erließ 1296 eine Bulle, die er 1301 erneuerte, in der er allen Geistlichen, die Abga-ben an Laien entrichteten, und allen Laien, die solche Abgaben erhoben, die Exkommunikation androhte. Die ihm nachfolgenden Päpste konnten sich freilich nicht durchsetzen.

Eine ähnliche Tendenz zur Nationalisierung der Kirche läßt sich für England ausmachen. Um die Mitte des 14. Jahrhunderts beschloß das Parlament Gesetze, die sich gegen päpstliche Einflußnahme auf den englischen Klerus richteten. Zum Bruch kam es freilich erst 150 Jahre später unter Heinrich VIII., der im Zusammenhang mit seinen Ehescheidungsangelegenheiten auf jene antikurialen Bestim-mungen zurückgriff und schließlich die englische Kirche ganz dem päpstlichen Einfluß entzog.

In Spanien, der dritten großen Monarchie jener Zeit, übten die Könige schon sehr früh Einfluß auf die Bischofswahlen aus. Weiterhin ließen sich die spanischen Könige das Recht übertragen, die Inquisition, die hauptsächlich gegen Muselmanen und Juden errichtet worden war, ein- oder abzuberufen. In Spanien hatte die Inquisition nicht nur „religiöse" Funktionen, sondern war von vornherein ein Machtinstrument der Krone zur Durchsetzung der nationalen Einheit Spaniens. Die drastische Vorgehensweise der Inquisitoren rief sogar den Protest des Papstes Sixtus' IV. hervor, der sich freilich gegenüber der harten Haltung des Königs von Spanien zum Nachgeben gezwungen sah, da der zum Bruch mit dem Vatikan bereit war, nur um sich nicht dieses vortreffliche Machtinstrument entwenden zu lassen.

Im Wiener Konkordat (1448) wurden den Habsburger Kaisern und auch einigen anderen deutschen Fürsten weitgehende Zugeständnisse hinsichtlich der kirchlichen Oberhoheit gemacht.

Die Tendenzen zur Herausbildung von Landeskirchen waren in ihrer antipäpstlichen Stoßrichtung keineswegs gegen die Religion als solche gerichtet. Im Gegenteil bildete sich zum Beispiel unter der Herrschaft der spanischen Könige eine Kirchenorganisation und eine Religiosität heraus, die dann später schlagkräftig genug war, anstelle der korrumpierten römischen Kirche die Gegenreformation anzuleiten. Auch der Großteil der französischen Landeskirche hielt in jener entscheidenden Phase am Katholizismus fest.

Das Papsttum mit seinem universellen Machtanspruch war auf dem Rückzug, konnte aber durch geschickte Kompromisse eine vollständige Nationalisierung des jeweiligen Klerus verhindern. Lediglich die fehlgeschlagenen nationalreligiösen Rebellionen, in England von John Wiclif (etwa 1320 bis 1384) und in Böhmen von Jan Hus (etwa 1370 bis 1415) angeleitet, schienen vorübergehend die in jener Zeit errichtete Machtbalance zu zerstören. Aber jene Rebellionen scheiterten nicht primär am Widerstand der Kirche, sondern an den Interessen der Monarchen und Fürsten, deren Position durch diese Bewegungen in Gefahr zu geraten schien.

## 4.3 Sittlich-moralischer Verfall des Klerus und Reformbestrebungen[47]

Die Idee einer christlichen Universalkirche als organische, kollektive Wirklichkeit, als lebendige Gemeinschaft der Gläubigen, verlor infolge der oben skizzierten machtpolitischen Vorgänge, in die sie verstrickt wurde, an Gewicht.

Die Besetzung der Bischofssitze wurde ebenso wie die des Heiligen Stuhls zur machtpolitischen Auseinandersetzung zwischen den Familien des Hochadels, die ihre zweit- und drittgeborenen Söhne gut versorgen und ihre Position im Kräftespiel verstärken wollten. Da spielte es dann auch keine Rolle, daß diese Fürstbischöfe sich nicht oder erst nach Jahren überhaupt zu Priestern weihen ließen und statt dessen den Lebensstil einer weltlichen Hofhaltung vorzogen. Unter ihnen gab es nicht wenig humanistisch aufgeklärte Männer, die weniger am Jenseits als an den Freuden und Genüssen des Diesseits orientiert waren. Mehr oder weniger legalisierte Eheverhältnisse waren die Regel, und die unehelichen Kinder wurden standesgemäß versorgt.

Aus theologisch dogmatischer und moralischer Sicht kann man dieses Verhalten der Päpste und der Kirchenfürsten abträglich beurteilen, wie dies die Reformatoren dann auch taten. Dies setzt jedoch ein starres Idealbild der Kirche voraus, das aus soziologischer Sicht nicht von Relevanz ist. Für Reformatoren mag das Christentum unwandelbar und ewiger Ausdruck einer

---

[47] vgl. hierzu: Ruggiero Romano und Alberto Tenenti, Die Grundlegung der modernen Welt, Frankfurt/M. 1967, S. 228 ff. / Karl Heussi, Kompendium zur Kirchengeschichte, Tübingen 1979, S. 259 ff. / Paul Joachimsen, Die Reformation als Epoche der deutschen Geschichte, Aalen 1970, S. 1-22

endgültigen und unverrückbaren Wahrheit sein, für Soziologen handelt es sich bei der Kirche und dem religiösen Leben um zeitbedingte Ausdrucksformen. Und da stellt sich doch die Frage, wie die Kirche sich den Bedingungen jener Zeit erfolgreich hätte entgenstemmen können.

Ausdruck ihrer Machtlosigkeit war das Desaster der Kreuzzüge gegen die Türken, die Konstantinopel und die Balkanhalbinsel erobert hatten und sogar in Italien (1476-1481) einfielen. Die weltlichen Fürsten zeigten kaum Interesse an einem von den Päpsten angeregten Kreuzzug. Pius II. (1458-1464) machte die Erfahrung, daß die christlichen Adeligen es vorzogen, die für den Kreuzzug gesammelten Gelder zum Kampf untereinander oder zu Raubzügen zu verwenden, anstatt gegen die Türken zu ziehen. Die von Kalixt III. zusammengestellte Flotte machte sich „selbständig" und betrieb (1456/57) Seeräuberei und Kaperei. Im Jahr darauf veranlaßte Karl VII. von Frankreich eine für den Kreuzzug ausgerüstete Flotte zum Angriff auf das spanische Neapel und einige dem Papst unterstehende Küstenstriche. Andererseits verwahrte sich die Pariser Universität (1456) gegen eine päpstliche Kollekte, da vermutet wurde, daß der Papst die für den Kreuzzug bestimmten Gelder anderweitig verwende. Die Glaubwürdigkeit christlich-moralischer Ansprüche und Absichten war wohl allgemein nicht mehr sehr hoch.

Es nimmt unter diesen Umständen nicht wunder, daß der niedere Klerus, der für den direkten Kontakt mit den Gläubigen verantwortlich war, ebenfalls vom allgemeinen Niedergang der Sitten erfaßt wurde. Hierzu gehörten auch der Verfall der Klosterzucht; die alte Konkurrenz zwischen den Bettelorden einerseits und den Pfarrern und Leutpriestern andererseits; die theologische und liturgische Unkenntnis des unteren Klerus; Simonie und eine oft wohl unverfrorene Art, am Sterbebett Erbschaften zu ergattern. Hinzu kam das Konkubinat der Priester, das allerdings von der Öffentlichkeit trotz mehrerer Verbote akzeptiert wurde. War ja Innozenz VIII. (1484-1492) der erste Papst, der seine Kinder öffentlich ehrte. Gerade das in breiten Kreisen akzeptierte Konkubinat und die vorbildliche Lebensführung verschiedener Geistlicher mit Frau und Kindern bereiteten eine der wesentlichen Neuerungen der Reformation vor. Nicht alles an der alten Kirche war Zerfall.

Insbesondere in religiöser Hinsicht flossen der Kirche durch ein Aufleben der Mystik im späten Mittelalter neue Kräfte zu. Während die Mystik anfänglich vor allem in den Mönchs- und Nonnenklöstern der Bettelorden gepflegt wurde, ergriff sie später in steigendem Maße auch Laienkreise. Sie füllte gleichsam den religiösen Raum aus, aus dem die Anstaltskirche sich immer mehr zurückzog. Die wesentliche Anstrengung dieser Mystiker richtete sich auf die unmittelbare, persönliche Vereinigung mit Gott, vorgestellt als „Geburt Gottes" in dem von Natur aus göttlich geltenden Seelengrund. Der Weg zu dieser Vereinigung führt über die völlige Loslösung des Menschen von allen irdischen Dingen und damit auch von sich selbst. Es liegt im Wesen dieses Individualismus begründet, daß er die Kirche als Heilsanstalt nicht mehr benötigt. Und auch der Priester als Spender der Sakramente steht für den Mystiker nicht mehr im Zentrum seines religiösen Lebens. Da der Mystiker sich im religiösen Sinne von der Kirche weitgehend unabhängig weiß, ist es nicht verwunderlich, daß die Kirche wiederum der Mystik höchst mißtrauisch gegenübersteht, da sie die Gefahr von Sektenbildung und Häresien vermutete. So war es lange Zeit selbst für Franz von Assisi nicht klar, ob er und sein Orden von der Kirche akzeptiert oder als Ketzer gleich den Albingensern und Waldensern verfolgt werden würde. Aber im späten Mittelalter ging gerade von den Mystikern eine religiöse Wiederbelebung der Kirche aus, die, gerade was die individualistische Beziehung des Gläubigen zu Gott anging, in vielem die Reformatoren beeinflußte.

Freilich schwankten diese mystischen Tendenzen zwischen dem irdischen Engagement, zwischen dem Wunsch, ihre Institution in der menschlichen Gemeinschaft zu verbreiten, und der Sehnsucht, den Bedingungen dieser Welt zu entkommen. Dies kennzeichnet die Grenzen der Mystik hinsichtlich einer durchdringenden Reform des religiösen Lebens.

Neben der Mystik traten im religiösen Leben des ausgehenden Mittelalters auch Züge eines apokalyptischen Erweckungseifers auf, der sich manchmal bis zu Visionen eines neuen Messias verstieg und gewöhnlich mit radikalen Vorstellungen über die Rechte der Armen und Besitzlosen verbunden war. Im 15. Jahrhundert bildete sich unter den Industriearbeitern Flanderns ein Bund der „Freien Brüder", die sich für Erwählte Gottes hielten, sich nicht an Gesetze gebunden fühlten und sich hinsichtlich Sexualleben und Besitz größte Freiheiten erlaubten. Auch in Deutschland gab es derartige Propheten. Der bekannteste war vielleicht der Pfeifer von Niklashausen (1476), der das Tausendjährige Reich verkündete und wilde Erwartungen entfesselte, um schließlich als Ketzer auf dem Scheiterhaufen zu enden. Mystizismus und Chialiasmus stellten die Herrschaft der Kirche über die Seelen der Menschen in Frage.

Bei den Gebildeten war es der Humanismus, der die blinde Achtung vor kirchlicher Autorität untergrub. Die Humanisten, an den Werten der Antike interessiert, waren in der Regel in Fragen der kirchlichen Lehre entweder orthodox oder schwiegen. Wirkliche Atheisten gab es vermutlich nur wenige unter ihnen. Die Renaissancepäpste - oft selbst humanistisch orientiert - nahmen die Humanisten unter ihren Schutz. Auch Erasmus von Rotterdam (1466-1536) blieb trotz aller Angriffe auf die intellektuellen Grundlagen der Kirche derselben letztlich treu. Seine Kritik an Mißbräuchen und seine Überzeugung, das Ziel der Religion sei ein Leben in der Nachfolge des Gründers und nicht die Rettung des gefallenen Menschen auf wunderbare Weise, sowie sein Widerwillen gegen formalen Gehorsam und priesterlichen Dünkel forderten jedoch geradezu Reform der Institution Kirche. Überhaupt war der Gedanke der Reform des Kirchenlebens nicht neu, und jedenfalls ist er wesentlich älter als die protestantische Reformation. Schon im 10. und 11. Jahrhundert gab es die Reformbewegungen, die eine damals ähnlich heruntergekommene Kirche wiederaufrichteten. In jener Zeit war es das Kloster Cluny, von dem eine umfassende und erfolgreiche Reformbewegung ausging.

Die Menschen des späten Mittelalters rückten trotz aller Mißstände in der Kirche nicht von den Prinzipien des christlichen Glaubens ab. Die wenigen, die sich von den moralischen Prinzipien des Christentums nicht mehr gefangennehmen ließen, bildeten eine verschwindende Minderheit. Das zunehmende Auftreten von Sekten, religiösen Laiengemeinschaften, Mystikern, Propheten weist dagegen auf eine - wenn auch kirchlich wenig kontrollierte - Intensivierung des religiösen Empfindens hin. Das Gefühl für die Notwendigkeit von Reformen war wohl im Volk ebenso verbreitet wie in der Hierarchie.

Der Kardinal Nikolaus von Kues (1401-1461) war ein Reformbischof. Doch während seines zehnjährigen Wirkens in der Diözese Brixen gelang es ihm nicht einmal, in den Klöstern die Zucht, die er für notwendig hielt, durchzusetzen. Der Abt Jean de Bourbon vermochte nach fast dreißigjährigem Wirken (1456-1486) trotz aller Bemühungen nicht, die alte Ordnung unter den Cluniazensern wiederherzustellen. Lediglich in Spanien - worauf schon hingewiesen wurde - konnte im 15. Jahrhundert eine straffe Organisation des Klerus durchgesetzt werden.

Unter dem Kardinal Ximenes de Cisneros (1436-1517) erhielt die spanische Kirche jene Festigkeit und Schlagkraft, die dann das Papsttum in einem hundertjährigen Kampf gegen die protestantische Reformation nicht untergehen ließ. Bevor es jedoch soweit war, machte Papst Julius II. 1512 auf dem fünften Laterankonzil noch einmal den Versuch, eine Reform der Kirche in die Wege zu leiten. Vorgesehen waren unter anderem eine Neuordnung der Kurie und das Verbot der Kumulierung von Kirchenlehen. Doch dies alles blieb toter Buchstabe.

## 4.4 Soziale und ökonomische Gärungsprozesse

Die Religion war das kulturelle und ideologische Fundament jener Gesellschaften des europäischen Mittelalters. Der im frühen Mittelalter vorherrschende Indifferenzzustand von Politik, Ökonomie und Religion war zwar längst aufgebrochen, aber noch interpretierten die Menschen - von verschwindenden Minderheiten abgesehen - ihr tägliches Handeln und Unterlassen auf der Folie religiöser Ansprüche und Hoffnungen. Freilich wurden letztere nicht mehr einheitlich verstanden noch eindeutig interpretiert. Der Kirche, deren Aufgabe dies gewesen wäre, fehlte die Kraft dazu. Sie, die sich nach dem Zerfall des römischen Reiches von vornherein in die weltlichen Sphären von Politik und Ökonomie verstrickt hatte, sah sich nun von politischen und ökonomischen Entwicklungsprozessen in Mitleidenschaft gezogen. Weit entfernt von einem urchristlichen Idealbild entwickelten sich innerhalb der Kirche rein machtpolitische Auseinandersetzungen, die noch von theologischen Kontroversen begleitet wurden, was ihre Ordnungskraft abermals verminderte. Ebenso wie es im ausgehenden Mittelalter nicht mehr die eine gesellschaftliche Ordnung gab, sowenig existierte noch die eine Theologie. Theologische Kontroversen auf der einen und politisch-ökonomische Auseinandersetzungen und Kämpfe zwischen den Ständen auf der anderen Seite verhinderten dies.[48]
Noch rechtfertigte man seine Interessen und Aktionen religiös-theologisch, dies aber je nach Position unterschiedlich. So konnten theologische Gegner des Papstes wie Albertus Magnus und Wilhelm von Ockham mit einer sicheren Zuflucht bei dessen politischem Gegner Ludwig dem Bayern rechnen. Dieses Spiel auf hoher Ebene zwischen Politik und Theologie fand seine Er

---

[48] vgl. hierzu: Joseph Lortz, Die Reformation in Deutschland, a.a.O., S. 28-47 / Walter Hubatsch, Frühe Neuzeit und Reformation in Deutschland, Frankfurt/M., Berlin und Wien 1981, S. 120-156 / Günther Franz, Der deutsche Bauernkrieg, Darmstadt 1984, S. 1-91 / Otthein Rammstedt, Stadtunruhen 1525, in: Geschichte und Gesellschaft. Zeitschrift für historische Sozialwissenschaft, Sonderheft 1: Der deutsche Bauernkrieg (hrsg. von Hans-Ulrich Wehler), Göttingen 1975

gänzung auf niederer Ebene in den gleichzeitig religiös, sozial und auch na-
tional motivierten Sekten- und Ketzerbewegungen der Albigenser, Wal-
denser, der Anhänger der Wiclif und Hus. Freilich paßten diese Bewegungen
nicht mehr ins Spiel der hohen Politik, da sie sich auf lange Sicht gegen den
Bestand der Kirche wie auch gegen die politische Ordnung stellten. Diese
Reformbewegungen und Revolten „von unten" fanden dann auch die alten
Mächte, sonst im Zwiestreit untereinander, vereint gegen sich kämpfend.
Aber trotz ihrer Niederlagen waren ihre Beweggründe nicht beseitigt und
weiterhin wirksam.

Um die Wende vom 15. zum 16. Jahrhundert gärte es in der Bauernschaft.
Mit der Entwicklung der Städte und Geldwirtschaft waren auch die Bauern zu
Ansehen und Besitz gekommen, da der Grundadel sich in jener Zeit auf die
Einnahme von Pachtzinsen beschränkte und ihnen den direkten Kontakt mit
den Märkten überließ. Der Bevölkerungszuwachs und die durch Inflation
steigenden Preise weckten nunmehr freilich das Interesse der Grundbesitzer,
die Einkommen aus ihren Ländereien zu steigern. Dies erschien nur möglich,
indem man den Bauern neue Lasten aufbürdete und ihnen alte Rechte nahm.
Im Norden wurden die Reste der freien ostfriesischen Bauern durch Verrat
von einer Koalition von Städten und Fürsten (1514) besiegt, während die
Bauern im Dithmarschen siegreich blieben und für eine weitere Zeit ihre
Freiheit erhalten konnten. Im Süden wirkte das Beispiel der Schwyzer Bauern, die ihre Reichsuntertänigkeit vollends abgeworfen hatten, auf die Bauern
der umliegenden Regionen, die sich immer stärkeren Pressionen ausgesetzt
sahen. Insbesondere die kirchlichen Grundbesitzer versuchten, aus ihren Be-
sitztümern und den Bauern möglichst viel herauszuschlagen. Die Bauern rea-
gierten, wie zu erwarten war: Es kam immer wieder zu Aufständen rund um
den Bodensee, im Schwarzwald, im Elsaß, in Württemberg, in der Steiermark
und in Kärnten. Die Bauern verlangten nach dem „alten Recht", nach einer
Rückkehr zu den durch Sitte und Tradition festgelegten Rechten und Pflichten, mit denen sie die letzten Jahrhunderte gut gelebt hatten. Grundbesitzen-
der Adel und Kirche bedienten sich demgegenüber des formal-rationell funktionierenden römischen Rechtes, das „Gewohnheitsrechte" außer Kraft setzte.
Neben dem Ruf nach dem „alten Recht" wurden unter den revoltierenden
Bauern immer wieder religiös-schwärmerische und gleichzeitig antikirchliche
Forderungen laut. Die bekannteste Bauernvereinigungen jener Zeit war wohl
der „Bundschuh".

Noch ein zweiter Stand war zwischen die Mühlsteine der politischen und ökonomischen Entwicklung geraten. Es waren dies die freien, allein Kaiser und Reich unterworfenen Reichsritter im Süden und Südwesten Deutschlands. (Im Norden hingegen hatte der niedere Adel seine Reichsunmittelbarkeit schon früh verloren). Politisch wurden sie von den großen Landesherren unter Druck gesetzt. Denn diese wollten auf Kosten des kleinen Adels ihre territoriale Oberhoheit ausweiten. Ökonomisch gesehen lebten diese kleinen Ritter an den Bedingungen der Zeit vorbei: Durch Handel wurde in den Städten das große Geld gemacht. Die auf ihren ungemütlichen Burgen und wenig Land sitzenden freien Reichsritter waren verarmt und suchten ihren Gelderwerb zunehmend als Raubritter, die über fahrende Kaufleute herfielen, zu sichern. Die bekanntesten jener Ritter waren Franz von Sickingen, Ulrich von Hutten und Götz von Berlichingen.

Franz von Sickingen (1481-1523) machte sich einen Namen als Hauptmann einer Truppe von Reichsrittern und Söldnern, die zeitweise gegen Worms und Trier Krieg führte und im politischen Kräftespiel nicht ignoriert werden konnte. Ulrich von Hutten (1488-1523), arm und kämpferisch wie jener, wurde bekannt insbesondere durch seine humanistischen und utopisch inspirierten Aufrufe und seine scharfen Angriffe auf Kirche und Klerus. Götz von Berlichingen (1480-1562) spielte eine gewisse Rolle im Bauernkrieg als angeblich zwangsverpflichteter Führer eines Bauernhaufens, aus dem er sich, als das Blatt sich zu wenden begann, rasch davonmachte.

Auch in den Städten gärte es. Hier war nie endgültig entschieden, wer das Sagen hatte: die Patrizier oder die Zünfte. Ferner sorgte das unzufriedene städtische Proletariat immer wieder für Unruhe. In Deutschland gab es zu jener Zeit etwa 80 freie Reichsstädte, die auf die Erhaltung ihrer Unabhängigkeit bedacht waren, die nicht nur die weltlichen, sondern gerade auch die in den Städten residierenden kirchlichen Fürsten anzutasten versuchten. Spannungen zwischen Städten und Kirche und die Anfänge der Reformation entstanden nicht nur infolge bischöflicher Versuche, in die Stadtverwaltung hineinzuregieren. Auch der in den Städten ansässige Klerus unterwarf sich nicht der städtischen Gerichtsbarkeit und wurde von den Bürgern vielfach als Fremdkörper wahrgenommen.

Ende des 15. und Anfang des 16. Jahrhunderts hatte sich ein schier unübersehbares Geflecht theologischer, machtpolitischer, ökonomischer und sozialer Probleme und Zwistigkeiten herausgebildet. Theologische und religiöse Auseinandersetzungen kreuzten sich immer irgendwie mit politischen und ökonomischen Interessen verschiedener kirchlicher und weltlicher Gruppen. Der Erfolg einer religiösen Reformbewegung hing davon ab, ob sie sich auch in politischer Hinsicht durchsetzen konnte, wie umgekehrt die Realisierung gewisser politischer und sozialer Vorstellungen erst über die Formierung der alles beherrschenden religiösen Aspekte des menschlichen Lebens möglich schien. Das Scheitern der religiösen Bewegungen der Albingenser und der Hussiten war vorwiegend machtpolitisch bedingt, wie umgekehrt die machtpolitische Zentralisierung Spaniens über den Hebel einer straffen Kirchenorganisation gelang. Betrachtet man die protestantische Reformation, so sind für ihre Erfolge und Niederlagen nicht nur hehre Glaubenssätze und theologische Erörterungen verantwortlich, sondern auch die jeweiligen Verbindungen, die diese religiösen Aspekte mit den sozialen und politischen Kämpfen jener Zeit eingingen. Das erklärt dann auch über das rein Theologische hinaus den Streit und die Feindschaft zwischen einzelnen protestantischen Reformatoren und deren jeweiligen Anhängern und politischen Protagonisten. Die protestantische Reformation war weder theologisch noch politisch-sozial eine einheitliche Bewegung. Im Zuge der Reformation gelang kaum eine gemeinsame Aktion der in sektierende Gruppen zerspaltenen Bewegung gegen die einheitlich formierte Gegenreformation. Den wenigen Gelegenheiten, in denen die Reformer geschlossen auftraten, verdanken sie ihren Namen „Protestanten": Auf den Reichstagen protestierten die evangelischen Fürsten und Stände immer wieder gegen die angeblich tendenzielle Rechtsprechung des katholisch dominierten Reichskammergerichtes sowie gegen Verletzungen von Reichstagsbeschlüssen hinsichtlich des Religionsfriedens zwischen beiden Konfessionen.

## 5. Reformatoren und die Anfänge der Reformation

### 5.1 Luther[49]

Martin Luther (1483-1546) war Sohn eines Bergmanns im sächsischen Eisleben. Der Vater bestimmte ihn zum Studium der Rechte, aber der Sohn folgte trotz dessen Verärgerung seiner Neigung für Theologie. Im Jahre 1505 trat Luther dem Augustinerorden in Erfurt bei; 1508 wurde er zum Professor der Theologie in Wittenberg ernannt. Am 31. Oktober 1517 nagelte er an die Tür der Schloßkirche in Wittenberg einen Anschlag mit 95 Thesen gegen den Ablaßhandel an. Ob es nun genau jener Tag war, ist viel diskutiert worden; den Vorgang selbst kann man mit gewissem Recht als Beginn der protestantischen Reformation bezeichnen. Freilich lag dies keineswegs in den Absichten Luthers. Zwar hatte er vieles an der Kirche zu kritisieren, eine Kirchenspaltung stand ihm zu jener Zeit aber noch fern. Auch seine theologische Position war durchaus nicht völlig neu und auch nicht revolutionär, sondern beruhte auf Ergebnissen einer über tausendjährigen Diskussionstradition. Das, was ihn so bedeutend als Reformator machte, war wohl darin begründet, daß er seine Thesen gerade zu jener Zeit entwickelte und auf ihnen unnachgiebig beharrte, als die von ihm unabhängige politische Entwicklung auf eine Religionsspaltung hinauslief. Es war wohl auch ein Stück Glück, vielleicht auch politischer Instinkt dafür ausschlaggebend, daß er sich mit seinen Reformideen nicht mit der revoltierenden Reichsritterschaft oder den revolutionären Bauernheeren verband, sondern auf der Seite der letztlich überlegenen protestantischen Reichsfürsten ausharrte. Dies und der Sachverhalt, daß seine neue Kirche dadurch ein spezifisches obrigkeitsstaatliches Gepräge erhielt, hat ihm zu seiner Zeit und auch später noch oft den Vorwurf eingebracht, ein Konservativer zu sein.

Beeinflußt von den Theologen Augustinus und Ockham formuliert er die Ergebnisse seines religiösen Ringens. Einige wichtige Punkte seien genannt: Der Mensch ist völlig unfähig, im religiösen Sinne durch eigene Kraft seine Rettung zu erlangen. Im Gegenteil ist er ganz und gar abhängig von der

---

[49] vgl. hierzu: Hans Mayer, Martin Luther. Leben und Glaube, Gütersloh 1982 / Heinrich Fausel, Doktor Martin Luther. Leben und Werk. 1522 bis 1546, München und Hamburg 1966

Gnade Gottes. Selbst der Glaube ist trotz allen menschlichen Ringens um ihn letztlich ein Geschenk Gottes.

> Für ihn existiert nicht die „Vorstellung, daß dieses unerhörte Gnadengeschenk irgendwelcher eigenen Mitwirkung verdankt werden oder mit Leistungen oder Qualitäten des eigenen Glaubens und Wollens verknüpft sein könnte. In jener Zeit seiner höchsten religiösen Genialität, in welcher LUTHER seine 'Freiheit eines Christenmenschen' zu schreiben fähig war, stand auch ihm der 'heimlich Ratschluß' Gottes als absolut alleinige, grundlose Quelle seines religiösen Gnadenstandes am festesten".[50]

Für Luther ist der Glaube die höchste und eigentlich sittliche Forderung und zugleich ein Geschenk der Gnade Gottes. Diese Paradoxie des Grundgedankens der Ethik Luthers hat der einzelne Gläubige auszuhalten und zu leben.

Aus dieser Sicht ist dann kein Priestertum mehr nötig, das mit Hilfe der Sakramentenspende das Verhältnis Gottes zu den Menschen vermittelt. Damit stellte Luther die kirchliche Organisation seiner Zeit in Frage. Aber auch schon die Mystiker hatten dies getan und verstanden es, trotzdem von der Kirche geduldet zu werden. Und wie es scheint, wollte auch Luther sich nicht von der Tradition der Kirche loslösen. Manche Abweichungen in Theologie und Glaubensüberzeugung waren von der Kirche im Laufe ihrer Geschichte verkraftet worden. Problematisch wurde es freilich immer dann, wenn diese Abweichungen einen breiteren Menschenkreis erfaßten und sie gleichzeitig in irgendeiner Weise politisch zu wirken begannen. Und dies taten die Thesen Luthers gegen den Ablaßhandel, der ihm als verwerflich galt, weil er den Menschen zu suggerieren schien, sie könnten sich die Gnade Gottes erkaufen.

Politisch relevant wurde seine Kritik am Ablaß freilich erst durch die politische Situation, in der sie geübt wurde. Denn Kritik am Ablaß war nicht neu. Neu war allerdings, daß Luthers sächsischer Landesherr, der Kurfürst Friedrich von Sachsen, den Ablaßverkauf in seinem Hoheitsgebiet verboten hatte. Denn er hatte kein Interesse, daß seine Untertanen mit Hilfe ihres Geldes die Hausmachtpolitik der Hohenzollern, der eine als Kurfürst in Brandenburg, der zweite als Bischof und Kurfürst in Mainz und der dritte als Großmeister des deutschen Ordens in Ostpreußen, die den Ablaß im Auftrag des Papstes betrieben, finanzierten.

Friedrich von Sachsen hatte allerdings noch mit dem Papst selbst einen Disput in finanziellen Angelegenheiten. Denn er weigerte sich, eine in seinem

---

[50] PE (1), Bd. 21, S. 8-9 / PE (2), S. 91 / PE (3), S. 120 / PE (4), S. 60 (Herv. i. O.)

Land erhobene Kreuzzugssteuer an Rom weiterzuleiten, da ein solcher Kreuzzug gegen die Türken nicht realisiert wurde. Schließlich investierte er dieses Geld in seine Wittenberger Universität.

Es scheint so, daß dem Kurfürsten Luthers Kritik am Ablaß und der römischen Kirche gerade zur rechten Zeit kamen. Später soll Kaiser Maximilian, der sich danach allerdings gegen die Reformation wandte, zu Friedrich einmal gesagt haben, er solle diesen Mönch wohl behüten, denn der könne noch für manches gut sein. Damals befand sich Maximilian freilich noch im Streit mit dem Papst, den er später brauchte und unterstützte, um sich damit dessen Hilfe für die Kaiserwahl seines Enkels (Karl V.) zu sichern.

Richtig bekannt wurde Luther jedoch erst durch seine Gegner, die ihn öffentlich und hart kritisierten. Zuerst der Organisator des Ablaßverkaufs, Tetzel, der ihn einen hartnäckigen Ketzer nannte. Als Luther daraufhin nach Rom beordert wurde, wandte er sich Schutz suchend an seinen Landesherren. Dieser vermittelte ihm (1518) ein Gespräch mit Kardinal Cajetan in Augsburg, welcher dann in Luther nicht den Revolutionär erblicken konnte, als der er in Rom dem Papst dargestellt wurde. Luther, der ein ähnliches Schicksal wie der als Ketzer verbrannte böhmische Reformator Hus erwartet hatte, kehrte wohlbehalten nach Wittenberg zurück. Entscheidend dafür, daß der päpstliche und kaiserliche Druck auf Luther und seinen Landesherrn vorläufig nicht zunahm, war - wie oben schon angedeutet - das Problem der Nachfolge von Kaiser Maximilian. Der Papst, der kein Interesse hatte, das Haus Habsburg allzu stark werden zu lassen, das heißt, Maximilians Enkel Karl, der schon König von Kastilien und Aragon war, auch noch zum Herrscher über das Reich zu krönen, wollte keinen der Kurfürsten, die ja die Wahl des Kaisers vornahmen, in dieser Phase vor den Kopf stoßen. Die Kurie versuchte sogar vorübergehend gegen Karl, dem späteren Karl V., Friedrich von Sachsen als Kandidaten zu stellen.

Freilich lehnte jener von vornherein diese Rolle ab. In einem solchen Machtpoker war Luther einfach zu unwichtig. Erst nach vollzogener Kaiserwahl (1519) waren die Rücksichten, die es zu nehmen galt, nicht mehr so groß. Es war damals der berufsmäßige Disputant Eck, dem es in einem öffentlichen Streitgespräch gelang, Luther die Aussage abzuringen, das Konstanzer Konzil habe im Falle Hus geirrt. Dies beschwor nun einen Skandal herauf, an dem die Geister jener Zeit sich schieden. Humanisten vom Schlage Huttens, einer jener Reichsritter, die mit Sickingen gegen die Fürstengewalt kämpften, stellten sich sofort vorbehaltlos hinter ihn. Und selbst der vorsichtige Erasmus von Rotterdam legte ein Wort für Luther ein.

In der Folgezeit griff Luther in seinen Schriften immer stärker den Papst und die römische Kirche an und brach bewußt alle Brücken hinter sich ab.

Schließlich verhängte der Papst Leo X. 1520 über Luther den Bann, der 1521 endgültig in Kraft trat. Während er vorher noch daran glaubte, daß der Papst falsch informiert sei, sprach er sich nunmehr dafür aus, diesen als Verkörperung des Antichristen zu vernichten. Luther wurde zum Revolutionär, der die auf die Kirche gegründete Ordnung - aber auch nur diese - umstürzen wollte. In allen gegen die Kirche aufbegehrenden Schichten, den Reichsrittern, den Bauern, teilweise den städtischen Zünften und einem Großteil der weltlichen Fürsten, galt er als das geistige Oberhaupt.

Im Januar 1521 wurde der Reichstag in Worms eröffnet. Zwei Probleme standen dort im Vordergrund: die Ordnung des Reichsregiments und die Religionsfrage. Luther wurde nach Worms geladen, wo er einen Widerruf seiner Thesen ablehnte. Bevor freilich die Acht über ihn verhängt wurde, war er schon unterwegs zur Wartburg, wo ihn Friedrich von Sachsen, der wie die anderen Fürsten gegen eine Machtexpansion von Kaiser und Kirche war, unter Mißachtung von Bann und Acht sicher unterbringen ließ. Luther widmete sich dort seinen Studien. Unter anderem übersetzte er in dieser Zeit die Bibel ins Deutsche.

## 5.2 Müntzer[51]

Thomas Müntzer war als Revolutionär von anderem Schlage als Luther. Im thüringischen Stolberg kam er 1488 oder 1489 zur Welt. In bescheidenem Wohlstand aufgewachsen, studierte er Theologie. Als hochgebildeter Priester ging es ihm - ebenso wie Luther - letztlich weniger um Theologie als um eine Klärung seines praktischen Verhältnisses zu Gott. Als sich Müntzer von der katholischen Lehre löste, war er ein Gefolgsmann Luthers. Aber schon rasch,

---

[51] vgl. hierzu: Norman Cohn, Das Ringen um das tausendjährige Reich. Revolutionärer Messianismus im Mittelalter und sein Fortleben in den modernen totalitären Bewegungen, Bern und München 1961, S. 222 ff. / Erwin Iserloh, Die protestantische Reformation, in: Erwin Iserloh, Josef Glazik und Hubert Jedin, Reformation, Katholische Reform und Gegenreformation, Handbuch der Kirchengeschichte, Bd. IV, Freiburg, Basel, Wien 1975, S. 118-140, S. 181-195

nachdem er 1520 eine Pfarrstelle in Zwickau erhielt, fiel er von Luther ab und entwickelte eine weit kämpferischere Lehre, als jener es getan hatte. Begeistert war er von dem Gedanken, die Erwählten müßten mit Waffengewalt den Weg ins Tausendjährige Reich bahnen. Im Gegensatz zu Luther, der letztlich die Schrift zum Ausgangspunkt der Offenbarung Gottes macht, rückt Müntzer die dem einzelnen zuteil werdende unmittelbare Offenbarung in den Vordergrund. Jener Christus, der in der individuellen Seele geboren wurde, verfüge allein über Erlösungskraft. Und wem dieses Erlebnis des inneren Christus zuteil werde, der sei erwählt. Die geschichtliche Gestalt Christi habe den Weg zur Erlösung vorgezeichnet: Der Erwählte müsse unendlich leiden, indem er permanent von körperlichen und geistigen Qualen heimgesucht sei. Nur über dies von Gott gesandte Kreuzeserlebnis gelange der Mensch zum wahren Glauben. Die Gemeinde bestehe nur aus den vom Geist Erweckten, die dann auch die Erwählten seien. In scharfem Gegensatz zu Luther behauptete Müntzer, daß es sichtbare Zeichen der Erwählung gebe und verkündete, die Auserwählten müßten die Gottlosen vernichten.

In den Bauernheeren, die er anführte, sah er die Vollstrecker jener Mission vom Tausendjährigen Reich. Kern und Zielsetzung seiner Umsturzpredigten waren eindeutig religiös. Es ging ihm nicht vorrangig darum, den Armen und Unterdrückten zu einem besseren Leben zu verhelfen, sondern die Bedingungen zu beseitigen, die die Menschen in ihrem Inneren von Gott ablenkten. Die soziale Revolte galt ihm als Mittel zur Herstellung einer für das religiöse Leben geeigneteren Welt, über deren Ordnung allerdings weitgehend Unklarheit herrschte.

Freilich darf man die Bauernrevolten nicht als rein religiöse Phänomene betrachten, denn weder die Verbreitung der religiösen Ideen noch die Reaktionen darauf sind ohne die weltliche Unzufriedenheit zu verstehen, zu deren Fürsprecher sie sich machten. Die Gegnerschaft zwischen Müntzer und Luther war nicht geringer als die Freundschaft beider gegenüber dem Papsttum. Dies weist darauf hin, daß die Reformation alles andere als ein einheitlicher oder gar kontinuierlicher Prozeß war. Während Luther sich von den rebellierenden Reichsrittern und Bauern, die sich auf ihn berufen wollten, lossagte und „seine" Reformation der Obhut der evangelischen Reichsfürsten unterstellte, setzte Müntzer von vornherein auf die Bauern und die städtischen Kleinbürger. Müntzers religiös-revolutionäre Tätigkeit währte etwas mehr als fünf Jahre von 1520 bis zu seinem Tode 1525.

In Zwickau, einer Stadt, die infolge der in den dortigen Silberbergwerken Arbeitsuchenden auf das Dreifache der Größe Dresdens angeschwollen war, gelang es ihm von der Kanzel her, die notleidenden arbeitslosen Bergleute durch Angriffe auf die dort ansässigen Franziskaner und den Pfarrer der Bürgerschaft - einen Freund Luthers - für seine Sache zu gewinnen. Die Stadt teilte sich zunehmend in zwei Lager, was die Gefahr heftiger Unruhe heraufbeschwor. Im April 1521 entließ der Magistrat von Zwickau Müntzer. Daraufhin kam es zu einer Revolte, die niedergeschlagen wurde.

Müntzer begab sich nach Böhmen, wo er hoffte, mit den Nachfolgegruppen der hussitischen Bewegung sich vereinigen zu können. Nach einigen Predigten in Prag wurde er auch dort ausgewiesen. Einige Jahre zog er durch verschiedene mitteldeutsche Städte, ohne größeren Anklang zu finden.

Seine Wanderschaft endete 1523 in dem thüringischen Städtchen Allstedt, wo er eine Anstellung fand. Dort heiratete er, schuf die erste deutsch gesprochene Liturgie, übersetzte lateinische Kirchenlieder ins Deutsche und trat als ein viel gerühmter Prediger hervor. Er schuf einen „Bund der Erwählten" als revolutionären Kerntrupp. Diese aus Ungebildeten bestehende Gruppe war gleichsam seine Antwort auf die Universität Wittenberg als der Hochburg Luthers. Im Juli 1524 verkündete Müntzer in einer Predigt, die Zeit sei gekommen, alle Tyrannen zu stürzen und das messianische Königreich einzuleiten. Damit machte er sich die evangelischen Fürsten endgültig zu Feinden. Gleichzeitig warnte Luther diese vor der Agitation Müntzers. Müntzer revanchierte sich mit einer Schrift, die den Titel trägt: „Hoch verursachte Schutzrede und Antwort wider das geistlose, sanftlebende Fleisch zu Wittenberg". Nachdem Müntzer nach Weimar zu einem Verhör zitiert worden war, setzte er sich in die nahegelegene Reichsstadt Mühlhausen ab. Dort rekrutierte Müntzer aus der armen Bürgerschaft, die seit Jahren mit der Oligarchie in Konflikt lag, eine feste Gruppe von Anhängern. Ein von ihm geleiteter Aufstand mißlang, und er mußte nach Nürnberg fliehen, wo er ebenfalls nicht lange geduldet wurde. Danach predigte er auf einer Wanderschaft, die ihn bis zur Schweiz führte. Unterdessen hatte sich in Mühlhausen das Blatt gewendet. Seinen Anhängern war es gelungen, den alten Magistrat abzusetzen und durch einen neuen zu ersetzen. Dieser rief Müntzer nach Mühlhausen zurück.

Im April 1525 verkündete Müntzer einen Feldzug seines „Bundes der Erwählten". Ende dieses Monats wurden von ihm und seinen Anhängern tatsächlich einige Klöster und Stifte zerstört. Gleichzeitig gelang es ihm, die Bauern in seiner Region um sich zu scharen. Gegen diese Aktionen verfaßte

Luther die Streitschrift „Wider die räuberischen und mörderischen Rotten der
Bauern", die die protestantischen Fürsten dieser Region gegen Müntzer und
die Bauern mobilisierte. Am 15. Mai 1525 kam es zu einer militärischen
Auseinandersetzung zwischen dem von Landgraf Philipp von Hessen ge-
führten Fürstenheer und dem Haufen der Bauern. Letztere von Müntzer, der
vergeblich auf ein Wunder wartete, militärisch dilettantisch geführt, erlitten
eine grausame Niederlage. Müntzer und seine Anhänger wurden gefangenge-
nommen. Nach Folterungen wurde Müntzer am 27. Mai 1525 im fürstlichen
Lager enthauptet. Wenn es ihm auch nicht gelungen war, seine religiös-
revolutionären Ideen durchzusetzen, so waren diese mit seiner Niederlage und
seinem Tod doch nicht beseitigt.

Es tauchte der Gedanke „der streng auf 'wahre' Christen beschränkten, daher voluntari-
stischen, von der Welt abgeschiedenen Gemeinschaft eines wirklich heiligen Volkes zuerst deutlich bei den Täufern in Zürich 1523/4 auf, welche 1525 im Anschluß an Th.
Müntzer - der die Kindertaufe verworfen, aber nicht die letzte Konsequenz: die nochma-
lige Taufe von als Kinder getauften Erwachsenen (Wiedertaufe) gefordert hatte - die Erwachsenentaufe (einschließlich der - eventuellen - Wiedertaufe) einführten. Wandernde
Handwerksburschen, die Hauptträger der Täuferbewegung, trugen sie nach jeder Unterdrückung in neue Gebiete".[52]

Immer wieder kam es zum Aufleben der an Müntzer erinnernden Wiedertäu-
fergruppen. Die bekannteste Episode jener Zeit spielte sich in der westfä-
lischen Stadt Münster ab. Münster war damals einer der mächtigsten Bischofssitze, von dem aus ein Großteil des norddeutschen Raumes regiert
wurde. Die Städte freilich hatten sich im Zuge längerer Auseinandersetzungen mit den Bischöfen eine gewisse Unabhängigkeit erstritten. Diese antibi-
schöfliche Stimmung war eine günstige Bedingung für die Reformation. Und
schon in den frühen dreißiger Jahren des 16. Jahrhunderts beherrschten die
Lutheraner den Rat der Stadt. Ihre führenden Vertreter neigten allerdings dem
Radikalismus Müntzers zu. Als 1534 täuferisch-baptistische Missionare in
der Stadt auftauchten, ließen sie sich schnell zum Übertritt bewegen. Das
Projekt der Gründung eines neuen Jerusalem wurde ins Auge gefaßt. Kurz
darauf trafen Jan Bockelson, ein Schneider aus Leyden, und Jan Matthy, ein

52 Max Weber, Die protestantischen Sekten und der „Geist" des Kapitalismus, in: ders.,
Gesammelte Aufsätze zur Religionssoziologie, Bd. I, Tübingen 1988, S. 220 (im folgenden: PS in GARS I) / ders., Die Protestantischen Sekten und der „Geist" des Kapitalismus, in: Johannes Winckelmann (Hrsg.), Aufsatzsammlung zur Protestantischen Ethik,
Bd. I, S. 289 (im folgenden: PS in We/Wi I)

Bäcker aus Haarlem, in der Stadt ein. Beide orientierten sich an den Ideen Müntzers. Sie übernahmen die Führung in der Stadt, die sie von „Ungläubigen" säuberten, indem sie die widerspenstigen Katholiken und Lutheraner vertrieben. Im Zuge dieser Aktion proklamierte man Gütergemeinschaft und verbrannte alle Bücher außer der Bibel. Als Matthy starb, übernahm Bockelson die Alleinherrschaft. Der verkündete neben dem Kommunismus die Polygamie. Da Münster infolge vieler entlaufener Nonnen einen Frauenüberschuß besaß, ließ sich dieses Projekt auch tatsächlich realisieren.

Indessen wurde die Stadt von ihrem Bischof belagert. Ein schneller Sieg im August 1534 über dessen Truppen brachte Bockelson auf den Höhepunkt seiner Macht, bevor der protestantische Landgraf von Hessen die katholischen Truppen des Bischofs verstärkte. Der neuerlichen Belagerung setzten die Bürger Münsters zähen Widerstand entgegen. Versuche bewaffneter baptistischer Gruppen aus Groningen, im Januar 1535 von außen her die Stadt zu befreien, schlugen fehl. Im Juni 1535 konnte die Stadt durch Verrat genommen werden. Alle männlichen Einwohner wurden getötet. Frauen und Kinder ließ man bis auf wenige Ausnahmen verhungern. Das Ende war fürchterlich. Das Täufertum schien fast völlig zerschlagen. Später formierten sich noch einmal täuferische und baptistische Sekten, insbesondere in Holland durch Menno Simons (1496-1561) organisiert. Seinen Namen tragen die heute noch zahlreichen Mennoniten. Von hier aus wirkten starke Einflüsse auf die Sektenbildung in England, von denen die Baptisten und Quäker Nordamerikas herkommen. Diese neuerlichen Formierungen waren freilich weit weniger radikal und insbesondere in politischer Hinsicht pazifistisch orientiert. Sie hatten daher nicht in dem oben beschriebenen Maße mit der Gegnerschaft der weltlichen und kirchlichen Gewalten zu rechnen.

## 5.3 Zwingli[53]

Huldrych Zwingli (1484-1531) wurde in Wildhaus im schweizerischen Toggenburg als Sohn des dortigen Amtmannes geboren. Mit 15 Jahren ging er zum Studium nach Wien, und seit 1502 studierte er in Basel, wo er 1506 den

[53] vgl. hierzu: Erwin Iserloh, Die protestantische Reformation, a.a.O., S. 157-181 / Erich Hassinger, Das Werden des neuzeitlichen Europas 1300-1600, Braunschweig 1976, S. 143 ff.

Titel eines Magister Artium erwarb. Anschließend wurde er Leutpriester in Glarus, einem Gemeinwesen freier und wehrhafter Bauern, die er auch als Feldprediger auf ihren Italienfeldzügen begleitete. Als sein antifranzösischer und papstfreundlicher Kurs zunehmend auf Widerstand stieß - teilweise bedingt durch den wachsenden französischen Einfluß infolge der vernichtenden Niederlage, die die bisher unbesiegten eidgenössischen Söldner gegen die Franzosen 1515 in Marignano erlitten hatten - übernahm er 1516 für zwei Jahre ein Priesteramt im Wallfahrtsort Einsiedeln. Ende 1518 wurde er zum Leutprediger an das Züricher Großmünster berufen.

Durch seine Studien war er stark vom Humanismus und insbesondere von Erasmus geprägt. Wie Luther legte er Wert auf die direkte Verbindung des Menschen mit Gott, und ebenso wie jener verneinte er den Wert guter Werke und verlangte eine Reinigung der Zeremonien und Sitten. Während Luther jedoch der augustinischen Lehre von den zwei Regimenten, nämlich dem der Kirche und dem der „Welt" anhing, was seine Lehre für die protestantischen Fürsten so attraktiv werden ließ, zielte Zwingli auf eine Verchristlichung des Gemeinwesens ab. Im Unterschied zu Luther, der an die wesenhafte Unabänderlichkeit der „Welt" glaubte, hielt Zwingli eine totale kirchliche Überwachung des Lebenswandels der Bürger für realisierbar und erstrebenswert. Zwischen 1523 und 1525 reformierte Zwingli in Übereinstimmung mit dem Rat der Stadt die ganze Züricher Kirche. Die Messe wurde abgeschafft, Gottesdienste in der Landessprache eingeführt und Taufe und Abendmahl umgestaltet. Gleichzeitig ließ er mit rücksichtsloser Strenge den Lebenswandel der Gemeindemitglieder von einem aus Pfarrern und Räten zusammengesetzten Gericht überwachen sowie den Kirchenbesuch und die Teilnahme am Abendmahl befehlen. Gegen die Wiedertäufer, die sich auch in Zürich hervortaten, wurde scharf vorgegangen: Seit 1526 stand auf Erwachsenentaufe die Todesstrafe, die auch noch zu Lebzeiten Zwinglis des öfteren vollzogen wurde. Andere Schweizer Städte wie Bern und Basel übernahmen die Reform Zwinglis. Auch die süddeutschen Städte wie Augsburg und Straßburg ließen sich stärker von der Züricher Reformation als von Luthers Anschauungen beeinflussen. In dieser ersten Phase der Reformation konnten sich die Lutheraner lediglich im Norden Deutschlands durchsetzen. Attraktiv für das städtische Bürgertum dürften die Ideen Zwinglis aufgrund ihrer - gemessen an den lutherischen Vorstellungen - größeren Laienbeteiligung am religiösen Kultus gewesen sein.

Auf theologischem Gebiet entwickelte sich seit 1524 ein heftiger Streit zwischen Zwinglianern und Lutheranern um die Bedeutung des Abendmahls. Beide Parteien stimmen in der Verwerfung der römisch-katholischen Meßlehre überein, nach der jede Zelebration als eine neue Darbringung des Opfers Christi zu gelten hat. Sie lehnten die Lehre von der Transsubstantiation als priesterliche Magie ab, derzufolge im Abendmahl Brot und Wein in Elemente von Christi Leib und Blut verwandelt würden.

Luther ging zwar ebenfalls von der Präsenz Christi in Brot und Wein aus, verwarf aber die Vorstellung, diese Präsenz sei Resultat priesterlichen Einflusses. Zwingli ging noch einen Schritt weiter, indem er Brot und Wein lediglich als Symbol gelten lassen wollte; denn das Heil hing ihm zufolge allein vom Glauben ab, und in den Sakramenten ergriff die Gnade durch den Geist ohne irgendein physisches Hilfsmittel von der Seele Besitz.

Auf Veranlassung Philipps von Hessen, der die traditionell antihabsburgischen Schweizer Städte zu einem Bündnis mit den protestantischen Fürsten gegen den Kaiser bewegen wollte, fand 1529 in Marburg ein Religionsgespräch zwischen Luther und Zwingli statt. Die erhoffte Verständigung scheiterte am theologischen Starrsinn beider Reformatoren. Der Versuch, ein allgemeines evangelisches Bündnis zustandezubringen, war mißlungen.

Im Jahre 1531 schlug das Heer der traditionell katholischen Schweizer Waldkantone die Truppen Zürichs bei Kappel. Zwingli, der in Waffen und Rüstung in den Kampf gezogen war, fiel. Seine Reformation wurde in der Schweiz von anderen Männern aufrechterhalten, während sie im süddeutschen Raum an Wirkung verlor. Der Friede von Kappel (1541) besiegelte zehn Jahre nach der gleichnamigen Schlacht die Teilung der Schweiz in einen katholischen und einen evangelischen Teil.

Im Jahre 1536 bot die Erste Helvetische Konfession ein gemeinsames zwinglianisches Bekenntnis für die Schweizer Protestanten, das aber später nach dem Erfolg Calvins abgelöst wurde. Der Zwinglianismus verschwand. Er war gleichsam ein liberaler Vorläufer des rigoroseren Calvinismus.

## 5.4 Calvin[54]

Jean Cauvin oder Johannes Calvin (1509-1564) wurde in der nordfranzösischen Bischofsstadt Noyon geboren. Sein Vater war ein geachteter Mann im Dienste des dortigen Bischofs, der das Studium des Sohnes in Paris finanzierte, das Calvin 1528 mit dem Magister Artium abschloß. Er folgte dem Wunsch seines Vaters und begann anschließend ein Jurastudium, das er aber nach dessen Tode sogleich abbrach, um sich der Theologie zuzuwenden. Im Jahre 1533 geriet der Rektor der Universität, der eine Predigt, die auf Luthers Lehren beruhte, gehalten hatte, in ernste Schwierigkeiten, da der französische König aus politisch-taktischen Gründen den Reformern seine Protektion entzog. Calvin, der die Seite des Rektors gewählt hatte, mußte wie alle Lutheraner und Humanisten aus Paris fliehen. Er reiste durch Frankreich, Norditalien, das Rheinland und schließlich nach Basel. Dort publizierte er 1536 die erste Ausgabe seiner großen „Institutio Christianae Religionis" (Unterricht in der christlichen Religion), die ihn auf einen Schlag bekannt machte.

> Dieser Schrift zufolge ist nicht Gott „um der Menschen, sondern die Menschen sind um Gottes Willen da, und alles Geschehen - also auch die für Calvin zweifellose Tatsache, daß nur ein kleiner Teil der Menschen zur Seligkeit berufen ist - kann seinen Sinn ausschließlich als Mittel zum Zweck der Selbstverherrlichung von Gottes Majestät haben. Maßstäbe irdischer 'Gerechtigkeit' an seine souveränen Verfügungen anzulegen, ist sinnlos und eine Verletzung seiner Majestät, da er, und er allein, *frei*, d.h. keinem Gesetz unterstellt ist und seine Ratschlüsse uns nur soweit verständlich und überhaupt bekannt sein können, als er es für gut befand, sie uns mitzuteilen. ... Was wir wissen, ist nur: daß ein Teil der Menschen selig wird, ein anderer verdammt bleibt. Anzunehmen, daß menschliches Verdienst oder Verschulden dieses Schicksal mitbestimme, hieße Gottes absolut freie Entschlüsse, die von Ewigkeit her feststehen, als durch menschliche Einwirkung wandelbar ansehen: ein unmöglicher Gedanke".[55]

Soweit der zentrale Gedanke Calvins, wie Max Weber ihn skizziert.

Auf weiteren Reisen kam Calvin auch nach Genf, wo er nur zu übernachten gedachte. Genf lag damals im Streit mit dem Herzog von Savoyen, der in Personalunion auch Bischof dieser Stadt war. Im Zuge der politischen Unab-

---

[54] vgl. hierzu: Erwin Iserloh, Die protestantische Reformation, a.a.O., S. 376-436 / Heinrich Hermelink, Reformation und Gegenreformation, in: Gustav Krüger (Hrsg.), Handbuch der Kirchengeschichte, Dritter Teil, Tübingen 1911, S. 158-170

[55] PE (1), Bd. 21, S. 9-10 / PE (2), S. 92-93 / PE (3), S. 121-122 / PE (4), S. 61 (Herv. i. O.)

hängigkeitsbewegung hatte dort auch die religiöse Reformation Fuß gefaßt. Zwar wagte der Bischof sich nicht mehr in seine Stadt, aber die politisch-religiöse Reformation war noch keineswegs gesichert, da es unter den Bürgern noch eine starke herzoglich-bischöfliche Partei gab. Diese Situation veranlaßte nun den damaligen religiösen Führer Genfs, Guilaume Favel, Calvin zum Bleiben aufzufordern, da er in ihm den geeigneten Mann für die Konsolidierung der Reformation sah.

Im Jahre 1537 entwarf Calvin ein Glaubensbekenntnis, das von allen Bürgern unterzeichnet werden sollte. Ein großer Teil der Bürger verweigerte dies. Weiterhin gab es Schwierigkeiten mit Täufern, und die Stadt Bern, die einen politisch und militärisch großen Einfluß ausübte, verlangte, man solle die Genfer Liturgie der ihren anpassen. Der Rat der Stadt Genf stimmte dem zu, woraufhin Calvin derartige Einmischungen in kirchliche Angelegenheiten schroff ablehnte. Als der Konflikt eskalierte, wurde er schließlich 1538 aus Genf ausgewiesen, woraufhin er nach Basel ging, um sich seinen Studien zu widmen.

Drei Jahre später wurde Calvin jedoch wieder nach Genf zurückgeholt. Von ihm erhoffte man einen Ausweg aus den politisch wie religiös schwer zerrütteten Verhältnissen. Trotz größter Energie benötigte Calvin etwa 15 Jahre zur inneren Festigung seines Reformwerkes und zur Ausschaltung jeder Opposition.

Schon 1541 ließ er eine radikale Gemeinde- und Kirchenordnung vorschlagen, im Zuge deren Durchsetzung er die Stadt Genf auch in politischer Hinsicht in den Griff bekam. Kernstück dieser Ordnung war ein Gremium, in das Prediger und Presbyter (Älteste) gewählt wurden, und dem die Aufgabe zukam, das moralische Leben der Einwohner zu überwachen und gegebenenfalls Strafen zu verhängen. Ursprünglich war die Institution kaum wirksam. Als aber die Zahl der Pastoren die der Ältesten, die von der Gemeinde gewählt wurden, überwog, wandelte sich dieses Gremium zu einem effektiven Kontrollinstrument. Eine langanhaltende Opposition gegen diese Sittenkontrolle rekrutierte sich aus der städtischen Aristokratie, gegen die dann Calvin, obwohl es sich bei ihnen um „Rechtgläubige" handelte, mit dem vagen Vorwurf des „Libertinismus" vorging.

Schließlich ging man 1553 sogar so weit, einen feindlichen Theologen, dessen man habhaft werden konnte, wegen Ketzerei zu verbrennen. Der Scheiterhaufen war im 16. Jahrhundert nicht nur auf katholischer, sondern auch auf evangelischer Seite kein ungewohntes Bild. An religiöse Toleranz dachte keine der beiden Seiten.

Seit den Ratswahlen 1555 besaßen Calvins Anhänger in Genf die Mehrheit. Eine letzte Rebellion wurde niedergeschlagen, und die Oppositionsführer flüchteten nach Bern. Lediglich einer von ihnen konnte gefaßt und nach einem Schauprozeß zum Tode verurteilt werden. In den folgenden Jahren war jeder wesentliche Widerstand gebrochen, und Calvin konnte sich bis zu seinem Tode der Durchsetzung seiner Vorstellungen widmen: So mußten Exkommunizierte, denen nichts mehr daran lag, zum Abendmahl zugelassen zu werden, die Stadt verlassen. Eine der bedeutendsten Schöpfungen seiner letzten Lebensjahre war die Errichtung der Genfer Akademie, an der Schüler der verschiedensten Nationen: Franzosen, Schotten, Niederländer, Polen, Ungarn und Deutsche ausgebildet wurden. Diese Akademie sorgte für die internationale Durchschlagskraft des Calvinismus und auch dafür, daß Genf für weitere 150 Jahre das geistige Zentrum des Calvinismus blieb.

Nach Calvins Tod übernahm sein Schüler Theodor Beza (1519-1605) seine papstähnliche Position. Die Stadtverwaltung wurde immer mehr den religiösen Kontrollgremien unterworfen. Genf soll eine Gemeinschaft nüchterner psalmsingender Kirchgänger geworden sein. Freilich wird auch für spätere Zeiten von einer Ausweitung des Spitzelwesens und schließlich einem Zunehmen der religiösen Heuchelei berichtet.

Für die Geschichte des Protestantismus war die Ausbreitung des Calvinismus von entscheidender Bedeutung. Denn es ist äußerst fraglich, ob das nach dem Tode Luthers theologisch in sich zerstrittene und kraftlose Luthertum, das allein auf die Macht einiger protestantischer Fürsten baute, in der Lage gewesen wäre, der anrollenden Gegenreformation, den Truppen Karls V., Philipps II. und des französischen Königshauses standzuhalten. In der Anfangsphase des Calvinismus war es gerade seine Verbreitung im Königreich Navarra, in Frankreich und den Niederlanden, die die militärischen Kräfte der Gegenreformation auf sich und weg vom Luthertum zog. Ab der Mitte des 16. Jahrhunderts war der Calvinismus zum Hauptstrom der protestantischen Reformation geworden.

# III. Zum methodischen Vorgehen Max Webers

## 1. Bestimmung des Materials

Weber geht es darum, eine systematische Beziehung zwischen religiös motivierter Berufsethik und kapitalistischer Wirtschaftsgesinnung anhand der protestantischen Ethik nachzuweisen. Er geht davon aus, daß ohne weiteres eine Koinzidenz, ein Zusammentreffen von virtuosem kapitalistischem Geschäftssinn einerseits mit intensivsten Formen einer das ganze Leben durchdringenden und regelnden Frömmigkeit in denselben Personen und Menschengruppen andererseits beobachtbar ist. Dieser Zusammenhang religiöser Lebensreglementierung mit ausgeprägter Entwicklung des geschäftlichen Sinnes sei geradezu das bezeichnende Merkmal für ganze Gruppen der historisch wichtigsten protestantischen Kirchen und Sekten.[1]

Die Frage ist, wie es zu einer derartigen, für die historische Herausbildung des modernen Kapitalismus entscheidenden, Verbindung kommen konnte. Im Abschnitt, in dem die Entwicklung der Fragestellung diskutiert wurde, zeigte sich, daß Weber beabsichtigt, diese Verbindung als eine „Leistung" der protestantischen Ethik nachzuweisen. Freilich konstatiert er, daß eine protestantische Ethik als solche, etwa in Form ausgefeilter theologischer Entwürfe, nicht nur nicht vorliege, sondern daß sie als solche auch gar nicht beabsichtigt gewesen sei:

> „ ... ethische Reformprogramme sind bei keinem der Reformatoren ... jemals der zentrale Gesichtspunkt gewesen. Sie waren keine Gründer von Gesellschaften für ‚ethische Kultur' oder Vertreter humanitärer sozialer Reformbestrebungen oder Kulturideale. Das Seelenheil und dies allein war der Angelpunkt ihres Lebens und Wirkens."[2]

---

[1] vgl. PE (1), Bd. 20, S.8 / PE (2), S. 26 / PE (3), S. 36 / PE (4), S. 7 f.
[2] PE (1), Bd. 20, S. 52-53/ PE (2), S. 82 / PE (3), S. 75 / PE (4), S. 49

Hieraus ergibt sich für Weber zweierlei: Erstens könne vermutet werden,

> „daß die Kulturwirkungen der Reformation zum guten Teil - vielleicht sogar für unsere
> speziellen Gesichtspunkte überwiegend - unvorhergesehene und geradezu *ungewollte*
> Folgen der Arbeit der Reformatoren waren, oft weit abliegend oder geradezu im Gegen-
> satz stehend zu allem, was ihnen selbst vorschwebte".[3]

Diese Paradoxie deutet in geschichtstheoretischer Hinsicht darauf hin, daß sich Ideen geschichtsmächtig durchsetzen, über die sich die Zeitgenossen in dieser Weise nicht im klaren waren und deren Konsequenzen sie auch nicht beabsichtigt hatten. Die protestantischen Kirchen und Gruppen beeinflußten mithin den Geschichtsverlauf entscheidend, ohne daß man sie jedoch (im Sinne der Aufklärung) als bewußte Subjekte der Geschichte bezeichnen könnte. Die historische Durchsetzung des modernen Kapitalismus ist so gesehen nicht das Produkt einer Menschengruppe, die daran ein Interesse gehabt haben könnte. Genausowenig ist sie Resultat eines linearen Fortschritts materialistischer, liberalistischer Gesinnung oder antiasketischer Weltfreude. Denn der „alte Protestantismus der LUTHER, CALVIN, KNOX, VÖET hatte mit dem, was man heute ‚Fortschritt' nennt, herzlich wenig zu schaffen. Zu ganzen Seiten des modernen Lebens, die heute der extremste Konfessionelle nicht mehr entbehren möchte, stand er direkt feindlich".[4]

Dies hat nun zweitens für Weber die Konsequenz, daß er das Material seiner Untersuchung weder a) in eventuellen Ausdrucksformen materialistischer Lebensgesinnung oder auch „Weltfreude" aufspüren noch b) allein in den theologischen Erörterungen, in denen die Reformatoren ihre Absichten darstellen, finden kann.

ad a) „Soll überhaupt eine innere Verwandtschaft bestimmter Ausprägungen des altprotestantischen Geistes und moderner kapitalistischer Kultur gefunden werden, so müssen wir wohl oder übel versuchen, sie *nicht* in dessen (angeblicher) mehr oder minder materialistischer oder doch anti-asketischer ‚Weltfreude', sondern vielmehr in seinen rein *religiösen* Zügen zu suchen."[5] Dies erklärt den auf den ersten Blick gar nicht so selbstverständlichen Sachverhalt, daß Weber sich, was die Entstehung der modernen kapitalistischen Kultur angeht, nicht auf die Renaissance oder die Aufklärung, sondern auf die Reformation christlicher Religion bezieht. Das Material, das Weber zur Be-

---

3    PE (1), Bd. 20, S. 53 / PE (2), S. 82 / PE (3), S. 75-76 / PE (4), S. 50 (Herv. i. O.)
4    PE (1), Bd. 20, S. 11 / PE (2), S. 29 / PE (3), S. 38 / PE (4), S. 10 (Herv. i. O.)
5    PE (1), Bd. 20, S. 11 / PE (2), S. 29 / PE (3), S. 38 / PE (4), S. 10 (Herv. i. O.)

antwortung seiner Fragestellung heranzieht, setzt sich aus Dokumenten der sittlich-religiösen Lebensführung, der ethischen Maximen und auch der dogmatischen Unterlagen - soweit sie jene beeinflußten - zusammen. Im Anschluß hieran stellt sich die im nächsten Kapitel zu beantwortende Frage, nach welchen Gesichtspunkten Weber dieses Material analysiert.

ad b) Bei der Auswahl des Untersuchungsmaterials komme es „nicht auf das, was etwa in ethischen Kompendien der Zeit theoretisch und offiziell *gelehrt* wurde - so gewiß auch dies durch den Einfluß von Kirchenzucht, Seelsorge und Predigt praktische Bedeutung hatte -, ... für uns an, sondern auf etwas ganz anderes: auf die Ermittlung derjenigen, durch den religiösen Glauben und die Praxis des religiösen Lebens geschaffenen psychologischen *Antriebe*, welche der Lebensführung die Richtung wiesen und das Individuum in ihr festhielten".[6]

Weiter: „Will man überhaupt den Einfluß einer Religion auf das Leben studieren, so muß man zwischen ihrer offiziellen *Lehre* und derjenigen Art tatsächlichen Verhaltens unterscheiden, das sie in Wirklichkeit, vielleicht gegen ihr eigenes Wollen, im Diesseits oder Jenseits *prämiert*."[7]

„Denn ... nicht die ethische *Lehre* einer Religion, sondern dasjenige ethische Verhalten, auf welches durch die Art und Bedingtheit ihrer Heilsgüter *Prämien* gesetzt sind, ist im *soziologischen* Sinn des Wortes ‚ihr' spezifisches ‚Ethos'."[8]

Das solcherart bestimmte Material seiner Untersuchungen gewinnt Weber nicht primär durch eigenes Quellenstudium - auch wenn er im Laufe seiner Amerikareise verschiedene Bibliotheken und Archive aufsuchte -, sondern er bezieht sich vorrangig auf Sekundärliteratur, auf Studien, die von Theologen und Religionshistorikern angefertigt worden sind:

„Ich brauche kaum besonders zu betonen, daß diese Skizze, soweit sie sich auf rein dogmatischem Gebiet bewegt, überall an die Formulierungen der Kirchen- und dogmengeschichtlichen Literatur, also an die ‚zweite Hand' angelehnt ist und insoweit keinerlei ‚Originalität' beansprucht. Selbstverständlich habe ich mich nach Vermögen in die Quellen der Reformationsgeschichte zu vertiefen versucht. Aber dabei die intensive und feinsinnige theologische Arbeit vieler Jahrzehnte ignorieren zu wollen, statt sich - wie das ganz unvermeidlich ist - von ihr zum Verständnis der Quellen *leiten* zu lassen, wäre eine starke Anmaßung gewesen. ... ‚Neues' enthält die Darstellung für jeden, mit der

[6]   PE (1), Bd. 21, S. 3 / PE (2), S. 86 / PE (3), S. 117 / PE (4), S. 55 (Herv. i. O.)
[7]   We/Wi I, S. 369 / Wirtschaftsgeschichte, S. 310 (Herv. i. O.)
[8]   PS in GARS I, S. 234-235 / PS in We/Wi I, S. 297 (Herv. i. O.)

wichtigsten theologischen Literatur Vertrauten sicherlich nur insofern, als natürlich alles auf die für uns wichtigen Gesichtspunkte abgestellt ist ... ."[9]

Als Nationalökonom erhob Weber noch selbst Daten. Als er sich aber der Soziologie zuwandte, sah er sich gezwungen, zunehmend auf Fremdwissen aufzubauen, Material anderer Disziplinen zu rekombinieren. Dies war die Situation der Soziologen jener Zeit. Anfänglich rezipierten sie kulturgeschichtliches, statistisches und ethnologisches Material.

## 2. Historisch-soziologische Begriffsbildung

Nachdem dargestellt worden ist, welchen Materialtypus Weber für seine Untersuchungen heranzieht und woher er diesen nimmt, erhebt sich die Frage, in welcher Weise er damit umgeht, wie er damit verfährt. Zuerst einmal ist für ihn entscheidend, daß er das Material seiner Untersuchungen in keiner Weise weltanschaulich oder religiös bewertet. Die persönliche Gesinnung des Forschers soll aus der Analyse ausgeschlossen werden. (Inwiefern dies auch für die Fragestellung der Forschung zutrifft, wird in diesem Zusammenhang von Weber nicht erörtert, ist aber Thema im übernächsten Kapitel dieser Schrift.) „Es handelt sich bei solchen Studien - wie vor allem ausdrücklich bemerkt sein mag - in keiner Weise um den Versuch, den Gedankengehalt der Reformation in irgendeinem Sinn, sei es sozialpolitisch, sei es religiös zu werten."[10] Genausowenig soll erörtert werden, ob in irgendeiner Weise ein Wertverhältnis zwischen den verschiedenen Religionen oder Kirchen besteht.[11] In diesem Sinne insistiert Weber auf der Wertfreiheit historisch-soziologischer Forschung.

Hat der Forscher auf diese Weise einmal eine Distanz zwischen sich selbst und seinem Material geschaffen, so stellt sich die Frage, mit welchen methodischen Schritten er sich diesem Material nähert. Hinsichtlich seiner Vorgehensweise ist zuerst einmal bemerkenswert, was Weber nicht gemacht hat.

Er hat kein „Methoden-Kapitel" geschrieben, das seiner materialen Unter-

---

[9] PE (1), Bd. 21, S. 3-4, Anm. 3 / PE (2), S. 86-87, Anm. 2 / PE (3), S. 191-192, Anm. 4 / PE (4), S. 55, Anm. 66 / vgl. auch: GARS I, S. 13 / We/Wi I, S. 22 (Herv. i. O.)

[10] PE (1), Bd. 20, S. 53 / PE (2), S. 82 / PE (3), S. 76 / PE (4), S. 50 / vgl. auch: PE (2), S. 119, Anm. 1 / PE (3), S. 216-217, Anm. 86 / PE (4), S. 186

[11] vgl. GARS I, S. 14 / vgl. We/Wi I, S. 23

suchung vorangestellt, das Analyseverfahren darlegt. Die recht sparsamen
Bemerkungen über sein Vorgehen finden sich an verschiedenen Stellen der
Untersuchung. Dies wirft einige Fragen auf: Ist es Kennzeichen von Webers
Souveränität, auf eine von jeder Diplomarbeit geforderte Übung, nämlich das
Darlegen des methodischen Instrumentariums, verzichten zu können? Oder
ist seine Methode gar eine nachträgliche; oder hat er seine Methode erst im
Zuge der Auseinandersetzung mit seinem Untersuchungsgegenstand entwik-
kelt? Meint Methode, wie sie von Weber in der „Protestantischen Ethik"
praktiziert wird, ein vor jeder Untersuchung schon fertiges, prinzipiell jedem
Forscher verfügbares Instrumentarium, oder bezeichnet Methode bei ihm das
vernünftige Fortschreiten der Gedankenführung, die derart entwickelt wird,
daß sie prinzipiell von jedem Wissenschaftler nachgegangen, nachvollzogen
werden kann? Anhand seiner Erörterungen über die protestantische Ethik
können diese Frage auch nicht annähernd beantwortet werden. Hier nur soviel: Hinsichtlich der idealtypischen Begriffsbildung bei Max Weber kann
man zwischen zwei Fragen unterscheiden: Was hat Weber effektiv gemacht,
das heißt, wie hat er in seinen Untersuchungen Idealtypen konstruiert? Und
zweitens: Was hat er sich dabei gedacht, welche Reflexionen begleiteten seine Methode? Dies ist die Frage nach seiner Methodologie. Verfolgt man Webers Ausführungen in der Protestantischen Ethik, so kann man den Schluß
ziehen, daß eine historisch-soziologische Begriffsbildung im Durchgang
durchs Material sukzessive entwickelt wird. Am Beispiel des Begriffs „Geist
des Kapitalismus" läßt sich dies kurz skizzieren.

Das zweite Kapitel unter der Überschrift „Der ‚Geist' des Kapitalismus"
beginnt mit folgenden Sätzen: „In der Überschrift dieser Studie ist der etwas
anspruchsvoll klingende Begriff: ‚Geist des Kapitalismus' verwendet. Was
soll darunter verstanden werden? Bei dem Versuch, so etwas wie eine
‚Definition' davon zu geben, zeigen sich sofort gewisse, im Wesen des Unter-
suchungszwecks liegende Schwierigkeiten."[12] Denjenigen, der die eine oder
andere Schrift von Max Weber, insbesondere sein Werk „Wirtschaft und Gesellschaft" gelesen hat, überrascht eine derartige Zurückhaltung; denn es
scheint gerade eine der Stärken Webers zu sein, präzise und knappe Definitionen seinen Erörterungen voranzustellen, um sie anschließend zu erläutern
und am historischen Material zu belegen. Auch in seiner „Vorbemerkung" hat
er ein Beispiel hierfür geliefert: „*Definieren* wir zunächst einmal genauer, als

---

[12] PE (1), Bd. 20, S. 11 / PE (2), S. 30 / PE (3), S. 39 / PE (4), S. 11 (Herv. i. O.)

es oft geschieht. Ein ‚kapitalitischer' Wirtschaftsakt soll uns heißen zunächst ein solcher, der ..." usw.[13] Dieses berühmte, Webers Definitionen begleitende „soll heißen" kommt in jener Untersuchung über den „„Geist' des Kapitalismus" nicht nur nicht vor, sondern seine Vorsicht vor jeder vorschnellen Vorabdefinition findet ihren Ausdruck darin, daß er das Wort „Definition", als ob es so nicht ganz gemeint sei, in Anführungsstriche setzt. Das, was der Begriff ‚Geist' des Kapitalismus meint, „muß aus seinen einzelnen, der geschichtlichen Wirklichkeit zu entnehmenden Bestandteilen allmählich *komponiert* werden. Die endgültige begriffliche Erfassung kann daher nicht am Anfang, sondern muß am *Schluß* der Untersuchung stehen: es wird sich m.a.W. erst im Laufe der Erörterung und als deren wesentliches Ergebnis zu zeigen haben, was wir hier unter dem ‚Geist' des Kapitalismus verstehen".[14]

Dies bedeutet freilich nicht, daß der Leser zu Anfang der Untersuchung völlig darüber im unklaren gelassen wird, worum es sich handelt: „Soll gleichwohl eine Feststellung des Objektes, um dessen Analyse und historische Erklärung es sich handelt, erfolgen, so kann es sich also nicht um eine begriffliche Definition, sondern vorerst wenigstens nur um eine provisorische *Veranschaulichung* dessen handeln, was hier mit dem ‚Geist' des Kapitalismus gemeint ist."[15] Geradezu um den Eindruck einer Vorabdefinition abzuwehren und den Charakter der vorläufigen Veranschaulichung hervorzuheben, formuliert Weber im folgenden nicht selbst, sondern läßt ein zweiseitiges Zitat sprechen. Die Prozeßhaftigkeit und das noch nicht Abgeschlossene der Begriffsbildung hebt Weber einige Seiten danach hervor, wenn er vom „kapitalistischen Geist" „in dem Sinne (spricht), den wir für diesen Begriff bisher gewonnen haben"[16]. Und noch in einem wesentlich fortgeschrittenen Stadium seiner Untersuchung spricht er von dem „„kapitalistische(n) Geist' (immer in dem provisorisch hier verwendeten Sinn dieses Wortes)"[17]. Die Prozeßhaftigkeit historisch-soziologischer Begriffsbildung kann als ein methodisches Prinzip verstanden werden. Aber mit welchem Instrumentarium steuert Weber diesen Prozeß? Zunächst erweckt er den Eindruck, daß sein Vorgehen einen selbstrelativierenden Charakter hat. Das folgende Zitat läßt

---

[13] GARS I, S. 4 / We/Wi I, S. 13 (Herv. i. O.)
[14] PE (1), Bd. 20, S. 12 / PE (2), S. 30 / PE (3), S. 39 / PE (4), S. 11 (Herv. i. O.)
[15] PE (1), Bd. 20, S. 12 / PE (2), S. 31 / PE (3), S. 40 / PE (4), S. 11 (Herv. i. O.)
[16] PE (1), Bd. 20, S. 19 / PE (2), S. 38 / PE (3), S. 46 / PE (4), S. 17
[17] PE (1), Bd. 20, S. 54 / PE (2), S. 83 / PE (3), S. 77 / PE (4), S. 50

sich als Antwort auf die - nicht ausdrücklich formulierte - Frage lesen: ob und
wie nun die Forschungsergebnisse Webers zwingend aus seiner methodischen
Vorgehensweise resultieren:

> „ ... es wird sich m.a.W. erst im Laufe der Erörterung und als deren wesentliches Ergeb-
> nis zu zeigen haben, wie das, was wir hier unter dem ‚Geist' des Kapitalismus verstehen,
> am besten - d.h. für die uns hier interessierenden Gesichtspunkte am adäquatesten - zu
> formulieren sei. Diese Gesichtspunkte wiederum (von denen noch zu reden sein wird)
> sind nun nicht etwa die einzig möglichen, unter denen jene historischen Erscheinungen,
> die wir betrachten, analysiert werden können. Andere Gesichtspunkte der Betrachtung
> würden hier, wie bei jeder historischen Erscheinung, andere Züge als die ‚wesentlichen'
> ergeben: - woraus ohne weiteres folgt, daß man unter dem ‚Geist' des Kapitalismus
> durchaus nicht notwendig nur das verstehen könne oder müsse, was sich uns als das für
> unsere Auffassung Wesentliche daran darstellen wird. Das liegt eben im Wesen der
> ‚historischen Begriffsbildung', welche für ihre methodischen Zwecke die Wirklichkeit
> nicht in abstrakte Gattungsbegriffe einzuschachteln, sondern in konkrete genetische Zu-
> sammenhänge von stets und unvermeidlich spezifisch *individueller* Färbung einzuglie-
> dern strebt."[18]

Hier finden Webers Sensibilität gegenüber dem Gegenstand und sein vorsichtiger Umgang mit Klassifizierungen ihren Höhepunkt. Nachdem er sich
zu einer Definition durch das Material gewissermaßen „vorgetastet" hat, re-
lativiert er diese Definition noch einmal vollständig, indem er sie als Resultat
der - unvermeidlichen - Perspektivität dieser oder jener Forschungsfrage bezeichnet. Auf jeden Fall hätte es immer auch eine andere sein können.

Für das Verfahren historisch-soziologischer Begriffsbildung, wie Weber es
hier andeutet, ist der Orientierungspunkt nicht ein abstraktes Begriffssystem,
sondern es sind die „konkret genetischen Zusammenhänge", in die es sich
„einzugliedern strebt". Während die Verben „einschachteln" und „eingliedern"
die schon erwähnte Prozeßhaftigkeit des Forschungsprozesses zum
Ausdruck bringen, zielt der Gegensatz zwischen „abstrakten Gattungsbegriffen"
und „konkret genetischen Zusammenhängen" auf die Zielrichtung des
Forschungsprozesses: Es geht nicht um große abstrakte Theorie, sondern um
eine Begriffsbildung, die den konkreten Zusammenhängen nahebleibt, sich
ihnen anzunähern in der Lage ist. Dies bedeutet auch, daß sich der For-
schungsprozeß nicht von den Höhen abstrakter Theorie her steuern läßt, sondern daß er sich am Material zu entwickeln hat. An die Stelle der Steuerungs-
position „große Theorie" treten bei Weber die „Gesichtspunkte" der Forschung. Hierbei handelt es sich sowohl um begründete Fragestellungen wie

---

[18] PE (1), Bd. 20, S. 12 / PE (2), S. 30-31 / PE (3), S. 39-40 / PE (4), S. 11 (Herv. i. O.)

auch um heuristische Vorabdefinitionen. Und je nach Fragestellung und je
nachdem, wie die heuristischen Vorabdefinitionen ausfallen, können aus dem
Forschungsgang durch dasselbe Material hindurch durchaus unterschiedliche
Ergebnisse, verschiedene historisch-soziologische Begriffe resultieren. Die
Schwierigkeit dieses Verfahrens besteht darin, daß am Anfang und am Schluß
der Forschung ein Begriff des Gegenstandes vorliegt: am Anfang zwar provisorisch, aber erkenntnisleitend, und am Schluß voll ausgebildet. Hierbei handelt es sich um einen Aspekt der idealtypischen Begriffsbildung.

Das, was Weber unter Idealtypus versteht, hat er in seinen Aufsätzen über
die protestantische Ethik nur beiläufig angedeutet.[19] Irgendwie scheint er sich
darauf verlassen zu haben, daß dem Leser jene methodischen Fragen und seine spezifischen Antworten bekannt waren. Tatsächlich hat er in einer Anmer-
kung[20] darauf hingewiesen, daß das Thema „Idealtypus" an anderer Stelle
schon abgehandelt worden sei, nämlich in demselben „Archiv für Sozialwissenschaft", in dem er seine Aufsätze zur protestantischen Ethik veröffentlicht
hat. Bemerkenswert ist, daß die methodischen Betrachtungen über den Idealtypus gerade in dem Band veröffentlicht worden sind, der der Publikation der
Protestantischen Ethik vorangegangen ist. In Band XIX im Jahre 1904 er-
schienen jene methodischen Betrachtungen unter dem Titel „Die ‚Objektivität' sozialwissenschaftlicher und sozialpolitischer Erkenntnis"[21], in den
darauffolgenden Bänden XX und XXI im Jahre 1905 der Aufsatz „Die protestantische Ethik und der ‚Geist' des Kapitalismus" in zwei Teilen. Wie wäre
es mit der Überlegung, daß es sich bei dem „Objektivitätsaufsatz" Webers
auch um eine Einführung in die Methode seiner Untersuchungen über die
protestantische Ethik handelt? Zumindest lassen sich Teile dieses Aufsatzes -
worauf er ja selbst hingewiesen hat - als eine Darstellung der idealtypischen
Begriffsbildung, wie sie in den darauffolgenden „Protestantismusauf-
sätzen" praktiziert hat, lesen. Welcher Art ist nach Weber die logische
Struktur des Idealtypus und worin besteht seine spezifische Erkenntnisfunkti-
on? Es geht im folgenden Kapitel um die Erörterung des methodologischen
„Vorwissens" von Max Weber, ohne daß die Behauptung aufgestellt wird, er

---

[19] vgl. PE (1), Bd. 20, S. 31 / PE (2), S. 55 / PE (3), S. 60 / PE (4), S. 28 f.
[20] vgl. PE (1), Bd. 20, S. 31, Anm. 1 / PE (2), S. 55, Anm. 1 / PE (3), S. 93, Anm. 49 / PE
(4), S. 29, Anm. 35
[21] Wiederabgedruckt in: Max Weber, Gesammelte Aufsätze zur Wissenschaftslehre (hrsg.
v. Johannes Winckelmann), Tübingen 1973, S. 146 ff.

habe (s)eine Methode auf den Gegenstand protestantische Ethik schablonen-
haft „angewendet".

## 3. Das kulturwissenschaftliche Konstruktionsverfahren

*Komponieren*

Theodor W. Adornos berühmt gewordener Satz: „Philosophisches Ideal wäre,
daß die Rechenschaft über das, was man tut, überflüssig wird, indem man es
tut",[22] beweist, schon indem er formuliert wird, daß eine derart ungebrochene
Beziehung zwischen Gedanken und Gedachtem eben Ideal bleiben muß. Die
Aufgabe, die der nunmehr unabwendbaren Reflexion auf die Beziehung zwischen beiden zukommt, besteht in der Abwehr von Vorstellungen, sachge-
rechtes Denken sei in einer intellektuellen Instanz jenseits seiner selbst fundiert, nämlich in Methodologie. Adornos „Negative Dialektik" läßt sich auch
als Kritik an Methodologie zugunsten derjenigen sachgemäßen Methode, die
das Denken in der Auseinandersetzung mit ihrem Gegenstand jeweils praktiziert, lesen. Nicht aus der Philosophie, sondern aus bedeutenden wissenschaftlichen Untersuchungen ließe sich der Sachverhalt entnehmen, daß die
durchgeführte wissenschaftliche Arbeit ihrem methodologischen Selbstver-
ständnis voraus sei. Als Kronzeugen für diese These nennt Adorno Max Weber, der in seiner „Protestantischen Ethik" im Unterschied zu seinen erkennt-
nis-theoretischen Erörterungen den Weg der „Komposition" seiner Begriffe
einschlägt, indem immer wieder Begriff und Sachverhalt aufeinander abge-
stimmt werden.[23] Insbesondere Webers Bemerkung: soziologisch-historische
Begriffe müßten aus ihren „einzelnen der geschichtlichen Wirklichkeit zu
entnehmenden Bestandteilen allmählich komponiert werden. Die endgültige
begriffliche Erfassung kann daher nicht am Anfang, sondern muß am Schluß
der Untersuchung stehen"[24], gilt Adorno als Hinweis auf den Eigenwert des
Untersuchungsgegenstandes. Dessen charakteristische Merkmale hätte man
durch ein im wörtlichen Sinne Komponieren (componere = zusammenstellen,
zusammenlegen) allmählich zu einem Begriff der Sache zu verdichten. Die
Bestätigung für den von Adorno postulierten Vorrang eines methodischen

---

[22] Theodor W. Adorno, Negative Dialektik, Frankfurt/M. 1975, S. 58
[23] vgl. ebd., S. 166 f.
[24] PE (1), Bd. 20, S. 12 / PE (2), S. 30 / PE (3), S. 39 / PE (4), S. 11

Vorgehens, das sich, wie das Komponieren, allererst an den Besonderheiten des Untersuchungsgegenstandes und nicht an einer gegenstandsunabhängigen Methodologie orientiert, läßt sich nicht nur in Webers Materialuntersuchungen, sondern auch in seinen methodologischen Schriften finden: „die Methodologie kann immer nur Selbstbesinnung auf die Mittel sein, welche sich in der Praxis bewährt haben, und daß diese ausdrücklich zum Bewußtsein gebracht werden, ist sowenig Voraussetzung fruchtbarer Arbeit, wie die Kenntnis der Anatomie Voraussetzung 'richtigen' Gehens. Ja, wie derjenige, welcher seine Gangart fortlaufend an anatomischen Kenntnissen kontrollieren wollte, in Gefahr käme zu stolpern, so kann das Entsprechende dem Fachgelehrten bei dem Versuche begegnen, auf Grund methodologischer Erwägungen die Ziele seiner Arbeit anderweit zu bestimmen".[25] Webers Spott ist offensichtlich, und doch richtet er sich nicht gegen Methodologie schlechthin, sondern gegen ihre Fundierung in allgemeiner Wissens- und Erkenntnistheorie; denn Methodologie habe - wie schon gesagt - die bewährten Verfahren der Forschungspraxis zu reflektieren, was dann dem Wissenschaftler erlaubt, „sich durch philosophisch verbrämten Dilettantismus einfür allemal nicht imponieren zu lassen".[26] Was Weber in diesem Zusammenhang intendiert, ist nichts weniger als der Versuch, eine sozialwissenschaftlich-historische Methodologie unabhängig von Philosophie zu entwerfen, wie dies Horst Baier in seiner unveröffentlichten Habilitationsschrift betont.[27] Daher hat sich für ihn das Problem methodologischer Reflexion keineswegs erledigt: „Wichtig für den Betrieb der Wissenschaft selbst pflegen solche (methodologischen F.G.) Erörterungen ... dann zu werden, wenn infolge starker Verschiebungen der 'Gesichtspunkte', unter denen ein Stoff Objekt der Darstellung wird, die Vorstellung auftaucht, daß die neuen 'Gesichtspunkte' auch eine Revision der logischen Formen bedingen, in denen sich der überkommene 'Betrieb' bewegt hat, und dadurch Unsicherheit

---

[25] Max Weber, Gesammelte Aufsätze zur Wissenschaftslehre, Tübingen 1973, S. 217 (im folgenden WL); Obwohl es sich bei der Wissenschaftslehre um eine nach Webers Tod zusammengestellte Sammlung verstreuter Aufsätze handelt, läßt sich das Buch als Einheit lesen und auch dementsprechend zitieren. vgl. hierzu: Friedrich H. Tenbruck, Die Genesis der Methodologie Max Webers, in: Kölner Zeitschrift für Soziologie und Sozialpsychologie, H. 11, 1959, S. 574

[26] WL, S. 217

[27] vgl. Horst Baier: Von der Erkenntnislehre zur Wirklichkeitswissenschaft. Eine Studie über die Begründung der Soziologie bei Max Weber, Universität Münster/Westf. 1969

über das 'Wesen' der eigenen Arbeit entsteht."[28] Offensichtlich sieht sich
Weber in eine solche Situation, die ihn zur Reflexion auf wissenschaftliches
Vorgehen zwingt, gestellt. In seinen methodologischen Schriften ersetzt er
den Terminus des „Komponierens" durch den des „Konstruierens". Während
Komponieren eher in Richtung eines Zusammenstellens, Zusammenfügens
vorgefundener und ausgewählter Aspekte nach Maßgabe eines Leitgedankens
geht, klingt konstruieren technisch und willkürlich. Wissenschaft ist eine
„künstliche Welt"[29], Begriffsbildung eine „technische Frage"[30], sagt Max
Weber.

*Chaos legitimiert Konstruieren*

Konstruktion ist der zentrale Terminus der methodologischen Schriften Max
Webers. Bevor er zu Konstruktionen der Gegenstände wissenschaftlicher
Untersuchung und des begrifflichen Apparates ihrer Erfassung kommt, konstatiert er die Existenz eines irgendwie gearteten Chaos. Der „Stoff" der Geschichte und darüber hinaus die gesamte unmittelbar im ungeschieden Erlebnis gegliederte Wirklichkeit bietet sich Weber als ein Chaos[31] dar, das erst
durch denkende Umbildung dem Erkennen zugänglich wird. In immer neuen
Wendungen spricht Weber von der „unendlichen Fülle der Erscheinungen"[32],
einem „ungeheuren chaotischen Strom[es] von Geschehnissen, der sich
durch die Zeit dahinwälzt"[33], von der intensiven Unendlichkeit alles empirisch gegebenen Mannigfaltigen[34], von der „Unendlichkeit und absoluten
Irrationalität jedes konkreten Mannigfaltigen"[35] infolge „komplexer Ver-
schlingung".[36] Hiermit folgt er einer Argumentationsstrategie, die bislang
alle Großtheorien praktiziert haben: Ihre Ordnungsentwürfe sind gegen Unordnung gerichtet. Bei ihnen stellt sich heraus, daß jeder Ordnung eine spezifische Unordnung entgegengesetzt wird. Aufgrund des Mangels, den Urord-

---

[28] WL, S. 217-218
[29] ebd., S. 94
[30] vgl. ebd., S. 534 f.
[31] vgl. ebd., S. 207
[32] ebd., S. 177
[33] ebd., S. 214
[34] vgl. ebd., S. 67
[35] ebd., S. 92, Anm. 1
[36] ebd., S. 67

nung hervorruft, lassen sich Ordnungsstrategien begründen. Je weniger die Realität dem Erkennen eine Ordnungsstruktur vorgibt, desto mehr sieht sich dieses Erkennen veranlaßt, auf eigene Faust und unabhängig von etwaigen Realitätsstrukturen vorzugehen.[37] Das Chaos verlangt nach Formung, aber es stellt sich die Frage, woher in einer Welt des Chaos diese Ordnungsformen kommen sollen? Sie kommen aus „unserem" Wissen von der „Welt", aber nicht aus der Welt, ist die Folgerung von Max Weber. So gesehen dient das Chaos dem konstruierenden Erkennen als Legitimation. Nicht etwa ein Sich-Anschmiegen, Einfühlen, Nachbilden irgendwie geordneter Realität leistet das Erkennen, sondern Formung, geistige Beherrschung eines Chaos. Der Begriff einer Sache soll ein gegenüber der Objektwelt völlig autonomes Denkgebilde sein, das die Objekte in gültiger Weise denkend ordnet. Begriffe sind daher „gedankliche Mittel zum Zweck der geistigen Beherrschung des emprisch Gegebenen".[38] Der „Gedankenapparat" der Wissenschaft besteht als „denkende Umbildung, der unmittelbar gegebenen Wirklichkeit" und in der „Einordnung in ... Begriffe".[39] Die Annahme eines Chaos der Realität zwecks Begründung konstruierender Erkenntnisprozesse richtet sich gegen nicht-chaotische Realitätskonzeptionen, die sich in erkenntnistheoretischer Hinsicht als nicht-konstruierend auffassen. Hierzu gehört an erster Stelle die Abbildtheorie.

Wenn nun aber alle Erkenntnis an das Mittel der Begriffsbildung gebunden ist, muß diese selbst dann nicht an der Sache, am Objekt orientiert sein? Muß der Begriff sich nicht dem Gegenstand anschmiegen, um die Eigenart des Objekts überhaupt erfassen zu können? Max Weber lehnt aufs schärfste die Auffassung ab, daß Erkennen so etwas wie „Registrierung des 'Vorgefundenen'"[40], daß Begriffe „Abbilder der 'objektiven' Wirklichkeit" seien[41]. In der Auseinandersetzung mit Simmels „Probleme der Geschichtsphilosophie" formuliert er diesen Standpunkt: Die „absolute Irrationalität jedes konkreten Mannigfaltigen" erweist „die absolute Sinnlosigkeit des Gedankens einer 'Abbildung' der Wirklichkeit durch irgendeine Art von Wis-

---

[37] vgl. Friedhelm Guttandin, Ordnungen und ihre Gegenbilder. Apokalypse, Chaos, Barbarei, Katastrophe, in: Thomas Jung u.a. (Hrsg.): Vom Weiterlesen der Moderne, Beiträge zur aktuellen Aufklärungsdebatte, Bielefeld 1984, S. 132 ff.
[38] WL, S. 208
[39] ebd., S. 207
[40] ebd., S. 277
[41] ebd., S. 208

senschaft wirklich zwingend erkenntnistheoretisch".[42] Die „Welt" bietet sich nicht als abzubildendes Objekt dar und ist auch nicht im Akt eines nachvollziehenden Verstehens dessen, was die Gegenstände an Verständnismöglichkeiten offerieren, zu erfassen.

Neben Abbildtheorien geraten Wesenstheorien Hegelscher Provenienz in die Kritik. Gegen den Gedanken, daß man aus dem Zusammenhang der Begebenheiten selbst den Begriff entnehmen könne, wendet er ein, daß es ein Irrtum sei anzunehmen, eine Lösung des Problems gäbe es, „wenn man sich auf den Boden der Hegelschen Begriffslehre stellte und den 'hiatus irrationales' zwischen Begriff und Wirklichkeit zu überwinden suchte durch 'Allgemein'-Begriffe, welche als metaphysische Realitäten die Einzeldinge und -Vorgänge als ihre Verwirklichungsfälle erfassen und aus sich hervorgehen lassen".[43] Kritisiert werden objektivistische Konzeptionen, welche die logische Struktur der wissenschaftlichen Erkenntnis auf den Qualitäten des Erkenntnisstoffes beruhen lassen. Bei der Betonung der Qualitäten handelt es sich um die Vorstellung, derzufolge der geistige Stoff der Geschichte als solcher eine bestimmte erkenntnislogische Art seiner Behandlung fordere.

Nachdem Weber mit Hilfe der Annahme einer chaotischen Realität sowohl der Abbildtheorie wie auch der Wesenstheorie den Boden unter den Füßen weggezogen hat, sieht er sich nunmehr veranlaßt, sich von einer Erkenntnisvariante abzusetzen, die die Annahme der zumindest in äußerlicher Hinsicht konstatierbaren Irrationalität der Geschichtsabläufe mit ihm teilt. Hierbei handelt es sich um Spielarten des intuitivistischen Verstehens, Fühlens und Erlebens. Die intuitivistische Verstehensweise ist in ihrer Grundstruktur dadurch bestimmt, daß sie bei der Erkenntnis historischer Zusammenhänge Allgemeinbegriffe und empirische Regeln entbehren zu können glaubt, weil geschichtliche Ereignisse irrational bestimmt seien und daher als rational nicht erklärbar angesehen werden müßten; allein durch Einfühlung werde das Geschehen unmittelbar evident, und auch die Darstellung von Geschichte habe die Aufgabe, den Leser die Historie nacherleben zu lassen.

Man hat die spezifische Irrationalität der historischen Ereignisse in der Unmöglichkeit, die letzten elementaren Antriebe menschlichen Handelns aufdecken zu können, sehen wollen. Immer bliebe in der Persönlichkeit des handelnden Menschen ein letzter unberechenbarer Kern. Der Begriff der Irra-

---

[42] ebd., S. 92
[43] ebd., S. 15

tionalität sollte zum Ausdruck bringen, daß im Rahmen der Historie die Na-
turkausalität keine Gültigkeit besitze. Bei Dilthey steht die Welt der Geschichte auf der Seite des Irrationalen. Für sie heißt Irrationalität der Natur-
entgegengesetzt-Sein und gerade deshalb Verstehbarkeit. Das Verstehen wird
von derartigen Konzeptionen der Kategorie des Rationalen gegenübergestellt.
Im Gegensatz dazu hat Max Weber den Begriff der „Irrationalität" für den
von ihm als untauglich bezeichneten Versuch verwendet, die volle Individualität eines Phänomens umgreifen zu wollen.[44] Weber erscheint es offenbar
unmöglich, eine kausale Gesetzlichkeit menschlicher Handlungen, die von
der Ganzheit des Individuums ausgehen, aufzustellen. Die Individuen erweisen sich als Totalitäten zahllos sich treffender Kausaldeterminanten, welche
ebenso wie bei jeder einzelnen Handlung als ein vielfältiger, immer wech-
selnder Komplex nicht restlos bestimmter Elemente mitwirken. Bei ihm wird
deshalb der Terminus „Irrationalität" in einem anderen Sinn gebraucht. Er
charakterisiert die Grenze des menschlichen Erkenntnisvermögens, was besagt, daß es unmöglich ist, die Komplexität eines Objekts begrifflich zu erfassen. Max Weber sieht umgekehrt im Irrationalen das nicht mehr begrifflich
zu Ergreifende, das schlechthin Unberechenbare. Daher erhalten das Verste-
bare und das Verstehen ihren Platz in der Sphäre des Rationalen.

Gewiß kennt Max Weber so etwas wie „Erlebnis", aber „die dumpfe Ungeschiedenheit des 'Erlebens' muß ... gebrochen sein, damit auch nur der
erste Anfang wirklichen 'Verstehens' unsrer selbst einsetzen kann. Wenn
man sagt, daß jedes 'Erlebnis' das Gewisseste des Gewissens sei, so trifft dies
natürlich darauf zu, daß wir erleben. Was wir aber eigentlich erleben, dessen
kann auch jede 'deutende' Interpretation erst habhaft werden, nachdem das
Stadium des 'Erlebens' selbst verlassen ist und das Erlebte zum 'Objekt' von
Urteilen gemacht wird, die ihrerseits ihrem Inhalt nach nicht mehr in unge-
schiedener Dumpfheit 'erlebt', sondern als 'geltend' anerkannt werden".[45]

Auch spricht Weber von einem „Gefühl" für "Kunstepochen"[46], aber
wenn es sich um die Sicherheit im Sinne des wissenschaftlichen Geltens handelt, „so wird jeder gewissenhafte Forscher die Ansicht auf das bestimmteste
ablehnen müssen, daß der Berufung auf 'Totalitätsgefühle' ... irgendwelcher
Wert zukomme, sofern sie sich nicht in bestimmt artikulierte und demon-

---

[44] vgl. ebd., S. 67 ff.
[45] ebd., S. 104
[46] vgl. ebd., S. 118

strierbare Urteile, d.h. aber in 'begrifflich' geformte 'Erfahrung' durchaus im gewöhnlichen Sinne dieses Wortes umsetzen und so kontrollieren läßt".[47]

Ebensowenig ignoriert Weber die „Intuition"[48]; und alle „wirklich großen Erkenntnisse der Mathematik und Naturwissenschaft und „ebenso der Geschichte" „blitzen als Hypothese 'intuitiv' in der Phantasie auf"[49], aber sobald es sich nicht mehr um den psychologischen Hergang der Entstehung einer wissenschaftlichen Erkenntnis, sondern um die Frage handelt, wie etwas „im Zweifels- und Bestreitungsfall als gültig zu demonstrieren sei"[50], ist alles Erkennen an das Mittel der Begriffsbildung gebunden.[51] Niemals vermag aus dem Geschauten allein Erkenntnis gewonnen zu werden, wenn nicht mit Hilfe der Ratio die kategoriale Durchdringung des Geschauten möglich ist. Diese kategoriale Fassung, das Eingespanntsein in ein Begriffssystem, gehört zu jeder Form des Erkennens. Hier verortet Weber die Grenze zwischen Intuition und wissenschaftlichem Erkennen.

Ausgehend von der Annahme einer chaotischen Realität vermag Weber abbildtheoretische und wesenstheoretische Erkenntnisvarianten auszuhebeln zugunsten einer vom Erkenntnissubjekt zu leistenden Begriffsbildung. Lag in diesem Falle noch die Betonung auf dem Subjekt und seiner konstruierenden Erkenntnis im Gegensatz zu einer Orientierung vom Objekt her, so betont Weber nunmehr den Aspekt der Begriffsbildung im Gegensatz zum subjektiven Erleben und Einfühlen in ein prinzipiell irrationales Geschehen. Um die Notwendigkeit der konstruierenden Begriffsbildung gegenüber dem unmittelbaren Verstehen, tiefgründigen Erleben und Fühlen begründen zu können, spezifiziert er seine Chaoskonzeption.

## Konstruktion des Chaos

Max Webers Bild der Wirklichkeit ist geprägt durch eine Unzahl von einzelnen Ereignissen, welche alle durch Kausalketten mit früheren Ereignissen verbunden sind. Zu jedem einzelnen Moment der Wirklichkeit in einem beliebigen Augenblick gehört eine Bedingungskonstellation von Ursachen, und

---

[47] ebd., S. 119
[48] ebd., S. 278
[49] ebd.
[50] ebd.
[51] ebd., S. 126

zu jeder dieser Ursachen gehört wieder ein Komplex von Ursachen, so daß sich die Kausalkette nach wenigen Schritten des kausalanalytischen Regresses vielfach zu kreuzen beginnt und völlig unübersichtlich wird, da „in Wahrheit stets eine Unendlichkeit von ursächlichen Momenten das Zustandekommen des einzelnen 'Vorgangs' bedingt hat".[52] Wirklichkeit wird auf diese Weise zu einem amorphen Kausalstrom, zu einem chaotischen Kausalnetz, zu einem chaotischen Durcheinander von Kausallinien, zu einem Chaos von Kausalbezügen. Bei Weber ist die Wirklichkeit also nicht völlig strukturlos, amorph, chaotisch; denn sie stellt sich als ein Chaos von Kausalbeziehungen dar. Auch wenn es sich um Kausalbeziehungen handelt, so sind diese doch so komplex, daß sie von sich aus dem Betrachter keine überschaubare Struktur des Gegenstandes vermitteln. Mithin wird das Chaos nicht als völlig chaotisch, sondern als kausal-chaotisch begriffen.

Dies hat zwei Konsequenzen: Die erste ist schon bekannt, nämlich: Erkenntnis des Gegenstandes läßt sich nicht mehr von seiner Wirklichkeit her legitimieren. Wissenschaft muß sich die Gegenstände erst schaffen. Die zweite Konsequenz ist neu: Zwar lassen sich die Regeln dieses Ordnungsprozesses nicht aus der Wirklichkeit rechtfertigen, aber interessanterweise geht Weber zumindest implizit von einer strukturellen Parallelität des Gegenstandsfeldes außerhalb der Wissenschaften und der wissenschaftlichen Konstruktion des Gegenstandes aus, nämlich von seiner kausalen Verfaßtheit. Hier chaotische Kausalität und dort Methode, die die relevanten Kausalbeziehungen konstruiert. Hierin, nämlich in der Kausalität der Vorgänge, liegt die „geheime" Verbindung zweier als unabhängig voneinander konzipierter Bereiche. Der Verwandlung der Welt „in einen kausalen Mechanismus"[53] auf der Objektseite entspricht auf der Seite des Erkenntnissubjekts ein „kausales Bedürfnis"[54].

Diese Verbindung der Weberschen Konstruktionen zu ihrer „Gegenstands-Wirklichkeit" läßt eben bei der Lektüre zwei Gedankenprozesse gleichzeitig ablaufen: die der wissenschaftlichen Konstruktion und die einer Wirklichkeit vor jener Konstruktion, wobei immer wieder darauf insistiert wird, daß letztere nicht dargestellt wird, daß sie aber gemeint sei. Das Verhältnis wissen-

---

[52] ebd., S. 271; „Die Zahl und Art der Ursachen, die irgend ein individuelles Ereignis bestimmt haben, ist ja stets unendlich." (ebd., S. 177)
[53] GARS I, S. 564
[54] WL, S. 67

schaftlicher Erkenntnis und nicht konstruierter Wirklichkeit ist auf diese Weise nicht „völlig inkongruent", wie Tenbruck in „Die Genesis der Methodologie Max Webers"[55] behauptet hat. Zwar ist es tatsächlich so, daß im „Rahmen der elementaren Tatsächlichkeiten ... beliebige Erscheinungen ausgewählt, beliebig verbunden und beliebig nach ihren Ursachen verfolgt werden" können[56], aber eben nach ihren Ursachen und nicht etwa nach anderen Gesichtspunkten.

## Konstruktion des Gegenstandes

Indem Weber den Zustand der Unordnung, den er in eine Ordnung überführen will, als ein Chaos von Kausalbeziehungen bestimmt, und indem er die Ordnungsaufgabe seiner Theorie darin sieht, die chaotischen Kausalbeziehungen zu strukturieren, stellt sich ihm als nächstes die Frage, welche Gegenstände er überhaupt als kausal relevante der Analyse zuführen will. Welcher Gegenstand ist der Analyse wert und welcher ist ihrer nicht wert?

Wenn etwa jemand antworten würde, daß ja doch selbstverständlich für die Wissenschaft nur die historisch bedeutsamen Bestandteile in Betracht kommen, so hätte die Logik darauf zu erwidern, daß eben jene „selbstverständlich" das für sie entscheidende Problem enthalte, da sie ja gerade danach fragt, welches denn das logische Merkmal der historisch bedeutsamen Bestandteile ist. Weber erscheint es als selbstverständlich, daß die Werte, an denen sich die historisch-soziologische Forschung ausrichtet, nicht dem Stoff selbst entnommen werden können.

Eine erste Schwierigkeit besteht darin, daß das Chaos des kausalen Geschehens amorph ist, sich beliebige Geschehensverläufe per se in qualitativer Hinsicht nicht voneinander unterscheiden. Cäsars Leben und das Leben von Lieschen Müller besitzen erst einmal die gleich geringe historische Bedeutung, indem sie nämlich beide der „grauen Unendlichkeit des historisch Gleichgültigen"[57] zugehören. Erst die Wahl des Forschers hebt den einen Gegenstand gegenüber dem anderen heraus. Auf diese Weise negiert Weber die Existenz von Geschichte in sensu objectivo. Zunächst einmal findet man eine unendliche Zahl miteinander kausal vernetzter Geschehensverläufe, aber

---

[55] vgl. Friedrich H. Tenbruck, Die Genesis der Methodologie Max Webers, a.a.O., S. 602
[56] ebd.
[57] WL, S. 51

keine Geschichte. Gegeben ist dem wissenschaftlichen Erkennen nichts als der ungegliederte unendliche Strom des ewigen Geschehens, ein Neben- und Nacheinander von kausalen Abläufen. Gegenstand des Wissens wird dieses Geschehen dadurch, daß sich gliedernd und isolierend ein Interesse darauf richtet. Zur Kennzeichnung dieses Interesses dient der Begriff des Wertes. Die Funktion des Wertes im historisch-soziologischen Erkennen besteht zuerst und wesentlich in der Konstituierung des Erkenntnisgegenstandes: durch die Beziehung von Teilen des Geschehens auf Werte, an denen unser Interesse haftet, entsteht der Bereich des Geschichtlichen überhaupt und durch jeweils konkrete Wertbeziehung das geschichtliche Individuum. Ein Wertinteresse und nicht irgend die Beschaffenheit des Geschehens ist der alleinige Grund dafür, daß ein Ereignis für jemanden geschichtlich bedeutsam wird. Die Wertbeziehung bildet das konstruktive Moment für das historische Geschehen, indem in der indifferenten Wirklichkeit bestimmte individuelle Bestandteile als wesentlich ausgezeichnet werden. Mit anderen Worten: Das erkennende Ich trägt seine Wertgesichtspunkte an einen Stoff heran, in dem per se keine Merkmale zu finden sind, die das Wesentliche vom Unwesentlichen scheiden. Erst die Wertgesichtspunkte spalten die indifferente Wirklichkeit auf und führen die Trennung „bedeutungsvoll" und „bedeutungslos" herbei.

Die Wertbeziehung identifiziert einen Gegenstandsbereich, wählt das für die Sozialwissenschaften in Frage kommende Material aus und konstruiert es dann zu einem „historischen Individuum": Sie erweist sich als fundamental für die historische Begriffsbildung und nicht nur für das, was zum Inhalt der Begriffsbildung gemacht werden soll. Überhaupt kann man sagen, daß nach Weber in jeder Wissenschaft der Forschungszweck konstituierend ist für die Begriffsbildung. Der Gebrauch des Wortes „historisches Individuum" ist mithin gleichbedeutend mit „durch Wertbeziehung geformt". Es sind gedankliche Wertbeziehungen, die die Auswahl der Daten leiten. Merkmale, die den Wertideen nicht entsprechen, werden aus dem in der Wirklichkeit gegebenen Bild weggelassen. Zunächst heben diese gedanklichen Wertbeziehungen das Objekt der Betrachtung heraus und grenzen es ab, sodann formen sie es vermöge der wertbeziehenden Interpretation des Materials zu einem historischen Individuum: Wir schließen den „Komplex von bedrucktem und beschriebenem Papier, Schallwellen ..., Gedanken in den Köpfen von Fürsten, Diplomaten usw. ... zu dem individuellen Gedankengebilde 'Deutsches

Reich' zusammen ..., weil 'wir' ihm ein bestimmtes ..., an zahllosen 'Werten' ... verankertes 'historisches Interesse' zuwenden".[58]

Zwar sieht sich Weber mit Hilfe der Wertbeziehung in der Lage, Ordnung in das Chaos kausaler Verfilzung zu bringen, indem er analyserelevante Gegenstände formt, aber die zur Ordnungsstiftung eingeführten Werte drohen nun selbst ein Chaos zu verursachen. Denn Max Weber lehnt den Gedanken an irgendein System der Werte, an eine Werteordnung, die der Fragestellung, das heißt, der Konfrontation einer Wertidee mit der Wirklichkeit, eine gewisse Objektivität verleihen könnte, ab. Wenn auch uns in irgendeiner Form der „Glaube an die überempirische Geltung letzter und höchster Wertideen" innewohnt, an denen wir „den Sinn unseres Daseins verankern"[59], so ist doch ein System ein „Unsinn in sich".[60] „Die Unendlichkeit des Weltgeschehens" gilt ihm als „sinnlos"[61], als ein ewiges Fragezeichen: „Vor mir den Tag und hinter mir die Nacht. Den Himmel über mir und unter mir die Wellen."[62] Es kann sich demnach bei der Konstitution der Fragestellung immer nur um den Einfluß einzelner Werte handeln. Der einzelne Mensch hat sich für einen Wert und damit gegen alle übrigen Werte, „die anderen ebenso heilig sind, wie uns die unseren"[63], zu entscheiden, hat zu wählen, welches für ihn der Gott und welches der Teufel sein soll.[64] Einzig und allein auf dieser Entscheidung gründet, was für jeden wertvoll ist und was nicht. Die einzelnen Menschen sind es, die einen Ausschnitt aus der sinnlosen Unendlichkeit des Weltgeschehens mit Sinn und Bedeutung bedenken.[65] Diese Entscheidung liegt vor aller Wissenschaft. Damit kommt ein eigentümlicher Subjektivismus in Max Webers Methodologie hinein. Denn die „historischen Individuen" werden nun nicht durch Beziehung auf irgendwie verbürgte Werte, sondern durch Beziehung auf subjektiv je verschiedene Wertentscheidungen konstituiert. „Endlos wälzt sich der Strom des unermeßlichen Geschehens der Ewigkeit entgegen. Immer neu und anders gefärbt bilden sich die Kulturprobleme, welche die Menschen bewegen, flüssig bleibt damit der Umkreis des-

---

[58] ebd., S. 253 / vgl. auch ebd., S. 109
[59] ebd., S. 213
[60] ebd., S. 184
[61] ebd., S. 180
[62] ebd., S. 214
[63] ebd., S. 154
[64] vgl. ebd., S. 507
[65] ebd., S. 180

sen, was aus jenem stets gleichunendlichen Strome des Indiviuellen Sinn und
Bedeutung für uns erhält, 'historisches Individuum' wird. Es wechseln die
Gedankenzusammenhänge, unter denen es betrachtet und wissenschaftlich
erfaßt wird. Die Ausgangspunkte der Kulturwissenschaft bleiben damit wan-
delbar in die grenzenlose Zukunft hinein."[66] Subjektiv ist die Wertung und
ebenso, durch Beziehung darauf, der Gegenstand der Untersuchung; subjektiv
ist „die Abgrenzung des historischen 'Objektes', des 'Individuums' selbst,
denn hier entscheiden Wertbeziehungen, deren 'Auffassung' dem historischen Wandel unterworfen ist".[67] Objektiv aber ist „die Feststellung der historischen 'Ursachen' bei gegebenem Erklärungs-Objekt".[68] „Mit anderen
Worten: was Gegenstand der Untersuchung wird, und wie weit diese Untersuchung sich in die Unendlichkeit der Kausalzusammenhänge erstreckt, das
bestimmen die den Forscher und seine Zeit beherrschenden Wertideen."[69] Im
Wie aber, in der Art der Verwendung der begrifflichen Mittel, „ist der Forscher selbstverständlich hier wie überall an die Normen unseres Denkens
gebunden".[70] Weber wendet sich gegen die Auffassung, daß die wissenschaftliche Forschung nur Ergebnisse haben könne, die „subjektiv" in dem
Sinne sind, „daß sie für den einen gelten und für den andern nicht. Was
wechselt, ist vielmehr der Grad, in dem sie den einen interessieren und den
andern nicht".[71] Offensichtlich wird auf eine Erklärung des historischen Interesses durch normativ gültige, apriorische Werte verzichtet. Die Wertgesichtspunkte bleiben bei ihm im Fluß. Je mehr Weber den subjektiven und
relativen Charakter der Wertbeziehungen betont, um so strenger achtet er
dann auf die Scheidung zwischen Wertbeziehung und Wertung.[72]

---

[66] ebd., S. 184 / vgl. auch ebd., S. 214; Insofern „'Weltanschauungen' niemals Produkt
fortschreitenden Erfahrungswissens sein können" (ebd., S. 154), daher auch ein Wechsel
der Werte und damit verbunden wissenschaftlicher Themenstellungen nicht von kontinuierlicher wissenschaftsinterner Diskussion abhängt, rechnet Weber zumindest implizit
mit so etwas wie diskontinuierlichen Paradigmawechseln.

[67] WL, S. 261

[68] ebd.

[69] ebd., S. 184

[70] ebd.

[71] ebd.

[72] Insgesamt lassen sich bei Weber vier Dimensionen der Wertfreiheit ausmachen: 1. Wissenschaft kann zur Bewertung von Werten nichts beitragen. Der „Kampf der Werte" bildet eine von Wissenschaft unabhängige Sphäre. 2. Werte sollten nicht in den For-
schungsprozeß intervenieren. 3. Werte bestimmen aber die Fragestellung der Forschung,

Mag der Ursprung und auch die Tatsache der Geltung eines Wertes noch so subjektiv sein, in dem Moment, wo man auf diesen einmal als geltend vorgefundenen Wert die individuellen Bestandteile der Wirklichkeit bezieht, erhält man einen formal logischen Sachverhalt, der objektiv für alle gilt, die diese In-Beziehung-Setzung mitvollziehen. Denn der logische Sinn der „Beziehung auf Werte" ist von der Art ihrer Geltung und der Form, in der sie auftreten, unabhängig. Die Feststellung der angesichts der jeweils gegebenen leitenden Wertideen historisch relevanten Elemente des Geschehens ist nicht eine Angelegenheit der subjektiven Willkür, sondern eine die in der Logik der Sache begründet ist: was jeweils mit Rücksicht auf gegebene, faktisch geltende Werte Objekt der historischen Darstellung werden soll und was an diesem Objekt in die Darstellung aufzunehmen ist, steht grundsätzlich gesehen objektiv fest, denn das ergibt sich aus der Feststellung, daß bestimmte Sachverhalte eines Wirklichkeitsausschnitts in bezug auf gegebene, faktisch geltende Werte wertrelevant sind. Betrachtet man einen solchen Ausschnitt der historischen Wirklichkeit unter einer bestimmten Wertidee, so steht es durchaus nicht im Belieben des Einzelnen, welche konkreten Elemente aus diesem Ausschnitt herauszuheben und zum Gegenstand der geschichtlichen Darstellung zu formen sind. „Denn es ist und bleibt wahr, daß eine methodisch korrekte wissenschaftliche Beweisführung auf dem Gebiete der Sozialwissenschaften, wenn sie ihren Zweck erreicht haben will, auch von einem Chinesen als richtig anerkannt werden muß ..., daß ... die logische Analyse eines Ideals auf seinen Gehalt und auf seine letzten Axiome hin und die Aufzeigung der aus seiner Verfolgung sich logischer und praktischer Weise ergebenden Konsequenzen, wenn sie als gelungen gelten soll, auch für ihn gültig sein muß."[73] Weber sagt: „in der Auswahl der leitenden Werte, die ihrerseits die Auslese und Formung des zu erklärenden 'historischen Individuums' ... bestimmen, ist der Historiker 'frei'. Auf seinem weiteren Wege ist er aber an die Prinzipien kausaler Zurechnung schlechthin gebunden".[74]

---

die Auswahl und Relevanz des Forschungsgegenstandes. 4. Forschung soll von der Komplexität totaler (wertender) Erklärungen, die multikausal vorgehen, befreit werden.
[73] ebd., S. 155
[74] ebd., S. 124, Anm. 1

*Kulturwissenschaft als Konstruktion der Konstruktion*

Weber begreift seine Wissenschaft als Kulturwissenschaft. „Kultur ist", so definiert er, „ein vom Standpunkt des Menschen aus mit Sinn und Bedeutung bedachter endlicher Ausschnitt aus der sinnlosen Unendlichkeit des Weltgeschehens".[75] Einerseits hält Weber an der Bestimmung einer irrationalen Wirklichkeit fest, andererseits hebt er aus dieser Irrationalität einen abgegrenzten Raum heraus, den er als „Kultur" darstellt. Entscheidend wird jedoch die Ausrichtung seines Kulturbegriffs auf den „Menschen", der in seinen alltagspraktischen Lebensvollzügen einen solchen „endlichen Ausschnitt" mit „Sinn und Bedeutung" bedenkt, das heißt mit Werten behaftet. „Der Begriff der Kultur ist ein Wertbegriff. Die empirische Wirklichkeit ist für uns 'Kultur', weil und sofern wir sie mit Wertideen in Beziehung setzen, sie umfaßt diejenigen Bestandteile der Wirklichkeit, welche durch jene Beziehung für uns bedeutsam werden, und nur diese."[76] Kulturelle Bedeutung geben Menschen nur einzelnen, ausgesonderten Bereichen ihrer Lebenswelt, die sich aus der Mannigfaltigkeit der Dinge um sie abheben, sich als wertvoll für sie auszeichnen. „Kultur" ist demnach ein menschliches Ereignis in jenem Sinne, daß sie von uns willentlich als ausschnitthaft individualisierte, durch Wertideen verfaßte und deshalb wissenswerte Wirklichkeit hervorgebracht und erhalten wird. Wenn nämlich die kulturhaften Vorgänge erst durch das wertgebende Verhalten der Menschen aus dem Datenchaos ihrer Umwelt geschaffen werden und auf diese Weise für ihresgleichen „Bedeutung" gewinnen, dann haben auch die Wissenschaftler die Möglichkeit, sich an diese jeweils „bewerteten" Wirklichkeitsfragmente zu halten und sich von ihnen die Themen ihrer Forschungsarbeit vorgeben zu lassen.

Weber versucht jenem Widerspruch auszuweichen, der darin liegen könnte, daß er zwar eine irrationale Erfahrungswelt voraussetzt, aber seine Forschungsziele aus eben dieser als radikal strukturlos angesetzten Wirklichkeit entnehmen muß. Sein Manöver besteht darin, sich auf das Reservoir kulturaktiver Werte in den zu erforschenden und den forschenden Subjekten selbst zu stützen. Ohne wertgebende und sich auf diese Werte beziehende Akteure in Gestalt faktischer kulturwollender und wissenwollender Menschen ent-

[75] ebd., S. 180
[76] ebd., S.175

behrte seine Methodologie der konkreten Bezugspunkte: „Transzendentale Voraussetzung jeder Kulturwissenschaft", sagt Weber ausdrücklich, „ist nicht etwa, daß wir eine bestimmte oder überhaupt irgendeine 'Kultur' wertvoll finden, sondern daß wir Kulturmenschen sind, begabt mit der Fähigkeit und dem Willen, bewußt zur Welt Stellung zu nehmen und ihr einen Sinn zu verleihen".[77] Dieser Sinn, der von Individuen gegeben wird, dann aber an den Dingen haftet, bildet gewissermaßen eine Sphäre zwischen der innerseelischen Befindlichkeit einzelner Personen und der nackten Tatsächlichkeit der Dinge.

Mit der Kultur wird eine Objektsphäre konstruiert, die als Drittes weder in die Sphäre der Subjekte noch in die der bloßen Objekte fällt, sondern als Mitte zwischen beiden situiert wird. So gesehen läuft Kulturwissenschaft erst einmal auf die Analyse des Objektbereichs Kultur hinaus, der unabhängig vom wissenschaftlichen Denken in alltagspraktischen Lebensvollzügen auf eine spezifische Weise, nämlich durch Wertbeziehung, konstruiert worden ist; ein Verfahren, das dann dem Kulturwissenschaftler als Vorbild dient. Kulturwissenschaft meint dann im zweiten Schritt auch Analyse des Objektbereichs der Kulturwerte nach Wertgesichtspunkten, die man in jenen nicht enthalten findet. Denn im wissenschaftlichen Bezug auf alltagspraktische Kulturkonstruktionen sind diese aus methodologischen Gründen in ein Chaos aufzulösen. Auf der Ebene der Theoriebildung wird Kultur zunächst so präsentiert, als ob sie ein Chaos wäre. Es geht hier gar nicht um die Frage, ob etwa ein solches Chaos real existiere, sondern darum, daß das wissenschaftliche Denken die Ordnungen des Alltagsdenkens aufzulösen hat in einen möglichst ordnungsfreien Zustand, um dann souverän seine eigene Ordnung schaffen zu können. Wirklichkeit muß vom methodologisch reflektierenden Forscher prinzipiell als noch nicht begriffen gedacht werden. Sie gilt dem Kultur- und Sozialwissenschaftler nur als 'negative Voraussetzung' oder als „'negative' Instanz".[78]

Auch dort, wo im Alltagsleben Wirklichkeit unproblematisch, soziales Geschehen verständlich ist, muß der Sozialwissenschaftler jene Selbstverständlichkeit des Verstandenen desaggregieren. Kompakte, im Alltagsleben nicht weiter problematische Zusammenhänge werden in das „ungeheure(n)

---

[77] ebd., S. 180
[78] ebd., S. 75, Anm. 2; S. 92, Anm. 1

Meer der empirischen Tatsachen"[79] verflüssigt. So verfährt - zumindest implizit - jede Wissenschaft. Selbst Wiederspiegelungstheorien müssen den Gegenstand, der sich dem Denken nicht einfach offenbart, sondern verstellt präsentiert, zuerst einmal dekomponieren. Anschließend versucht man in einem methodisch kontrollierten Verfahren zu einer Konstruktion oder Rekonstruktion der Gegenstände, über die verhandelt wird, zu gelangen. Wie nun alle sozial- und kulturwissenschaftlichen Verfahren in irgendeiner Weise davon ausgehen, daß der Untersuchungsgegenstand durch methodische Bearbeitung zerlegt und neu zusammengesetzt werden muß, so besteht die Differenz des Weberschen Konstruierens zu anderen Forschungspraktiken nicht so sehr in den Verfahren des Auflösens und Zusammensetzens der Erkenntnisgegenstände, sondern in der prinzipiell unterschiedlichen Beurteilung des 'Endproduktes': Webers wissenschaftliche Ergebnisse bleiben auch im Endzustand noch Konstruktionen.[80]

Kulturwissenschaft betreiben bedeutet nun, Wertbeziehungen zu analysieren und dementsprechende begriffliche Konstruktionen aufzubauen. Eine Wertanalyse findet erst einmal auf der Ebene des Verstehens statt. Hier geht es um das Verstehen der Ideen, die sich in einem historischen Produkt verkörpert haben. Durch Wertdeutung kann das von den historischen Personen nur unklar Empfundene ausformuliert werden. Solche Wissenschaft kann immer nur sagen, daß die oder jene verschiedenen letzten Stellungnahmen denkbar und daß die Tatsachen, mit denen man bei der Wahl zwischen diesen Stellungnahmen zu rechnen hat, so oder so liegen. Ihre Aufgabe ist immer nur eine technische: wenn so optiert wird, dann ist so zu verfahren; oder umgekehrt: die und die Tatsachen liegen vor; welches ist das Motiv, die dazugehörige Stellungnahme (Ursache) gewesen? Hier wird das Verstehen um den Aspekt kausaler Konstruktionen erweitert.

Wo Weber zum Beispiel religiösen Erscheinungen nachgeht, stellt er nur empirisch nachweisbare Zusammenhänge zwischen religiösen Vorstellungen und praktischen Verhaltensweise im Bereich des Realen heraus. Allein die jedem zugänglichen äußeren Seiten und die allgemein verstehbaren, rational deutbaren Triebkräfte religiöser Gegebenheiten bieten für ihn das Objekt der Forschung, nicht aber ihre Innenseite. Relevant ist bei der Religion lediglich, was sie im Alltagsleben ihren Anhängern bedeutet, welche äußeren Wirkun-

---

[79] ebd., S. 206
[80] Hierauf wird weiter unten im Zusammenhang mit dem Idealtypus noch einzugehen sein.

gen sie hervorbringt. Hier verschränken sich Wertanalyse als deutendes Verstehen und Ursachenbestimmung als Erklären.

Es geht also erstens um Erkenntnis eines Wirklichen als Kultur, weil bedeutsamen Gegenstand. Und zweitens um das Aufdecken von Zusammenhängen zwischen Kulturwirklichkeiten im Sinne historischer Zurechnung eines kulturwichtigen, das heißt, eines historisch konstruierten Geschehens zu seinen Ursachen. Den Puritanismus in seiner Kulturbedeutung erkennen, kann mithin heißen: erstens seine Bedeutung als Kultur verstehen, ihn durch Wertbeziehung als historisches Individuum konstruieren. Und zweitens: seine Bedeutung für die Kultur erkennen, seine Bedeutung zum Beispiel für den modernen Kapitalismus und die Sinnverwandtschaft, die zwischen beiden Erscheinungen besteht, erklären.

Indem nun beide Analyseperspektiven miteinander verschränkt werden, kommt es zu einer Kombination von (Sinn-)Verstehen und (kausal-)Erklären.

## Kombination von Verstehen und Erklären

Weber setzt sich in seinen methodologischen Erörterungen gezielt zwischen die Stühle, die das hermeneutische Verstehen und das naturwissenschaftliche Erklären besetzt halten. Wenn er von seinem Verfahren als 'verstehendem Erklären' oder 'kausalem Verstehen'[81] in den verschiedensten Formulierungen spricht, so macht dies auf den ersten Blick den Eindruck, als wolle er zwischen den Gegenpositionen der Geisteswissenschaften und Naturwissenschaften vermitteln. Genau genommen aber bezieht er eine - terminologisch doppeldeutige - Frontstellung nach beiden Seiten hin. Spricht er von Erklärung, dann meint er damit nicht den Gesetzesbegriff der Physik, sondern eine Kausalität einmaliger individueller Einheiten. Ebensowenig wie sich sein „Erklären" den Naturwissenschaften adaptiert, meint sein Verstehen das Verstehen der Hermeneutik. Denn Webers Verstehen bedeutet keine einfache Rückkehr zur Diltheyschen Hermeneutik. Bekanntlich basiert das Verstehen im Diltheyschen Sinne auf der „beschreibenden Psychologie". Bei ihm geht es um ein gefühlsmäßiges Nacherleben historischer Ereignisse, ein Einfühlen in das unendlich komplexe Seelenleben von Persönlichkeiten. Weber zielt darauf ab, den Vorgang des Verstehens aus dem Bereich der Psychologie herauszulösen. Das Verstehen läuft bei ihm keineswegs auf ein Einfühlen in

---

[81] ebd., S. 91

die dunkle Verschlungenheit irgendeiner individuellen Psyche hinaus. Auch die Verfilzung, das unendliche, chaotische Gemenge einer individuellen Motivlage gilt ihm als nicht voll erfaßbar. Verstehen von Handlungsmotiven heißt nicht etwa Verstehen eines nicht erklärbaren Irrationalen und Dunklen, worauf oben schon hingewiesen wurde, sondern Verstehen dessen, was effektiv als intendierte Wirkung einer Handlung als Folge aufzufassen ist. Mithin geht es Weber um diejenigen Sinn- und Wertgesichtspunkte und die damit zusammenhängenden Gefühlslagen, die in entscheidender Weise ein Handeln angestoßen haben. Das, was bei Weber gelegentlich „Motivationsverstehen"[82] heißt, läuft auf ein Sinn- und Wertverstehen hinaus. Die konkreten Wert- und Sinnelemente, die sich im Handeln realisieren, werden zu Verstehensobjekten. Denn verstehen läßt sich das menschliche Tun, insofern es an Werten orientiert ist - und deshalb mit ihnen konfrontiert werden kann.

Max Weber zeigt an einer Klärung dessen, was Verstehenkönnen bedeutet, kaum Interesse. So entwickelt er nicht einmal Ansätze zu einer Verstehenslehre. Den Sachverhalt, daß verstanden werden kann, nimmt er hin und setzt ihn voraus. Aber das Verstehen macht noch keine Wissenschaft. Im Gegenteil, es gilt ihm, allein für sich praktiziert, eher als unwissenschaftlich, da es sich intersubjektiver Überprüfung entzieht. Weber verwirft jede nichtdemonstrable und nicht-nachprüfbare Erkenntnisvermittlung - etwa durch Nacherleben, Einfühlen oder intuitiven Mitvollzug fremder Erfahrungsrealität - rigoros. „Der subjektive Charakter derartiger 'Erkenntnis'", faßt Weber zusammen, „ist in diesem Falle identisch mit dem Mangel der 'Geltung'."[83] Demonstrierbar werden die Ergebnisse des Verstehens, sobald sie sich in den Konstruktionen kausaler Zuordungen bewähren. Erst indem das Verstehen der Kausalanalyse als Hilfsmittel dient, erhält es wissenschaftliche Bedeutung. „Immer muß ... das 'Verstehen' des Zusammenhangs noch mit den sonst gewöhnlichen Methoden kausaler Zurechnung, soweit möglich, kontrolliert werden, ehe eine noch so evidente Deutung zur gültigen 'verständlichen Erklärung' wird."[84] Die Kausalanalyse - als Konstruktionsprinzip - bestimmt bei Weber den Gang der Erkenntnis, und das Verstehen spielt nur insofern eine Rolle, als es zur Klärung derjenigen Einheiten,

---

[82] ebd., S. 547
[83] ebd., S. 121
[84] ebd., S. 428, vgl. auch S. 529

die zueinander in eine Kausalbeziehung gesetzt werden sollen, beitragen kann.[85] Verstehen und kausale Zurechnung stehen also nicht beziehungslos nebeneinander, sondern in einem konstruierten Ergänzungsverhältnis, das es nahelegt, bei Webers Vorgehen nicht von einer verstehenden[86], sondern von einer kausal-konstruierenden qualitativen Soziologie zu sprechen.[87] Konstruktionen sind - begründete - Willkürakte. Die sich in ihnen präsentierende Souveränität des Wissenschaftlers zeigt sich im Falle Webers an der Kombination der termini „Verstehen" und „Erklären", die traditionell als Gegensatzpaar aufgefaßt werden. Nicht die sachliche Qualität des Erkenntnisstoffes, sondern die Verschiedenheit der Gesichtspunkte des erkennenden Subjekts sollen entscheidend sein für die Konstruktion unterschiedlicher Wissenschaften. Bei Weber bezieht sich diese Überlegung auf die Differenz zwi-

---

[85] Deutbarkeit heißt „Zugänglichkeit für ... nacherlebendes Verstehen"(ebd., S. 100); „'Verstehen' heißt ... deutende Erfassung des ... Sinnes oder Sinnzusammenhangs." (Ebd.,S. 508) Verstehen heißt zu menschlichem Sichverhalten ein „ 'innerlich' 'nacherlebbares' konkretes 'Motiv' oder einen Komplex von solchen zu ermitteln"(ebd., S. 67). Das Verstehen von Sinnzusammenhängen, Wertbedeutungen arbeitet dem Erklären von Kausalzusammenhängen zu. Verstehen der „Werte und Normen" dient als „Mittel des kausalen Erkennens"(ebd., S. 250). Aufgabe der Soziologie ist „erklärendes Verstehen"(ebd., S. 508); „das Objekt der Soziologie" ist stets ein „verständliches ... durch irgendeinen Sinn spezifiziertes Sichverhalten", es soll „verständlich erklärbar"(ebd., S. 405) sein. Die Soziologie behandelt „verständliche Sinnzusammenhänge, deren Verstehen wir als ein Erklären des tatsächlichen Ablaufs des Handelns ansehen"(ebd., S. 508), „soziales Handeln deutend verstehen und dadurch ... ursächlich erklären"(ebd., S. 503).
[86] vgl hierzu: Walter L. Bühl, Die alte und die neue Verstehende Soziologie. Einleitung, in: ders. (Hrsg.), Verstehende Soziologie. Grundzüge und Entwicklungstendenzen, München 1972, S. 17 ff.
[87] Werner Sombart (Das Verstehen, in: ders., Noo-Soziologie, Berlin 1956, S.86 f.) hat darauf hingewiesen, daß der Gedanke der Kausalität dem des Verstehens, wie es in der Tradition der Romantik praktiziert wird, diametral entgegensteht. Im Unterschied zu Kausalprozessen beschreibe die Romantik in Kulturbereichen Umschichtungen und Verlagerungen. Stellte man sich im Anschluß an Sombart etwa die Frage, worin denn die Differenz zwischen einem Verstehen und einem Erklären, die sich beide die Methodologie Webers zum Objekt nehmen, bestünde, so wäre - knapp formuliert - zu antworten: Webers Methodologie verstehen heißt unter anderem, sie in ihrer Spezifität im Vergleich (Unterschiede und Gemeinsamkeiten) zu anderen Verfahren der Erkenntnisgewinnung charakterisieren, um dann auch ihre immanenten Veränderungen nachzuvollziehen. Seine Methodologie erklären liefe darauf hinaus, sie auf jenen langen und seit der protestantischen Reformation verstärkt betriebenen Prozeß der Entzauberung der Welt durch ihre rationale Beherrschung, mithin auf ihre wesentlichen Ursachen zurückzuführen.

schen Naturwissenschaften und Kuturwissenschaften. Zuerst einmal nimmt Weber keine Unterscheidung vor zwischen Natur- und Kulturwissenschaften: beide intendieren Kausalerklärungen. Während die Naturwissenschaften mit allgemeinen Gesetzen arbeiten (müssen), versuchen die Kulturwissenschaften die Kausalität individueller Ereignisse darzulegen.[88] Dies - und hierin liegt die entscheidende Differenz zwischen beiden Wissenschaften - ist mit Hilfe des Verstehens möglich. Das Verstehen setzt einen Gegenstand voraus, der ihm zugänglich ist, nämlich soziales Handeln, das im Unterschied zu Naturvorgängen verstanden werden kann, weil in ihm geistige Vorgänge eine zentrale Rolle spielen, insofern es nämlich der Kultursphäre angehört. Denn es kommt hier auf den von dem Handelnden gemeinten Sinn an: Menschliches Handeln ist als überlegtes, sinnvolles Geschehen eines, das in seiner Zweck- und Sinnrichtung dem Verstehen offenliegt. Mit dieser Unterstellung einer Gemeinsamkeit zwischen Erkenntnissubjekt und Objekt der Erkenntnis wie auch mit der damit einhergehenden Annahme eines stofflichen Unterschiedes zwischen Vorgängen im Bereich der Natur und des Handelns des Menschen scheint sich Weber von seinem radikalen Konstruktionsverfahren zu verabschieden, wäre da nicht der Gedanke, daß dem konstruierenden Verfahren der Primat gegenüber dem Sinnverstehen zukommt: Kulturwissenschaftliche Erkenntnis ist „natürlich rein kausale Erkenntnis genau in dem gleichen Sinn wie die Erkenntnis bedeutsamer individueller Naturvorgänge".[89] Zentral für Kausalkonstruktionen im Bereich der Kulturwissenschaften wird nun Webers Konzept des Idealtypus.

## *Idealtypus als Konstruktion*

„Typus" ist der Idealtypus, weil es sich bei ihm um gedankliche Formulierung von Sachverhalten handelt, die zwar in verschiedenen Graden, aber doch für die Eigenart vieler Kulturerscheinungen bedeutsam sind. „Ideal" ist der Idealtypus, weil er eben nur in der denkenden Phantasie existiert und den höchsten gedanklich möglichen Grad der empirischen Sachverhalte aus-

---

[88] Hierin liegt auch begründet, daß Weber sein Vorgehen als „qualitativ" bezeichnet. Vgl. WL, S. 67, S. 173

[89] ebd., S. 182; So bilden „'Verstehen' … und 'Erfahren' … keine Gegensätze, denn jedes 'Verstehen' setzt (psychologisch) 'Erfahrung' voraus und ist (logisch) nur durch Bezugnahme auf 'Erfahrung' als geltend demonstrierbar" (ebd., S. 115).

drückt. „Ideal" sind die Idealtypen für Weber nicht etwa in normativer Hinsicht, sie geben keinen Soll-Zustand an, sondern in konstruktiver Weise, denn sie decken sich nicht mit der Empirie.[90] Sobald man wie Weber jede Metaphysik, jede Orientierung an sachlichen Qualitäten, jedes überempirische Wertesystem ablehnt, dann steht tatsächlich nur noch die Methode, das Verfahren der Konstruktion zur Erfassung des Gegenstandes zur Verfügung. Der Idealtypus ist Resultat einer Konstruktion.[91] Dies bedeutet starke Unabhängigkeit von der je spezifischen Empirie. So sind auch die Kriterien der Konstruktion weitgehend empirieunabhängig: Logische Konsistenz ist hier Webers zentrales Postulat.

Der Idealtypus dient als formales Instrument zur Erfassung empirischer Wirklichkeit. In dieser Funktion ist er grundsätzlich beliebig konstruierbar - jedoch muß er ganz bestimmten formalen Anforderungen genügen. Dazu zählen insbesondere logische Konsistenz und innere Widerspruchsfreiheit. Darüber hinaus zeichnen sich „Idealtypen" durch eine scharfgeschliffene Begrifflichkeit aus, die auf die konsequente Ausformulierung der in ihnen ent-

---

[90] Den Terminus „Idealtypus" übernahm Max Weber von Georg Jellinek, der in seiner „Allgemeinen Staatslehre" (Kronberg/Ts. 1976, S. 34 ff.) zwei Arten von Erkenntnisregeln unterscheidet, solche, die ein Sein, und solche, die ein Sein-Sollen ausformulieren. Diesen Regeln des Erkennens ordnet er methodisch zwei Varianten der Forschung zu, den „idealen Typus" und den „empirischen Typus". Max Weber übernimmt nur den Namen „Idealtypus" von Jellinek, nicht die Funktion. Zur Geschichte des Typusbegriffs in der Soziologie vor Weber vgl. Horst Baier, Von der Erkenntnislehre zur Wirklichkeitswissenschaft, a.a.O., S. 193 f.; S. 218 Anm. 1

[91] Er ist keine „voraussetzungslose Abbildung objektiver Tatsachen" (WL, S. 192), ist „nicht eine Darstellung der Wirklichkeit" (ebd., S. 190), sondern er ist durchaus „irreal" (ebd., S. 523), eine „Konstruktion" (ebd., S. 193), ein „reines Gedankengebilde" (ebd., S. 191; 197), eine „Utopie" (ebd., S. 192, S. 190), ein „Phantasiebild" (ebd., S. 275), ein „Produkt unserer Phantasie" (ebd., S. 192; 194), gewonnen durch „bewußt einseitige Steigerung eines oder einiger Gesichtspunkte" (ebd., S. 191), „durch gedankliche Steigerung bestimmter Elemente der Wirklichkeit" (ebd., S. 190), durch absichtliche Entfernung von der empirischen Wirklichkeit (vgl. ebd., S. 201; 521), und zwar soweit, daß er nur noch ein „rein idealer Grenzbegriff" ist (ebd., S. 194). Ideal besagt daher soviel wie: auf die Spitze getrieben, logisch vollkommen - niemals „vorbildlich" (ebd., S. 192) im normativen Sinne, im Sinne eines Sollens. Der Idealtypus ist also gekennzeichnet durch „Einseitigkeit" (ebd., S. 206), „Abstraktheit" (ebd., S. 189; 196; 203), „Unwirklichkeit" (ebd., S. 203; 208; 287), „Weltfremdheit" (ebd., S. 522) einerseits, durch „begriffliche Schärfe und Reinheit" (ebd., S. 154; 196),"logische Vollkommenheit" (ebd., S. 200), „innere Widerspruchslosigkeit" (ebd., S. 190), „gesteigerte Eindeutigkeit" (ebd., S. 521) andererseits.

haltenen Prinzipien bis zur Grenze ihrer Denkmöglichkeit abzielt. Von entscheidender Bedeutung ist jedoch die Möglichkeit, vermittels der „einseitigen Steigerung eines oder mehrerer Gesichtspunkte" „Idealtypen" jeweils so zu konstruieren, daß damit bestimmte für signifikant gehaltene Eigenschaften von empirischen Phänomenen präzis zur Darstellung gebracht werden können; diese müssen keineswegs immer bei allen empirischen Fällen, die ihnen zugeordnet werden, vollständig ausgebildet sein.

Der Idealtypus soll die Wirklichkeit erkennen helfen, er bildet aber keinen Begriff von wirklichem Geschehen, sondern eine „Utopie", die durch Steigerung bestimmter Elemente und durch Weglassen anderer Aspekte der Wirklichkeit gewonnen wird. Sein Inhalt wird also einerseits aus der Wirklichkeit geformt, andererseits handelt es sich hierbei um höchst gesteigerte Aspekte der Wirklichkeit. Was sind denn das für Elemente der Wirklichkeit, durch deren Steigerung man den Idealtypus gewinnt? Da es keine Stufen in der empirischen Wirklichkeit gibt, können die zu steigernden Aspekte nichts anderes sein als die Wertbestimmungen und Sinndeutungen, die an der Wirklichkeit haften. Steigern lassen sich die Sinn- und Wertverwirklichungen des alltäglichen sozial-historischen Lebens, indem nämlich ihre Verunreinigungen, Unvollkommenheiten, Inkonsequenzen ausgeschaltet werden. Man hat, kurz gesagt, unwirkliche Zusammenhänge zu konstruieren, um die wirklichen zu erkennen. „Um die wirklichen Kausalzusammenhänge zu durchschauen, konstruieren wir unwirkliche."[92]

*Funktionen des Idealtypus*

Der Idealtypus ist „nie Endpunkt der empirischen Erkenntnis"[93], sondern nur ihr Mittel „zum Zweck der Erkenntnis der unter individuellen Gesichtspunkten bedeutsamen Zusammenhänge"[94]. Er dient als ein rein pragmatisches Medium der möglichst eindeutigen Beschreibung und kausal zurechnenden Erklärung und Darstellung. Daher bildet er keinen Begriff von historisch-sozialer Wirklichkeit oder von konkreten historisch-sozialen Zusammenhängen, sondern er soll deren Erkenntnis nur ermöglichen. In seinen frühen Schriften zur Wissenschaftslehre, insbesondere im „Objektivitätsaufsatz",

---

[92] WL, S. 287
[93] ebd., S. 358, Anm.
[94] ebd., S. 208-209

betrachtet Weber die Idealtypen vorrangig als heuristische Hilfsmittel zur Erfassung von gesellschaftlichen und historischen Phänomenen. Er ging gelegentlich so weit zu sagen, daß die Erkenntnis des Generellen nie um ihrer selbst willen wertvoll sei. In dem Aufsatz „Über einige Kategorien der verstehenden Soziologie" vom Jahre 1913 begegnet man dann einer Änderung der Forschungsstrategie insofern, als nun die Formulierung von idealtypischen Begriffen zum eigentlichen Ziel soziologischer Forschung erhoben wird. In „Wirtschaft und Gesellschaft", insbesondere in den beiden ersten Kapiteln der „Soziologischen Kategorienlehre", tritt schließlich das Konzept des Idealtypus in seiner reinsten Gestalt auf. Man findet nicht einzelne Idealtypen angewandt auf historische oder gesellschaftliche Sachverhalte, sondern vielmehr Systematisationen von Idealtypen, die zusammen betrachtet den begrifflichen Träger einer universal-historischen Soziologie bilden. Diese Diskussion soll hier freilich eingeklammert werden.[95] Zu fragen ist vielmehr nach den Aufgaben, die der Idealtypus erfüllt. Seine aufeinander aufbauenden Funktionen bestehen in der Veranschaulichung, in der Klassifikation, im Vergleich und in der genetischen Begriffsbildung[96].

---

[95] Freilich muß beachtet werden, daß die Verwendung des Idealtypus bei Weber keineswegs eindeutig ist. Es gibt Idealtypen, welche darauf abzielen, bestimmte historische Phänomene, etwa die Renaissance oder die Entstehung des modernen Staates, unter allgemeinen Gesichtspunkten zu erfassen, zugleich aber zum Ausdruck zu bringen, daß es sich um Phänomene von spezifischer Eigenart und Einmaligkeit handelt. Andererseits finden sich bei Weber Idealtypen, die grundsätzlich auf wiederholbare Sachverhalte abheben, etwa der Typus der legalen Herrschaft oder des zweckrationalen Handelns. Während erstere dazu dienen, historische Objekte eindeutig auszumachen und ihren kausalen Ort innerhalb eines historischen Prozesses zu bestimmen, haben letztere überzeitlichen Charakter. Diese Unterschiede bei der Konzeption von Idealtypen haben Anlaß gegeben, zwischen einer historischen und einer soziologischen Variante des Idealtypus zu unterscheiden. Zur Überwindung dieses Gegensatzes vgl. Howard Becker, Typologisches Verstehen, in: Walter L. Bühl (Hrsg.), Verstehende Soziologie, a.a.O., S. 241 ff.

[96] „Je schärfer und eindeutiger konstruiert die Idealtypen sind: je wertfreier sie also, in diesem Sinne, sind, desto besser leisten sie ihren Dienst, terminologisch und klassifikatorisch sowohl wie heuristisch." (W. u. G., S. 10) Zur genetischen Begriffsbildung gehört auch die „Heuristik". Sie ist nicht gemeint in dem engeren Sinne einer Auffindung der historischen Quellen, sondern in der allgemeinen Bedeutung der Auffindung und Würdigung der Glieder einer kausalhistorischen Kette.

*a) Veranschaulichung:*

Der Idealtypus hilft, die jeweils eigentümliche Art und Weise festzustellen, in welcher sich der typische Sachverhalt zu der Eigenart eines bestimmten, mehr oder weniger komplexen historischen Gebildes ausprägt. Bestimmte „Serien" und „Bestandteile" einer empirisch-historischen Gestaltung sollen durch das unempirische Gebilde des Idealtypus an den für ihre Eigenart charakteristischen Zügen möglichst eindeutig erkannt werden. Idealtypen haben den Vorzug der begrifflichen Eindeutigkeit, der scharfen Umrisse, die durch Übersteigerung einzelner Aspekte gewonnen werden. Beim Idealtypus geht es nicht um die Ganzheit eines Sachverhaltes, um die Totalität seiner Aspekte, sondern um eine einzelne besondere Seite desselben. Der Idealtypus liefert also kein Abbild einer Wirklichkeit, sondern ergänzt sie als die schärfste gedanklich mögliche Ausprägung einer besonderen Seite eines Sachverhalts. Das Verhältnis seines Inhaltes zu den empirischen Gegebenheiten der Einzelerscheinungen ist daher das einer hochgradigen Abstraktion und Steigerung. Den in der Empirie sich mehr oder weniger „durchsetzenden" Sachverhalten gegenüber stellt der Idealtypus die gedankliche Vollendung dar.

Wenn auch der Idealtypus für eine Reihe von Erscheinungen gilt, so zielt er doch immer darauf ab, einzelne Aspekte derselben zum möglichst eindeutigen und scharfen Ausdruck zu bringen. Gegenüber der individuellen Eigenart der Erscheinungen bedeutet er eine „gesteigerte", eine „übertriebene", auf die Spitze getriebene, „stilisierte" Wirklichkeit: den höchsten Ausdruck derjenigen empirischen Sachverhalte, welche in verschiedenen Graden der Annäherung an das „Ideal" die „individuelle Eigenart" bestimmter Kulturerscheinungen und den Grund und den Sinn ihrer Bedeutung mitbestimmen. Von entscheidender Relevanz ist die Möglichkeit, Idealtypen jeweils so zu konstruieren, daß damit bestimmte für signifikant gehaltene Eigenschaften von empirischen Phänomenen präzis zur Darstellung gebracht werden können.

*b) Klassifikation:*

Der Idealtypus liefert der Darstellung 'scharfe Begriffe'[97], „eindeutige Ausdrucksmittel"[98] und erleichtert so die Klassifikation und Systematisierung der gewonnenen Erkenntnisse. Max Weber spricht darum von klassifikatorischer[99] und systematischer[100] Funktion des Idealtypus. Reicht hier zur Erfüllung seiner Aufgabe ein einzelner Idealtypus nicht aus, so läßt er sich zu einem ganzen Begriffssystem[101] oder Gedankensystem[102] ausweiten.

*c) Vergleich:*

Die Idealtypen dienen „zur Vergleichung der Wirklichkeit mit ihnen"[103]; „zur Messung ... von individuellen ... Zusammenhängen"[104] zur Auffindung des wirklich Historischen durch Beziehung auf einen selbst unwirklichen Maßstab: Hierin liegt der heuristische Wert des Idealtypus[105].

Zum Beispiel wird gefragt, „wie würde im Fall idealer und dabei rein wirtschaftlich orientierter Zweckrationalität gehandelt werden, um so das reale, durch Traditionshemmung, Affekte, Irrtümer, Hineinspielen nicht wirtschaftlicher Zwecke oder Rücksichtnahmen mindestens mitbestimmte Handeln 1. insoweit verstehen zu können, als es tatsächlich ökonomisch zweckrational im konkreten Falle mitbestimmt war, oder - bei Durchschnittsbetrachtung - zu sein pflegt, 2. aber auch: gerade durch den Abstand seines realen Verlaufs vom idealtypischen die Kenntnis seiner wirklichen Motive zu erleichtern."[106] Mithin wird eine bestimmte Entscheidung (in diesem Fall rein wirtschaftlich orientiertes Handeln) getroffen und mit diesem isolierten Moment und mit Bezug auf es streng rational ein idealtypischer Verlauf generalisierend kon-

---

[97] WL, S. 208
[98] ebd., S. 190
[99] vgl. ebd., S. 204; 522
[100] vgl. ebd., S. 199; 201
[101] vgl. ebd., S. 207
[102] vgl. ebd., S. 207
[103] ebd., S. 205 / vgl. auch S. 194; 199; 202; 203; 212
[104] ebd., S. 201; 194
[105] vgl. ebd., S. 203 / vgl. auch S. 115; 190; 198; 212; 522
[106] ebd., S. 561

struiert, um daran den wirklichen Vorgang zu „messen". Weber konstruiert zum Zwecke des Vergleichens Idealtypen nach dem Zweck-Mittel-Schema, da diese höchste Evidenz gewährleisten. „Alle Deutung strebt, wie alle Wissenschaft überhaupt nach 'Evidenz'."[107] „Ein durch Deutung gewonnenes 'Verständnis' menschlichen Verhaltens enthält zunächst eine spezifische, sehr verschieden große, qualitative 'Evidenz'."[108] Die größte Evidenz der Deutung menschlichen Handelns ist dann erreicht, wenn der gewollte Zweck dieses Handelns eindeutig ist bei klarer Erkenntnis auch der Mittel. Setzt man nämlich einen Zweck und die Kenntnis von sozialen Verhaltenskonstanten sowie von Bedingungskonstellationen voraus, dann ist es eine Frage der reinen Berechnung, gleichsam der Logik, wie man welche Mittel auf diesen Zweck hin ordnet. Die Zweck-Mittel-Kalkulation bildet den objektiven, intersubjektiv demonstrierbaren Kern der Weberschen Konstruktion.[109] Es handelt sich um eine wissenschaftliche Konstruktion, die freilich auch bis zu einem gewissen Grad mit Alltagskonstruktionen der Menschen kongruent ist; denn das Handeln der Menschen folgt im Zuge der zunehmenden Entzauberung der Welt eben jener Rationalität. Insofern im Alltag die nach allgemeinen Regeln adäquatesten Mittel jeweils gewählt werden, erweist sich ihre Konfrontation mit einem rational konstruierten Idealtypus als plausibel. Doch bedingt das keineswegs eine Intellektualisierung des historisch-sozialen Geschehens, denn die Messung an einem rationalen Idealtypus kann ebenso das Nichtvorhandensein einer rationalen Erwägung erweisen.[110] „Mit dem höchsten Grad empirischen 'Freiheitsgefühls' ... begleiten wir ... gerade diejenigen Handlungen, welche wir rational, d.h. unter Abwesenheit physischen und psychischen 'Zwanges', leidenschaftlicher 'Affekte' und 'zufälliger' Trübungen der Klarheit des Urteils vollzogen zu haben uns bewußt sind, in denen wir einen klar bewußten 'Zweck' durch seine, nach Maßgabe unserer Kenntnis, d.h. nach Erfahrungsregeln, adäquatesten 'Mittel' verfolgen."[111] Die individuelle Willensfreiheit scheint aufgrund der mit ihr einhergehenden Unberechenbarkeit menschlichen Agierens nach Ansicht der „Irrationalisten" im Gegensatz zu Konzepten eines rational erklärbaren historisch-sozialen Ge-

---

[107] ebd., S. 543
[108] ebd., S. 428
[109] vgl. Gerhard Mackenroth, Zweckverstehen und Ausdrucksverstehen, in: Walter L. Bühl, Verstehende Soziologie, a.a.O., S. 192
[110] vgl. WL., S. 506
[111] ebd., S. 226 f.

schehens zu stehen. Weber löst dieses Problem, indem er kurzerhand Willensfreiheit mit Rationalität, insbesondere Zweckrationalität gleichsetzt. Antrieb und Ursache einer Handlung führt er auf deren Zweck zurück. Auf diese Weise versetzt er sich in die Lage, alles menschliche Handeln dem Feld der Rationalität zuzuordnen. „Je 'freier', d.h. je mehr auf Grund 'eigener', durch 'äußeren' Zwang oder unwiderstehliche 'Affekte' nicht getrübter 'Erwägungen', der 'Entschluß' des Handelnden einsetzt, desto restloser ordnet sich die Motivation ceteris paribus den Kategorien 'Zweck' und 'Mittel' ein, desto vollkommener vermag also ihre rationale Analyse und gegebenenfalls ihre Einordnung in ein Schema rationalen Handelns zu gelingen".[112]

Alle irrationalen, affektuell bedingten Sinnzusammenhänge, die das Handeln beeinflussen, lassen sich auf diese Weise am übersehbarsten als Ablenkungen von einem konstruierten rein zweckrationalen Verlauf desselben erforschen und darstellen. Wenn zum Beispiel bei einer Börsenpanik festgestellt wird, wie das Handeln ohne Beeinflussung durch irrationale Affekte abgelaufen wäre, wird dadurch gleichzeitig die Eintragung der irrationalen Komponenten als „Störungen" möglich.

*d) genetische Begriffsbildung:*

Der von Max Weber verwendete Begriff des „Genetischen" will besagen, daß allein mit Hilfe und auf dem Umweg der Einordnung des historischen Gegenstandes in die Sinnzusammenhänge seines Gewordenseins und Weiterwirkens seine Erkenntnis möglich wird. Das Problem der kausalen Analyse läßt sich knapp folgendermaßen formulieren: Wie kann einem individuellen konkreten Ereignis ein anderes ebenso individuelles kausal zugerechnet werden, wenn man, wie Weber, von der Unendlichkeit der Ursachen eines jeden zu erklärenden historisch-sozialwissenschaftlichen Faktums ausgeht? Wie ist eine Kausalbeziehung zwischen einer kulturbedeutsamen Wirkung und der Unendlichkeit der sie determinierenden Momente wissenschaftlich zu erklären?[113]

Zu dem als Erkenntnisobjekt aufgegebenen „historischen Individuum" sind die Ursachen aufzufinden, die „genetisch", das heißt, „in bezug auf ge-

---

[112] ebd., S. 132
[113] vgl., ebd., S. 177

wisse ... Kulturbedeutungen"[114] jenes Erkenntnisobjekt erklären. Diese genetische Erklärung leistet nach Weber allein der Idealtypus[115]. „Der Idealtypus ist in dieser (erklärenden; F.G.) Funktion insbesondere der Versuch, historische Individuen oder deren Einzelbestandteile in genetische Begriffe zu fassen. Man nehme etwa die Begriffe: 'Kirche' und 'Sekte'. Sie lassen sich rein klassifizierend in Merkmalskomplexe auflösen .... Will ich aber den Begriff der 'Sekte' genetisch, z.B. in bezug auf gewisse wichtige Kulturbedeutungen, die der 'Sektengeist' für die moderne Kultur gehabt hat, erfassen, so werden bestimmte Merkmale beider wesentlich, weil sie in adäquater ursächlicher Beziehung zu jenen Wirkungen stehen. Die Begriffe werden aber alsdann zugleich idealtypisch, mithin in voller begrifflicher Reinheit sind sie nicht oder nur vereinzelt vertreten."[116] „Es bleibt, wenn eine genetische Definition des Begriffsinhaltes versucht werden soll, nur die Form des Idealtypus ...."[117] „Scharfe genetische Begriffe (sind) notwendige Idealtypen."[118] Der Idealtypus übernimmt die Aufgabe, „die gültige Zurechnung eines historischen Vorgangs zu seinen wirklichen Ursachen aus dem Kreise der nach Lage unserer Erkenntnis möglichen zu vollziehen".[119]

Die logischen Verfahren 1. der Isolierung, 2. der Konstruktion von Möglichkeitsurteilen und 3. der Generalisation stellen das Gerüst des Weberschen Schemas der kausalen Zurechnung dar.[120]

ad 1) „Schon der erste Schritt zum historischen Urteil ist ... ein Abstraktionsprozeß, der durch Analyse und gedankliche Isolierung der Bestandteile

---

[114] ebd., S. 194

[115] In diesem Zusammenhang muß auf den Unterschied zwischen Idealtypus und historischem Individuum hingewiesen werden. Das historische Individuum ist zwar auch geformte Wirklichkeit, dabei ist der Ausgangspunkt der Begriffsbildung auch ein spezieller Gesichtspunkt. Doch sind die Prinzipien der Auswahl verschieden: Mit Hilfe der einem Forscher bewußten Kulturwerte wählt er das ihm Bedeutungsvolle aus der Wirklichkeit aus und bildet daraus den individuellen historischen Begriff. Der Idealtypus dagegen isoliert eine der historischen Erscheinung eigentümliche Seite auf ihre immanente Bedeutung hin. Der wesentliche Unterschied zwischen beiden besteht darin, daß das „historische Individuum" zwar einseitig aber doch mit realem Gehalt konstruiert ist, während es sich beim Idealtypus um eine völlig irreale Konstruktion handelt.

[116] ebd.

[117] ebd.

[118] ebd., S. 208

[119] ebd., S. 204 / vgl. auch S. 114; 178; 179; 522

[120] vgl. ebd, S. 279

des unmittelbar Gegebenen ... verläuft und in eine Synthese des 'wirklichen' unsächlichen Zusammenhangs ausmünden soll."[121] Jedes historisch-gesellschaftliche Ereignis findet man in eine komplexe Situationen eingebettet, und jede Ursache agiert gemeinsam mit einer unendlichen Zahl weiterer Determinanten, aus deren Zusammenhang sie nur auf dem Wege der Abstraktion gedanklich herausgelöst werden kann. Um aus der Pluralität der Ursachen und Bedingungen die wesentlichen zu isolieren, muß der erkennende Verstand die kausale Verfilzung auflösen. Der Erkenntnis stellt sich mithin die Aufgabe, die entscheidenden Ursachen einer gegebenen Wirkung zu bestimmen, indem sie das Kausalknäuel in eine lineare Kausalkette umformt.

Entscheidend für die Isolierung von Kausalfaktoren wird das Feststellen von Sinnadäquanzen. Bei der Analyse von Sinnadäquanz geht es um die Entdeckung von Entsprechungen zwischen den Handlungen und Bewußtseinslagen, die wir in der Geschichte finden; in diesem Sinne spricht Weber zum Beispiel davon, daß die Lebensführung, die der reformierte Protestantismus hervorbrachte, der kapitalistischen Entwicklung „adäquat" war. Weber fragt immer wieder, ob bestimmte Ereignisse auch in anderen Zusammenhängen gedacht werden könnten. So erwartet er vom Leser zum Beispiel von vornherein ein Verständnis dafür, daß Miltons Gedanke von „innerem Paradies" des Menschen der mittelalterlichen Paradiesvorstellung fremd ist. (In Miltons Epos hatte der Erzengel Michael Adam bei der Verstoßung getröstet: wenn er zu den christlichen Tugenden vor allem die christliche Liebe hinzufüge, dann werde er das ursprüngliche Paradies nicht ungern verlassen, weil er in sich selber ein viel seligeres trage.) „Jeder empfindet sofort, daß dieser mächtigste Ausdruck der ernsten puritanischen Weltzugewendetheit, das heißt: Wertung des innerweltlichen Lebens als Aufgabe, im Munde eines mittelalterlichen Schriftstellers unmöglich gewesen wäre. Aber auch dem Luthertum, wie es etwa in Luthers und Paul Gerhards Chorälen sich gibt, ist er ganz ebenso wenig kongenial."[122] Die eben geäußerte Einsicht bezeichnet Weber als eine nur unbestimmte Empfindung, an deren Stelle eine genaue gedankliche Formulierung zu treten hätte. Als erstes fragt Weber in diesem Zusammenhang nach dem religionsgeschichtlichen Zusammenhang, innerhalb dessen die Unterschiede, die wir heute empfinden, hervorgebracht werden. Als zweites beobachtet er die Entsprechungen, „Wahlverwandtschaften" zwischen religiösen

---

[121] ebd., S. 275
[122] PE (1), Bd. 20, S. 52 / PE (2), S. 80 / PE (3), S. 74 / PE (4), S. 48-49

und wirtschaftlichen Formen, also zwischen protestantischer Ethik einerseits und Geist des Kapitalismus andererseits. Erst nach der Betrachtung jener Entsprechungen bzw. Wahlverwandtschaften kann der Versuch einer Zurechnung von Wirtschaftsformen zu prägenden Ursachen gestartet werden.

Aus dem vielfach verschlungenen Komplex von Ursachen und Wirkungen hebt der erkennende Verstand die wesentlichen Ursachen und Wirkungen in Form einer eindeutigen Kausalfolge hervor. Hierbei handelt es sich um eine Vereinfachung der tatsächlichen Zusammenhänge, die aber unentbehrlich ist, da sie das Labyrinth der miteinander verfilzten Faktoren entwirrt und übersichtlich gestaltet. Die Idee der Kausalkette ist eine Fiktion; sie stellt ein Produkt der logischen Tätigkeit des Verstandes dar.

ad 2) Die nächste Stufe des Weberschen Schemas der kausalen Erklärung besteht darin, daß der Forscher die zuvor gedanklich isolierten kausalen Komponenten in bestimmter Richtung abgeändert denkt. Hier führt Max Weber die Kategorie der „objektiven Möglichkeit" ein: Die Zurechnung eines Ereignisses zu seinen „Ursachen" erfordert, daß man sich für jedes mögliche Element des Geschichtsprozesses, dem wir in Verhältnis auf das zu erklärende Ereignis kausale Bedeutung beimessen wollen, fragt, ob und in welchem Maße es für das Eintreten dieses Ereignisses unerläßlich gewesen sei. Eine Antwort auf diese Frage kann nur an das Mittel der Begriffsbildung gebunden werden, nur aus einem Ausschließungs- und Konstruktionsverfahren kommen, das das (als explanans angenommene) Element aus der Reihe der Antezedenten ausschließt und prüft, was ohne es geschehen wäre. Dieses Verfahren „bedeutet zunächst jedenfalls die Schaffung von - sagen wir ruhig: - Phantasiebildern durch Absehen von einem oder mehreren der in der Realität faktisch vorhanden gewesenen Bestandteile der 'Wirklichkeit' und durch die denkende Konstruktion eines in bezug auf eine oder einige 'Bedingungen' abgeänderten Herganges".[123] So wie das geschichtliche Ereignis nie gegeben, sondern das Ergebnis eines Auswahl- und Konstruktionsverfahrens ist, so ist auch der Geschichtsprozeß - im Sinne einer Folge von durch Kausalverhältnisse verbundenen Geschehnissen - das Ergebnis einer Reihe von Operationen, die ihn als solchen „konstruieren". Wenn der Historiker und der Sozialwissenschaftler sich eine historisch-soziale Situation vergegenwärtigen, müssen sie das wirklich Geschehene versuchsweise nach den Richtungen hin

---

[123] ebd., S. 275

auflösen, in welche die Handlungen, Denkweisen, Ereignisse sich auch hätten entwickeln können. Die Kategorie der „Möglichkeit" eröffnet Weber ein Er-klärungsverfahren, das auf dem Vergleich zwischen seiner durch Isolation gewonnen Kausalfolge und anderen gedanklichen konstruierten möglichen Prozessen beruht.[124]

Zur näheren Bestimmung der Ursachen schlägt Weber ein Gedankenspiel zu deren sukzessiven Auslese vor: Durch gedankliche Variationen der verur-sachenden Momente werden bestimmte hypothetische Situationen entworfen, die objektiv möglich waren, wenn bestimmte Konstellationen nicht vorhan-den oder anders gelagert gewesen wären. Jede Ursache, die ausgelassen oder verändert gedacht werden kann, ohne daß die Charakteristika des Untersu-chungsobjekts beeinflußt wird, gilt dann - in bezug auf die interessierenden Gesichtspunkte - als nichtadäquate, als unbedeutende Ursache. „Die Erwä-gung der kausalen Bedeutung eines historischen Faktums wird zunächst mit der Fragestellung beginnen: ob bei Ausschaltung desselben aus dem Kom-plex der als mitbedingend in Betracht gezogenen Faktoren oder bei seiner Abänderung in einem bestimmten Sinne der Ablauf der Geschehnisse nach allgemeinen Erfahrungsregeln eine in den für unser Interesse entscheidenden Punkten irgendwie anders gestaltete Richtung hätte einschlagen können, - denn nur darauf, wie jene uns interessierenden 'Seiten' der Erscheinung durch die einzelnen mitbedingenden Momente berührt werden, kommt es uns ja an. Ist freilich auch auf diese wesentlich negative Fragestellung ein ent-sprechendes 'objektives Möglichkeitsurteil' nicht zu gewinnen, war also - was dasselbe besagt - nach Lage unseres Wissens auch bei Ausschaltung oder Abänderung jenes Faktums der Ablauf in den 'historisch wichtigen', d.h. uns interessierenden, Punkten nach allgemeinen Erfahrungsregeln gerade so, wie er erfolgt ist, 'zu erwarten', dann ist jenes Faktum eben auch in der Tat kausal

---

[124] Die Kategorie der „Möglichkeit" erlaubt es Weber, die kausale Relevanz von Ereignis-sen jenseits der Alternative notwendiger Verbindungen oder Beziehungslosigkeit gra-duell in der Weise zu bestimmen, daß „das objektive Möglichkeitsurteil ... einer ganzen Skala von Graden der Bestimmtheit fähig" ist und „also seinem Wesen nach Gradabstu-fungen" zuläßt. (Ebd., S. 283-284) Auf der Skala von Graden der kausalen Beziehung unterscheidet Weber auch zwischen adäquater und zufälliger Verursachung. (Vgl. ebd., S. 286) Letztlich geht es ihm um die Bestimmung von für das Auftreten des zu erklä-renden Ereignisses „günstigen" oder „hemmenden" Bedingungen und um die Grade der „Begünstigung", die in Form von Möglichkeitsurteilen formuliert werden können.

bedeutungslos."[125] Kausalreihen werden angesehen als Reihen von objektiven Möglichkeiten, die konstruiert werden, indem zu historischen Situationen
verschieden variierte Ereignisse gedanklich hinzugefügt und die daraus resultierenden adäquaten Wirkungen nach Erfahrungsregeln konstruiert werden. Dadurch soll lediglich die kausale Relevanz der in Frage stehenden Tatsachen ermittelt werden. Bei eindeutig herausgearbeitetem Endstadium eines
historischen Ablaufs werden die gedanklich isolierten Ereignisse als Ent-
wicklungsstufen angesehen, wenn sie zueinander im Verhältnis der Adäquanz
stehen.

ad 3) Zwar betrachtet Max Weber die Möglichkeitsurteile als reine Fiktio-
nen, doch versucht er sich auch hier wieder gegen Relativismus und subjektive Willkür abzugrenzen, indem er die Möglichkeitsurteile an das
„nomologische Wissen" des forschenden Individuums bindet. Es sind nur
solche Konstruktionen über einen möglichen kausalen Verlauf eines gegebenen historisch-gesellschaftlichen Ereignisses sinnvoll, die in eine „Regel der
Erfahrung" eingefügt werden können. Und hiermit findet man den dritten
Bestandteil des Weberschen Schemas der kausalen Zurechnung: die Generalisation.[126] „Wenn die kausale Erkenntnis des Historikers Zurechnung konkreter Erfolge zu konkreten Ursachen ist, so ist eine gültige Zurechnung irgend eines individuellen Erfolges ohne die Verwendung 'nomologischer'
Kenntnis - Kenntnis der Regelmäßigkeiten der kausalen Zusammenhänge -
überhaupt nicht möglich."[127] Um kausale Zusammenhänge konstruieren zu
können, muß man über Kenntnisse der Regelmäßigkeiten kausaler Zusammenhänge verfügen; denn jedes objektive Möglichkeitsurteil „bedeutet also
stets die Bezugnahme auf Erfahrungsregeln".[128] Was ist dies für ein Wissen?
Woher kommt es und wie wird es gebildet? Was die Klärung dieser Fragen
angeht, hält sich Weber weitgehend bedeckt. Er spricht  von „Bezugnahme
auf ein positives Wissen von 'Regeln des Geschehens', auf unser
'nomologisches' Wissen, wie man zu sagen pflegt".[129] Fragt man sich, was

---

[125] ebd., S. 282-283
[126] Zwar läßt sich die Generalisation nicht aus der vorher beschriebenen Bildung von
Möglichkeitsurteilen wegdenken, aber indem sie geradezu eine Vorbedingung derselben ist, soll sie in ihrer Problematik gesondert skizziert werden.
[127] ebd., S. 179
[128] ebd., S. 276
[129] ebd.

im Zusammenhang mit diesem Wissenstypus „positiv" und „unser" heißen
könnte, so wird auch die terminologische Relativierung: „wie man zu sagen
pflegt", verständlich. Es handelt sich nämlich bei den nomologischen Kenntnissen um Wissensbestände, „die unsere, an der Wirklichkeit orientierte und
geschulte Phantasie als adäquat beurteilt".[130] Es sind die Kenntnisse, die Erfahrungen und auch die Einbildungskraft des Wissenschaftlers, die darüber
entscheiden, welche Kausalbestimmungen möglichen anderen vorgezogen
werden. In der Tat kann jedes Ereignis von verschiedenen Gesichtspunkten
aus erklärt werden, indem man auf unterschiedliche Erfahrungsregeln zu-
rückgreift. Indem Weber gar nicht daran denkt, deutlich zu machen, auf welche Weise dieses nomologische Wissen systematisiert und methodisch gene-
riert werden könnte - er setzt es einfach voraus -, wird deutlich, daß er keines-
falls eine Methodenlehre zu schreiben beabsichtigte, sondern eine Methodologie, die die Möglichkeitsbedingungen des in der Wissenschaftspraxis Bewährten reflektiert.[131]

Aber wären nicht gerade an diesem Punkt der Kausalanalyse, die ja alle
Relativierungen und Subjektivitäten, die das Erkenntnisverfahren begleiten,
überwinden wollte, und zwar so, daß selbst der oben von Weber angeführte
Chinese nicht seine Zustimmung verweigern können sollte, einige weitere
Absicherungen des Verfahrens vonnöten? Immer wieder hat Weber, sowohl
gegenüber der Subjektivität der Wertgesichtspunkte, die sein Objekt formen,
wie auch gegenüber der Beschränktheit des Verstehens, auf die die klare Logik der Kausalanalyse verwiesen, die letztlich die Objektivität der Erkenntnis

---

[130] ebd., S. 194

[131] Bei und infolge der Bildung von Idealtypen ergeben sich vier Probleme: 1. Alles neue
empirische Material kann schnell als Bedrohung der idealtypischen Begriffsbildung
aufgefaßt werden, wie umgekehrt die Idealtypen leicht als „Vergewaltigung" des Materials erscheinen können. 2. Es läßt sich kein Kriterium ausmachen, ab welchem Grad
der Abweichung des empirischen Materials vom Idealtypus (beide sind ja nie dek-
kungsgleich) letzterer als widerlegt oder zumindest als revidierungsbedürftig zu gelten
hat. Oder anders gesagt bzw. gefragt: Wie läßt sich überhaupt ein Idealtypus vom empirischen Material her kritisieren? 3. Einerseits soll der Idealtypus ein Maßstab sein, der
die Erklärungen für Abweichungen veranlaßt; andererseits müßte er selbst auf seine
Richtigkeit hin überprüfbar sein. 4. Wer sieht sich denn überhaupt in der Lage, ein solches Forschungsinstrument angemessen und sinnvoll zu handhaben? Denn wer besitzt
einen hinreichenden Überblick über das vielschichtige historische Materiall, um die jeweils gedanklich zu steigernden Elemente zu selektieren? Oder: Wie lassen sich bei
mangelndem Überblick über das verfügbare Material unzulässige Generalisierungen
vermeiden?

zu garantieren vermöge, um schließlich sein ganzes Wissenschaftsverfahren an den seidenen Faden „unserer" „geschulten Phantasie" aufzuhängen. Aber offensichtlich ist er sich des Risikos voll bewußt. Denn ob es sich bei dem Ganzen „um reines Gedankenspiel oder um eine wissenschaftlich fruchtbare Begriffsbildung handelt, kann a priori niemals entschieden werden; es gibt auch hier nur einen Maßstab: den des Erfolges für die Erkenntnis konkreter Kulturerscheinungen in ihrem Zusammenhang, ihrer ursächlichen Bedingtheit und ihrer Bedeutung".[132]

---

[132] ebd., S. 193; vgl auch W.u.G., S. 13, S. 123

## IV. Zur Argumentationsstrategie Max Webers

### 1. Sinn und Erlösung

Warum gewinnen Religionen überhaupt eine Macht über das Denken und Handeln der Menschen? Weber hat hierzu - außerhalb der Protestantischen Ethik - zwei unterschiedliche Antworten vorgelegt, die einander nicht ausschließen, aber in verschiedene Richtungen weisen. In der ersten Antwort geht es um die theoretische Erklärung des Sinnes der Welt, und die zweite Antwortvariante zielt darauf ab, den Leidenden das Warum „ihres" Zustandes zu erklären.

ad 1) Weber betrachtet das „metaphysische Bedürfnis"[1] als treibende Entwicklung religiöser Vorstellungen: nämlich die Tatsache, daß der Mensch den Anspruch auf „Sinnhaftigkeit", die er im menschlichen Zusammenleben erfährt, auch dem außermenschlichen Sein und seinem Schicksal gegenüber erlebt, und daß er das Erleben von Sinnlosigkeit als Not erfährt. Die „metaphysische Unzufriedenheit" des Menschen hat immer wieder zu Versuchen geführt, die Welt als sinnvollen Kosmos zu begreifen und zu ihr Stellung zu nehmen.[2] Jeder der Lösungen dieses Versuchs, ob durch (mystisches) Wissen (die Lösung des religiösen Intellektualismus) oder durch Glauben, erwächst als Konsequenz die Aufgabe, die Wirklichkeit der Welt gegenüber der behaupteten Sinneinheit zu erklären. Dieses theoretische Bedürfnis ist nicht primär Ausdruck des Ausgleichsverlangens negativer Privilegierter, sondern vor allem Folge des Anspruchs auf Sinnhaftigkeit der Welt überhaupt.[3] Die Antworten auf die Sinnfrage zeigen ein verschiedenes Maß an Konsequenz, und die Macht, die auch die Konsequenz über das Denken der

---

[1] GARS I, S. 253
[2] vgl. ebd., S. 252 ff.; W. u. G., S. 286 ff.
[3] vgl. GARS I, S. 246 ff.; W. u. G., S. 296 ff.

Menschen hat, wird hier selbst zu einem Element der Eigengesetzlichkeit religiöser Entwicklung. Weber kennt nur drei konsequente Lösungen des Sinnproblems: den Vergeltungsmechanismus der indischen Karman- und Seelenwanderungslehre, den persischen Dualismus und den deus abscondidus der calvinistischen Prädestinationslehre. In dieser letzten wird auf ein Begreifen des Sinns radikal verzichtet.

ad 2) Die Menschen finden sich seit jeher in Situationen, die sie als vieldeutig und leidvoll erleben. Das „Warum", die Herkunft dieses Zustandes, suchen die Religionen zu erhellen. Praktisch bieten sie den erlösungsbedürftigen Menschen Möglichkeiten an, ihren leidvollen Zustand zu überwinden. Letztlich geht es um die Frage nach der Rechtfertigung der ungleichen Verteilung der Glücksgüter unter den Menschen. Im folgenden wird ein Überblick über Varianten des Erlösungsglaubens gegeben, um im Unterschied zu diesem die Besonderheit der calvinistischen Lehre von der Prädestination andeuten zu können.

Erlösung kann in vierfacher Hinsicht als Werk des Menschen angesehen werden: Erlösung kann angestrebt werden durch rituelle Kulthandlungen und Zeremonien, etwa durch Zauberei: Häufig ist es ein formaler magischer Ritualismus, der von rationalem Handeln direkt wegführt.[4] Erlösung kann durch soziale Leistungen, das heißt, durch Systematisierung einer „Ethik der guten Werke"[5] erstrebt werden. Im nächsten Fall wird die ethische Gesamtpersönlichkeit gewertet: an die Stelle der formalen Werkheiligkeit durch äußere Einzelleistungen tritt der Wert des persönlichen Gesamthabitus.[6] Folge ist die Ausbildung einer Gesinnungsethik, die zu einem ethischen Rigorismus gesteigert werden kann. Erlösung kann angestrebt werden durch Selbstvervollkommnung, durch eine bestimmte Heilsmethodik also, etwa durch Ekstase (Orgien).[7] Der Zweck solcher Heilsmethodiken besteht für Weber in der Inkarnation übersinnlicher Wesen im Menschen und damit also in der Selbstvergötterung, dem Besitz des Göttlichen oder der Erringung der von Gott geforderten religiösen Qualitäten.[8]

Erlösung kann in dreifacher Hinsicht als Leistung eines Gottes oder Hei-

---

[4] vgl. W. u. G., S. 322 ff.
[5] ebd.
[6] vgl. ebd., S. 324
[7] vgl. ebd., S. 325
[8] vgl. ebd.

lands betrachtet werden:

a) Erlösung kann erfolgen durch Gnadenspendung von Heilandsgestalten, entweder als Gnadenspendung des Heilands oder Gottes selber oder durch Anstaltsgnade. Die katholische Kirche mit ihren durch das Institut der Beichte abgesicherten Angeboten innerer Entlastung ist für Weber eine solche Gnadenanstalt schlechthin.[9]

b) Erlösung durch den „Glauben" (an Dogmen) im Sinne von „Fürwahrhalten", was Weber das „Opfer des Intellekts" nennt.[10]

c) Erlösung als freies, grundloses Gnadengeschenk, etwa durch Vorherbestimmung Gottes.[11] Die Idee einer solchen Prädestinationsgnade, wie sie vom Calvinismus propagiert wird, verspricht ein Höchstmaß an Heilssicherheit.

Man kann einen Sachverhalt auf mindestens zweierlei Weise deutlich machen: erstens, indem man ihn gegenüber anderen Sachverhalten abhebt, ihn im Unterschied zu jenen charakterisiert, also zeigt, was er nicht ist, wie dies gerade in zwei Varianten skizzenhaft vorgeführt wurde; oder zweitens, indem man ihn, was im folgenden anhand der protestantischen Ethik darzulegen sein wird, in seiner inneren Spezifik erläutert.

## 2.    Rationalisierung der Lebensführung im Calvinismus

### 2.1    Gesichtspunkte der Analyse

Anhand der Berufskonzeption Luthers entwickelte Max Weber die beiden entscheidenden Gesichtspunkte, die Aufschluß über die Wahlverwandtschaft des Protestantismus mit dem Geist des Kapitalismus geben. Es sind dies die Berufs-ethik bei gleichzeitiger Rationalisierung der Lebensführung.

Weber beurteilt den Beitrag Luthers zur Entstehung einer modern kapitalistischen Wirtschaftsethik mindestens zwiespältig, wenn nicht sogar negativ. Entscheidend neu sei Luthers Berufskonzeption. Weber betont, daß in dem deutschen Worte „Beruf" eine religiöse Vorstellung, nämlich die einer von Gott gestellten Aufgabe, mitklinge. Verfolge man das Wort geschichtlich, so

---

[9] vgl. ebd., S. 339 f.
[10] vgl. ebd., S. 341 ff.
[11] vgl. ebd., S. 348 ff.

stelle man fest, daß weder die vorwiegend katholischen Völker noch das klassische Altertum einen Ausdruck ähnlicher Färbung kennen, während er bei allen protestantischen Völkern existiere. Das Wort in seinem heutigen Sinne stamme aus der Bibelübersetzung Luthers, die nicht den Geist des Originals, sondern die Vorstellungen des Übersetzers vermittle.[12] Schon im 16. Jahrhundert sei dann das Wort „Beruf" in der außerkirchlichen Literatur im heutigen Sinne geläufig gewesen.[13] Ebenso wie die Wortbedeutung, so sei auch der Gedanke neu und ein Produkt der Reformation.

> „Unbedingt *neu* war jedenfalls zunächst eins: die Schätzung der Pflichterfüllung innerhalb der weltlichen Berufe als des höchsten Inhaltes, den die sittliche Selbstbestätigung überhaupt annehmen könne. Dies war es, was die Vorstellung von der religiösen Bedeutung der weltlichen Alltagsarbeit zur unvermeidlichen Folge hatte und den Berufsbegriff in diesem Sinne erstmalig erzeugte. ... und als das einzige Mittel, Gott wohlgefällig zu leben, nicht eine Überbietung der inner-weltlichen Sittlichkeit durch mönchische Askese, sondern ausschließlich die Erfüllung der innerweltlichen Pflichten kennt, wie sie sich aus der Lebensstellung des Einzelnen ergeben, die dadurch eben sein 'Beruf' wird."[14]

Die im Berufsbegriff ausgedrückte innerweltliche Sittlichkeit ist das eigentliche Neue. Demgegenüber galt Luther die mönchische Lebensführung nicht nur zur Rechtfertigung vor Gott als gänzlich wertlos, sondern sie schien ihm auch Produkt egoistischer, den Weltpflichten sich entziehender Lieblosigkeit.[15]

Warum die Betonung des Gegensatzes zwischen innerweltlicher Pflichterfüllung und mönchischer Religiosität, wenn man bedenkt, daß die Mönche nur einen kleinen Teil der Katholiken ausmachten?

Während der strenggläubige Katholik sich im Erwerbsleben fortwährend in der Sphäre oder an der Grenze eines Verhaltens bewegte, „welches teils gegen päpstliche Konstitutionen verstieß und nur *rebus sic stantibus* im Beichtstuhl ignoriert oder nur durch laxe (probabilistische) Moral gestattet, teils direkt bedenklich, teils wenigstens nicht positiv gottgefällig war"[16], war der Mönch der eigentlich vollkommene Christ; „seine Leistungen werden aber nicht von jedermann verlangt, wenn auch gewisse seiner Tugenden für

---

[12] vgl. PE (1), Bd. 20, S. 37 / PE (2), S. 65 / PE (3), S. 66 / PE (4), S. 34 f.

[13] vgl. PE (1), Bd. 20, S. 40, Anm. 2 / PE (2), S. 68, Anm. 2 / PE (3), S. 105, Anm. 55 / PE (4), S. 38, Anm. 40

[14] PE (1), Bd. 20, S. 41 / PE (2), S. 69 / PE (3), S. 67 / PE (4), S. 39 (Herv. i. O.)

[15] PE (1), Bd. 20, S. 42 / PE (2), S. 71 / PE (3), S. 68 / PE (4), S. 40

[16] Max Weber, Religiöse Heilsmethodik und Systematisierung der Lebensführung, in: We/Wi I, S. 337 / W. u. G., S. 370, (Herv. i. O.)

das Alltagsleben in abgeschwächtem Maße vorbildlich bleiben"[17]. Das heißt, die Annäherung an ein religiös vollkommenes Leben ist im Katholizismus am ehesten jenseits des Alltagslebens nur einer kleinen Elite möglich.

> „Das Entscheidende aber war: daß der im religiösen Sinn methodisch lebende Mensch par exellence *eben doch allein der Mönch war* ..., weil eben in der *Überbietung* der innerweltlichen Sittlichkeit das spezifisch heilige Leben lag. Das hatte zunächst - und zwar nicht als Vollstrecker irgendeiner 'Entwicklungstendenz', sondern aus ganz persönlichen Erfahrungen heraus, anfänglich übrigens in den praktischen Konsequenzen noch schwankend, dann durch die politische Situation weitergedrängt - Luther beseitigt, und der Calvinismus hat dies von ihm einfach übernommen."[18]

Für Luther können die christlichen Tugenden nur innerhalb der Welt und ihrer Ordnungen in Ehe, Staat und Beruf realisiert werden.[19] So sei es Weber zufolge gerade die Leistung der Reformation gewesen, „daß, im Kontrast gegen die katholische Auffassung, der sittliche Akzent und die religiöse *Prämie* für die innerweltliche, beruflich geordnete Arbeit mächtig schwoll".[20]

Freilich beurteilt Weber den Beitrag Luthers für die Entwicklung einer modern-kapitalistischen Wirtschaftsethik letztlich negativ. Sein Urteil führt er zurück auf eine „traditionalistische Wendung", die Luthers Interpretation des Berufsgedankens nahm. Luther habe die Bibel durch die Brille seiner jeweiligen Gesamtstimmung gelesen, und diese sei im Laufe seiner Entwicklung zwischen etwa 1518 und etwa 1530 immer traditionalistischer geworden.[21] In den ersten Jahren habe bei ihm eine Anschauung vorgeherrscht, derzufolge man in jedem Stand selig werden könne, da es auf der kurzen Pilgerfahrt des Lebens sinnlos sei, auf die Art des Berufes Gewicht zu legen.[22] Diese Wertschätzung der innerweltlichen Orientierung gehe allerdings einher mit einer traditionalistischen Wirtschaftsgesinnung. Denn das Streben nach materiellem Gewinn, der den eigenen Bedarf überstieg, müsse als Symptom mangelnden Gnadenstandes und, da dies Streben ja nur auf Kosten anderer mög-

---

[17] Max Weber, Die Entfaltung der kapitalistischen Gesinnung, in: We/Wi I, S. 369 / Wirtschaftsgeschichte, S. 310
[18] PE (1), Bd. 21, S. 31 / PE (2), S. 119 / PE (3), S. 136-137 / PE (4), S. 80-81 (Herv. i. O.)
[19] vgl. Max Weber, Religiöse Heilsmethodik und Systematisierung der Lebensführung, in: We/Wi I, S. 344 / W. u. G., S. 717
[20] PE (2), S. 74 / PE (3), S. 6-70 / PE (4), S. 175 (Herv. i. O.)
[21] vgl. PE (1), Bd. 20, S. 46 / PE (2), S. 75 / PE (3), S. 70 / PE (4), S. 43
[22] vgl. PE (1), Bd. 20, S. 46 f. / PE (2), S. 75 f. / PE (3), S. 71 / PE (4), S. 44

lich erscheine, direkt als verwerflich gelten.[23] Mithin sei es für Luther zwar gleichgültig, in welchem konkreten Beruf der einzelne tätig ist, aber dieser Beruf gelte gleichsam als ein Befehl Gottes an ihn. Demzufolge habe er die konkrete Berufsstellung, die Gott ihm zugewiesen habe, zu erfüllen und auf keinen Fall zu verlassen: „...der Einzelne soll grundsätzlich in dem Beruf und Stand *bleiben*, in den ihn Gott einmal gestellt hat, und sein irdisches Streben in den Schranken dieser seiner gegebenen Lebensstellung halten."[24]

Weber kommt zu dem Schluß, daß der Berufsbegriff Luthers traditionalistisch gebunden bleibt: der Beruf sei das, was der Mensch als göttliche Fügung hinzunehmen, in die er sich zu schicken habe. Dieser Aspekt übertöne letztlich den auch vorhandenen anderen Gedanken, des Berufs als Arbeit, als Pflicht zur aktiven innerweltlichen Orientierung.[25]

> Das Luthertum „enthielt an sich offenbar keinerlei Antrieb zu dem, was für uns hier als Produkt des asketischen Protestantismus wichtig ist: zu einer systematischen rationalen Gestaltung des ethischen Gesamtlebens. Die lutherische Frömmigkeit ließ demgemäß die unbefangene Vitalität triebmäßigen Handelns und naiven Gefühlslebens ungebrochener: es fehlte jener Antrieb zur konstanten Selbstkontrolle und damit überhaupt zur *planmäßigen* Reglementierung des eigenen Lebens".[26].

Am Maßstab der „Modernität" gemessen, stehe der Traditionalismus der Auffassung Luthers zum Wirtschaftsleben weit hinter den Ansichten einiger katholischer Theoretiker vor ihm zurück.[27] Daraus zieht Max Weber die Konsequenz, daß der Gedanke des „Berufs" im lutherischen Sinn „von jedenfalls nur problematischer Tragweite"[28] für die Beantwortung seiner Fragestellung sei. Damit will er freilich nicht sagen, daß die lutherische Reform überhaupt keine Bedeutung für die Entwicklung der modern-kapitalistischen Wirtschaftsethik gehabt hätte. Nur sei eine derartige Beziehung weder direkt ableitbar noch leicht greifbar, wie dies bei anderen Ausprägungen der Fall sei.[29]

Zu den Ausprägungen des Protestantismus, bei denen ein Zusammenhang der durchrationalisierten Lebenspraxis mit dem religiösen Ausgangspunkt

---

[23] vgl. PE (1), Bd. 20, S. 47 / PE (2), S. 76 / PE (3), S. 71 / PE (4), S. 44

[24] PE (1), Bd. 20, S. 47 / PE (2), S. 76 / PE (3), S. 71 / PE (4), S. 44-45 (Herv. i. O.)

[25] vgl. PE (1), Bd. 20, S. 48 f. / PE (2), S. 77 f. / PE (3), S. 72 / PE (4), S. 45 f.

[26] PE (1), Bd. 21, S. 36-38 / PE (2) S. 125-127 / PE (3), S. 141-142 / PE (4), S. 86-87 (Herv. i. O.)

[27] We/Wi I, S. 343 / W. u. G., S. 717

[28] PE (1), Bd. 20, S. S. 50 / PE (2), S. 79 / PE (3), S. 73 / PE (4), S. 47

[29] vgl. PE (1), Bd. 20, S. 50 / PE (2), S. 79 / PE (3), S. 73 / PE (4), S. 47

leichter zu ermitteln sei als beim Luthertum, zählt Weber 1. den Calvinismus, 2. den Pietismus, 3. den Methodismus und 4. die aus der täuferischen Bewegung hervorgewachsenen Sekten.[30] Diese Formen des asketischen Protestantismus, die sich in den kapitalistisch höchst entwickelten Ländern des 16. und 17. Jahrhunderts entwickelt haben - nämlich in den Niederlanden, in England und Frankreich -, macht Weber nun zum Gegenstand seiner Analyse.

Die Argumentation Webers hat bei der Analyse jener Ausprägungen des Protestantismus zwei Aspekte zu berücksichtigen und zu unterscheiden: Zum ersten die Berufspflicht:

> eine „Verpflichtung, die der Einzelne empfinden soll und empfindet gegenüber dem Inhalt seiner 'beruflichen' Tätigkeit, gleichviel worin sie besteht, gleichviel insbesondere, ob sie dem unbefangenen Empfinden als reine Verwertung seiner Arbeitskraft oder gar nur seines Sachgüterbesitzes (als 'Kapital') erscheinen muß: - dieser Gedanke ist es, welcher der 'Sozialethik' der kapitalistischen Kultur charakteristisch, ja in gewissem Sinne für sie von konstitutiver Bedeutung ist".[31]

Wie sich anhand der Analyse der Berufskonzeption Luthers zeigte, befördert das Auftreten allein der Berufspflicht noch nicht die Entstehung eines kapitalistischen Geistes. Was fehlte, war die systematische Rationalisierung der alltäglichen Le-benspraxis.

Zum zweiten also die Rationalisierung der Lebensführung: Sie beruht für den einzelnen auf dem religiösen Antrieb zur methodischen Kontrolle seines Gnadenstandes in der Lebensführung und damit in deren asketischer Durchdringung. Dieser asketische Lebensstil bedeutet eine an Gottes Willen orientierte rationale Gestaltung des ganzen Daseins.[32] Erst in der Verbindung der innerweltlichen Berufspflicht mit einer aus ihr erwachsenen systematischen Rationalisierung der Lebensführung entsteht jene Gesinnung, die Weber „Geist des Kapitalismus" nennt. Ebensowenig wie allein eine innerweltliche Orientierung jenen Geist produzieren konnte, war auch eine Rationalisierung der Lebensführung, die eben nicht - wie in den Klöstern - innerweltlich orientiert war, dazu in der Lage.

---

[30] vgl. PE (1), Bd. 21, S. 1 / PE (2), S. 84 / PE (3), S. 115 / PE (4), S. 53
[31] PE (1), Bd. 20, S. 17 / PE (2), S. 36 / PE (3), S. 45 / PE (4), S. 16
[32] vgl. PE (1), Bd. 21, S. 73 / PE (2), S. 162 f. / PE (3), S. 164 / PE (4), S. 120

## 2.2 Individualisierung

Gegenüber dem Ausdruck „Individualismus" verhält Weber sich skeptisch, denn er umfasse das denkbar Heterogenste.[33] Dennoch gebraucht er diesen Ausdruck, um die „Tendenz zur innerlichen Lösung des Individuums aus den engsten Banden, mit denen es die Welt umfangen hält"[34], als Resultat der calvinistischen Theologie darzulegen. Das Resultat beschreibt er als eine „innere Isolierung des Menschen" und als einen „illusionslosen und pessimistisch gefärbten Individualismus"[35]. Wie kommt es dazu?

Calvins Gott sei ein jedem menschlichen Verständnis entzogenes Wesen, welches von Ewigkeit her nach gänzlich unerforschlichen Ratschlägen jedem einzelnen sein Geschick zugeteilt und über alles Kleinste im Kosmos verfügt habe.[36] Dies hat zwei Konsequenzen: Erstens seien Gottes freie Entschlüsse durch menschliches Einwirken - etwa Verdienst oder Verschulden - nicht beeinflußbar. Und zweitens stehe seit Anbeginn der Welt für diesen Gott fest, welche Menschen erwählt und welche verdammt seien.

> „In ihrer pathetischen Unmenschlichkeit mußte diese Lehre nun für die Stimmung einer Generation, die sich ihrer grandiosen Konsequenz ergab, vor allem eine Folge haben: das Gefühl einer unerhörten inneren *Vereinsamung des einzelnen Individuums.* In der für die Menschen der Reformationszeit entscheidenden Angelegenheit des Lebens: der ewigen Seligkeit, war der Mensch darauf verwiesen, seine Straße einsam zu ziehen, einem von Ewigkeit her feststehenden Schicksal entgegen. Niemand konnte ihm helfen. Kein Prediger: - denn nur der Erwählte kann das Gotteswort spiritualiter verstehen. Kein Sakrament: - denn die Sakramente sind zwar von Gott zur Mehrung seines Ruhms verordnet und deshalb unverbrüchlich zu halten, aber kein Mittel, Gottes Gnade zu erlangen. ... Keine Kirche: - denn es gilt zwar der Satz 'extra ecclesiam nulla salus' in dem Sinne, daß, wer sich von der wahren Kirche fernhält, nimmermehr zu den von Gott Erwählten gehören kann; aber zur (äußeren) Kirche gehören auch die Reprobierten, ja sie sollen dazu gehören und ihren Zuchtmitteln unterworfen werden, nicht um dadurch zur Seligkeit zu gelangen - das ist unmöglich -, sondern weil auch sie zu Gottes Ruhm zur Innehaltung seiner Gebote gezwungen werden müssen. Endlich auch: kein Gott: - denn auch Christus

---

[33] vgl. PE (1), Bd. 21, S. 12, Anm. 16 / PE (2), S. 95, Anm.3 / PE (3), S. 198, Anm. 23 / PE (4), S. 63, Anm. 80

[34] PE (1), Bd. 21, S. 14 / PE (2), S. 98 / PE (3), S. 125 / PE (4), S. 65

[35] PE (1), Bd. 21, S. 11-12 / PE (2), S. 95 / PE (3), S. 123 / PE (4), S. 62-63

[36] vgl. PE (1), Bd. 21, S. 10 / PE (2), S. 93 / PE (3), S. 122 / PE (4), S. 61

ist nur für die Erwählten gestorben, denen Gott seinen Opfertod zuzurechnen von Ewigkeit her beschlossen hatte."[37]

Es sei gerade der Fortfall kirchlich-sakramentalen Heils, der die Distanz zwischen Gott und den je einzelnen Menschen unüberbrückbar mache.[38] Auf diese Weise stelle der Calvinismus den einzelnen in religiösen Dingen ganz auf sich selbst.[39] Nachdem schon das Verhältnis des einzelnen zu Gott radikal individualisiert wurde, so forderte dieser Gott nun auch, daß man ihm mehr zu gehorchen habe als den Menschen.

Daraus folgte nun auch in sozialer Hinsicht ein Individualisierungsschub. Denn die traditionalen Standards zwischenmenschlichen Verhaltens, patriarchalische und autoritäre Gegebenheiten seien auf diese Weise radikal gesprengt worden.[40] Dies bildete für Weber „eine der wichtigsten geschichtlichen Grundlagen des modernen 'Individualismus'".[41]

### 2.3 Kräfteökonomie

„Kräfteökonomie"[42] bedeutet bei Weber a) die Steigerung und b) die Konzentrierung der Kräfte des Individuums.

a) Eine Steigerung des Kräftehaushaltes wurde infolge des Verschwindens der Privatbeichte erreicht. Dies gilt Weber als „psychologischer Entwicklungsreiz"[43] für eine ethische Haltung; denn das „Mittel zum periodischen 'Abreagieren' des affektbetonten Schuldbewußtseins wurde beseitigt".[44] Weder die Kirche stellte mit Hilfe einer Sakramentsgnade ein Ausgleichsmittel für die menschliche Unzulänglichkeit zur Verfügung, noch konnten die Individuen durch guten Willen und gute Taten Sünden wettmachen und somit für eine Entlastung von jener ungeheuren Spannung sorgen, in welcher zu leben zum unentrinnbaren Schicksal des Calvinisten wurde. „Von dem katholischen, echt menschlichen Auf und Ab zwischen Sünde, Reue, Buße, Entlas-

---

[37] PE (1), Bd. 21, S. 11 / PE (2), S. 93-94 / PE (3), S. 122-123 / PE (4), S. 62 (Herv. i. O.)
[38] vgl. PE (2), S. 94 / PE (3), S. 123 / PE (4), S. 178
[39] vgl. PE (2), S. 101 / PE (3), S. 127 / PE (4), S. 180 f.
[40] vgl. PS in GARS I, S. 235 / PS in We/Wi I, S. 297
[41] PS in GARS I, S. 235 / PS in We/Wi I, S. 297
[42] PE (2), S. 101 / PE (3), S. 126 / PE (4), S. 180
[43] PE (2), S. 97 / PE (3), S. 124 / PE (4), S. 179
[44] PE (2), S. 97 / PE (3), S. 124 / PE (4), S. 179

tung, neuer Sünde oder von einem durch zeitliche Strafen abzubüßenden, durch kirchliche Gnadenmittel zu begleichenden Saldo des Gesamtlebens war keine Rede."[45]

b) Die Konzentrierung der Kraft hatte ihren Ausgangspunkt in der Konzentration auf ein ausschließliches Ziel des Lebens, dem sich alles andere bedingungslos unterzuordnen hatte: die Seligkeit, beherrscht von dem ausschließlichen Gesichtspunkt, Gottes Ruhm auf Erden zu mehren.[46] Dazu gehörte dann auch die völlige Ausschaltung „aller jener Fragen nach dem 'Sinn' der Welt und des Lebens, an welchen sich andere zerrieben ...".[47] Eine Art von glücklicher Borniertheit für jede Frage nach dem „Sinn" der Welt[48] verhinderte das Verzetteln der Kräfte.

Diese Konzentration auf ein Ziel verlangte nun seitens der Gläubigen die Sammlung ihrer Kräfte durch aktive Selbstbeherrschung, die allererst es ermöglichte, „den Menschen der Macht der irrationalen Triebe und der Abhängigkeit von Welt und Natur zu entziehen" und „der Suprematie des planvollen Wollens zu unterwerfen"[49]. All das, was stören und ablenken könne von einer durch konstante Reflexion geleiteten Orientierung auf das Ziel, wurde ausgeschaltet.

„Die puritanische - wie jede 'rationale' - Askese arbeitete daran, den Menschen zu befähigen, seine 'konstanten Motive', insbesondere diejenigen, welche sie selbst ihm 'einübte', gegenüber den 'Affekten' zu behaupten und zur Geltung zu bringen: - daran also, ihn zu einer 'Persönlichkeit' in *diesem*, formal-psychologischen Sinne des Wortes zu erziehen."[50]

Diese Konzentrierung der Kräfte und die Konstanz ihrer Sammlung und Anwendung wurde von einem Glauben verlangt, der Gnade, Vergebung und Wiedergutmachung nicht kannte, mithin keinen Fehler verzeihen konnte.

## 2.4 Berufsethik

Der absolute Gott Calvins hat das Schicksal der Menschen von Ewigkeit her festgelegt. Die von ihm Erwählten und Verdammten können an ihrer Be-

---

[45] PE (2), S. 114-115 / PE (3), S. 133-134 / PE (4), S. 185
[46] vgl. PE (1), Bd. 21, S. 28 / PE (2), S. 115 / PE (3), S. 134 / PE (4), S. 77 f.
[47] PE (2), S. 101 / PE (3), S. 126 / PE (4), S. 180
[48] We/Wi I, S. 329 / W. u. G., S. 332
[49] PE (1), Bd. 21, S. 28 / PE (2), S. 116 / PE (3), S. 135 / PE (4), S. 78
[50] PE (1), Bd. 21, S. 29 / PE (2), S. 117 / PE (3), S. 135 / PE (4), S. 79 (Herv. i. O.)

stimmung nichts ändern. Für Weber ist nun die Frage entscheidend, wie diese Lehre von den Gläubigen ertragen wurde.[51] Theoretisch wäre es denkbar, daß die Menschen aufgrund jener Prädestination zu dem Schluß gekommen wären, daß, da die Art und Weise der irdischen Lebensführung auf ihr religiöses Schicksal keinerlei Einfluß haben könne, es mithin völlig gleichgültig sei, wie man sich benehme; das heißt, ein Anarchismus oder Hedonismus wäre durchaus eine mögliche Konsequenz jener Prädestination gewesen.

Daß es nicht dazu kam, führt Weber auf die in jener Zeit vorherrschende religiöse Orientierung der Menschen zurück: Ihnen sei das Jenseits nicht nur wichtiger, sondern in vieler Hinsicht auch sicherer gewesen als alle Interessen des diesseitigen Lebens.[52] Es ist also nicht die protestantische Ethik selbst, sondern eine religiöse Grundstimmung, die die Menschen jener Zeit derart erfaßte, daß der Gedanke der Prädestination nicht zu einer Säkularisierung und Hedonisierung der alltäglichen Lebenspraxis führte. Im Gegenteil habe diese religiöse Grundstimmung die Calvinisten zu der entscheidenden und alle anderen Interessen in den Hintergrund drängenden Frage geführt: „Bin *ich* denn erwählt? Und wie kann *ich* dieser Erwählung sicher werden?".[53]

Calvin selbst habe noch die Annahme verworfen, man könne aufgrund des Verhaltens der Menschen darauf zurückschließen, ob sie zu den Erwählten oder Verdammten gehörten. Denn dies sei ein vermessener Versuch, in die Geheimnisse Gottes einzudringen.[54] Ganz anders jedoch bei seinen Nachfolgern. Denen habe sich immer dringender die Frage aufgedrängt, ob es sichere Merkmale gebe, an denen man die jeweilige Zugehörigkeit zum Kreis der Erwählten erkennen könne.[55]

Zum ersten sei es schlechthin zur Pflicht gemacht worden, sich für erwählt zu halten, da mangelnde Selbstgewißheit es erlaubt hätte, auf einen unzulänglichen Glauben, also eine unzulängliche Wirkung der Gnade Gottes zurückzuschließen.[56] Anstelle der demütigen Sünder seien auf diese Weise selbstgewisse „Heilige" gezüchtet worden.[57]

---

[51] vgl. PE (1), Bd. 21, S. 17 / PE (2), S. 102 / PE (3), S. 127 / PE (4), S. 68
[52] vgl. PE (1), Bd. 21, S. 17 f. / PE (2), S. 102 f. / PE (3), S. 127 / PE (4), S. 68
[53] PE (1), Bd. 21, S. 18 / PE (2), S. 103 / PE (3), S. 127 / PE (4), S. 69 (Herv. i. O.)
[54] vgl. PE (1), Bd. 21, S. 18 / PE (2), S. 103 / PE (3), S. 127 / PE (4), S. 69
[55] vgl. PE (1), Bd. 21, S. 19 / PE (2), S. 104 / PE (3), S. 128 / PE (4), S. 69
[56] vgl. PE (1), Bd. 21, S. 20 / PE (2), S. 105 / PE (3), S. 128 / PE (4), S. 70
[57] vgl. PE (1), Bd. 21, S. 20 / PE (2), S. 105 / PE (3), S. 129 / PE (4), S. 71

Zum zweiten sei als Mittel, jene Selbstgewißheit zu erlangen und zu erhalten, die rastlose Berufsarbeit eingeschärft worden. Denn sie allein verscheuche religiöse Zweifel und gebe die Sicherheit des Gnadenstandes. Für Weber besteht die Funktion der weltlichen Berufsarbeit darin, die religiösen Angstaffekte abreagieren zu können.[58] Nicht um die Seligkeit zu erkaufen, sondern um die Angst um die Seligkeit loszuwerden, widmet der Calvinist sich der weltlichen Berufsarbeit.[59] So gesehen ist die weltliche Berufsarbeit der Gegenstandsbereich, auf den sich die Kräfteökonomie des Calvinisten konzentriert.

## 2.5 Methodische Lebensführung

Der Calvinist mußte seinen Glauben im weltlichen Berufsleben bewähren. Nun stellt sich die Frage, wie dieses weltliche Berufsleben zu gestalten war, damit es auch als Nachweis des Status eines Erwähltseins dienen konnte.

Hinsichtlich der Gestaltungsmöglichkeiten sind zwei Aspekte denkbar: Die Konzentration auf die Art und Weise, auf die Methode der Berufsarbeit, und zweitens die Konzentration auf die objektiven Wirkungen, nämlich den Erfolg der Berufsarbeit. Beide Aspekte wurden für den Calvinisten wichtig. Zuerst einmal zur methodischen Ausgestaltung der Berufsarbeit:

Weber zufolge ist für den Calvinisten im Unterschied zum Katholiken und Lutheraner gerade das Fortfallen der kirchlichen Gnadenmittel, die das Schicksal lindern und den Gläubigen trösten könnten, ausschlaggebend dafür, daß eine konstante Lebensführung verlangt wurde. Während Katholiken und Lutheraner noch hätten hoffen können, Stunden der Schwäche und des Leichtsinns durch erhöhten guten Willen und gute Taten in anderen Stunden wettzumachen, habe der Gott der Calvinisten von den Seinen nicht einzelne gute Werke, sondern eine zum System gesteigerte Werkheiligkeit verlangt.[60]

Die ethische Praxis der Menschen sei auf diese Weise ihrer Plan- und Systemlosigkeit entkleidet und zu einer konsequenten Methode der ganzen Lebensführung ausgestaltet worden.[61]

---

[58] vgl. PE (2), S. 106 / PE (3), S. 129 / PE (4), S. 182
[59] vgl. PE (2), S. 110 / PE (3), S. 131 / PE (4), S. 183
[60] vgl. PE (1), Bd. 21, S. 17 / PE (2), S. 114 / PE (3), S. 133 / PE (4), S. 77
[61] vgl. PE (1), Bd. 21, S. 27 / PE (2), S. 115 / PE (3), S. 134 / PE (4), S. 77

So gesehen wurde von den Calvinisten jeder Aspekt des Lebens zu allen Zeitpunkten systematisch daraufhin kontrolliert, ob er dem Ziel eines heiligen Lebens entsprach. Dies bedeutete eine konsequente Durchrationalisierung des Lebens: Die einzelnen Handlungen wurden zu einem Lebenssystem durchorganisiert, sie wurden auf ihre Eignung hin geprüft, den Zweck der Heiligung des Lebens zu erreichen. So sei gerade mit Hilfe des religiösen Tagebuchs - ursprünglich von den Jesuiten zum Zwecke der Vollständigkeit der Beichte entwickelt - eine Methode angewandt worden, welche Sünden, Anfechtungen und in der Gnade gemachte Fortschritte fortlaufend und tabellarisch erfaßt habe, und mit deren Hilfe die reformierten Christen ihre Lebensführung systematisch selbst überwacht hätten.[62]

Was hier praktiziert wurde, sei eine aktive Selbstbeherrschung, Selbstkontrolle gewesen.[63] Die Selbstkontrolle ermöglichte im Gegensatz zu einem ständigen Schwanken, wie es von den Trieben, Affekten und Gefühlen ausgeht, eine konstante und systematisch rationalisierte Lebensführung. Intensiviert wurde die Erziehung zu einer „Persönlichkeit"[64] durch eine ständige äußere Kontrolle, insbesondere durch die Kontrolle der Resultate des Erfolgs jener Lebensführung. Sei es ein Ausgangspunkt der Überlegungen Calvins gewesen, daß gute Werke nicht zur Erlangung der Seligkeit taugen, so dienten die Werke dem Calvinisten nicht mehr dazu, seine Seligkeit zu erkaufen, sondern dazu, die Angst um das Seelenheil loszuwerden. Dies habe gerade dazu geführt, daß sich der Calvinist, je nach Erfolg seiner Arbeit, die Gewißheit seiner Seligkeit selbst verschaffe.[65] Und gerade die systematische Durchrationalisierung der Berufsarbeit, die Konzentration der ganzen Lebensführung auf sie, machte den Calvinisten zum „Berufsmenschen"[66] schlechthin.

Dazu gehöre auch, daß die Erfüllung der Berufsaufgaben einen eigentümlich sachlich-unpersönlichen Charakter annehme.[67] Denn die Lebensinhalte würden nicht auf Personen, sondern auf sachlich rationale Zwecke ausge

---

[62] vgl. PE (1), Bd. 21, S. 34 / PE (2), S. 123 / PE (3), S. 139 / PE (4), S. 83
[63] vgl. PE (1), Bd. 21, S. 25; 28 f. / PE (2), S. 111; 116 / PE (3), S. 132; 135 / PE (4), S. 75; 78
[64] vgl. PE (1), Bd. 21, S. 29 / PE (2), S. 117 / PE (3), S. 135 / PE (4), S. 79
[65] vgl. PE (1), Bd. 21, S. 24 / PE (2), S. 111 / PE (3), S. 132 / PE (4), S. 74
[66] vgl. PE (1), Bd. 21, S. 108 / PE (2), S. 203 / PE (3), S. 188 / PE (4), S. 153
[67] vgl. PE (1), Bd. 21, S. 17 / PE (2), S. 101 / PE (3), S. 126 / PE (4), S. 66 f.

richtet.[68] Dies sei erst möglich gewesen aufgrund der These, daß man Gott mehr zu gehorchen habe als den Menschen.[69] Gerade dies erlaubte eine methodisch rationale Art der Lebensführung, die sich von der Tradition, Konventionen, Vorstellung dessen, was „menschlich" sei, das heißt, traditionellen ethischen Standards, frei machte, um schließlich das ganze Leben von einem Gesichtspunkt, nämlich dem des beruflichen Erfolgs her, durchzuorganisieren. Befördert wurde diese Tendenz zur Durchrationalisierung der Welt ferner durch die These, daß Gott das sachlich Zweckvolle als Mittel der Verherrlichung seines Ruhmes wollen müsse.[70]

## 2.6 Alltag

Max Weber spricht von „Alltagsleben"[71], von „Alltagsmenschen"[72], von „Alltagswirken"[73] und schließlich von „Alltag"[74]. „Alltag" gewinnt bei ihm seine spezielle Bedeutung im Gegensatz a) zu den Verfahren der Verzauberung der Welt durch religiös-magische Heilspraktiken und b) zu den aus dem üblichen Leben hinausdrängenden Sonderformen eines speziell religiös qualifizierten Lebens - wie bei den Mönchen.

ad a) Die Magie als Heilmittel sei in der katholischen Kirche in Gestalt der Sakramentsgnade gegeben, und der Priester fungiere als Magier, der das Wunder der Wandlung vollbringe.[75] Der rein magisch-sakramentale Charakter der Gnadenmittel habe stets das Handeln in der Welt als in religiöser Hinsicht höchstens relativ bedeutsam entwertet; denn die Entscheidung über das Heil sei an den Erfolg nicht „alltags-rationaler Vorgänge" geknüpft worden.[76] So gesehen galt Alltag als das, was sich jenseits des Einflusses magisch-sakramentaler Heilspraktiken erstreckt. Indem nun der Calvinismus zum einen jene Heilspraktiken ausschaltet und zum anderen das tägliche Le-

---

[68] We/Wi I, S. 347 / W. u. G., S. 719

[69] vgl. PS in GARS I, S. 235 / PS in We/Wi I, S. 297

[70] vgl. PE (2), S. 98, Anm. 1 / PE (3), S. 200, Anm. 31 / PE (4), S. 180

[71] vgl. PE (1), Bd. 21, S. 26; 31 / PE (2), S. 112; 120 / PE (3), S. 132 f. / PE (4), S. 75; 80

[72] vgl. PE (1), Bd. 21, S. 27 / PE (2), S. 115 / PE (3), S. 134 / PE (4), S. 77

[73] vgl. GARS I, S. 262 / We/Wi I, S. 319

[74] vgl. GARS I, S. 261 / We/Wi I, S. 318

[75] vgl. PE (2), S. 114 / PE (3), S. 133 / PE (4), S. 185

[76] vgl. GARS I, S. 262 f. / We/Wi I, S. 319

ben systematisch durchrationalisiert, kann Max Weber von einer „Entzauberung der Welt"[77] sprechen. Diese Entzauberung macht dann das Leben zu
einem „Alltagsleben", das Tun zu einem „Alltagswirken" und den Menschen
zu einem „Alltagsmenschen". Entzauberung und „Veralltäglichung" habe
soweit geführt, daß die Gläubigen ohne jede Spur von religiösen Zeremonien
ihre Toten sang- und klanglos bestatteten, um nur nicht den Verdacht aufkommen zu lassen, sie vertrauten auf Heilswirkungen magisch-sakramentaler
Art.[78]

ad b) In dem Maße, wie das Alltagsleben als im religiösen Sinne relativ
unbedeutsam erlebt wurde, bildeten sich - wie in den Klöstern - weltabge-
wandte Formen eines religiös durchorganisierten Lebens heraus. Diese mönchische Lebensführung habe bereits im Mittelalter einen rationalen Charakter
angenommen.[79] Von den Klöstern des heiligen Benedikt über die Clunia-
zenser und Zisterzienser bis hin zu den Jesuiten könne man eine ständige Zunahme rationaler Lebensführung beobachten. Sie hätten eine systematisch
durchgebildete Methode rationaler Lebensgestaltung entwickelt, um den
Menschen der Macht der irrationalen Triebe und der Abhängigkeit von der
Welt zu entziehen und ihn der Suprematie des planvollen Wollens zu unterwerfen. So gesehen seien seine Handlungen beständiger Selbstkontrolle und
der Erwägung ihrer ethischen Tragweite unterstellt worden.[80] Diese aktive
Selbstbeherrschung als Askese sei auch das praktische Lebensideal des Puritanismus geworden.[81] Für ihn habe das wichtigste Mittel der Askese darin
bestanden, Ordnung in die Lebensführung derer, die ihm anhingen, zu bringen.[82]

Der Terminus „Askese" ist nicht einfach deckungsgleich mit dem Terminus „rationale Lebensführung". Während bei Weber die Askese der Calvinisten wie der mittelalterlichen Orden rationale Lebensmethodik mit ein-
schließt, sind eventuell auch nicht-asketische Formen der Lebensrationalisie-
rung denkbar.[83] Aber zu Beginn der Neuzeit konnte wohl nur die asketische

---

[77] PE (2), S. 94; 114 / GARS I, S. 262 / PE (3), S. 123; 133 / PE (4), S. 178; 185 / We/Wi I,
S. 319; 367 / Wirtschaftsgeschichte, S. 309
[78] vgl. PE (2), S. 95 / PE (3), S. 123 / PE (4), S. 178
[79] vgl. PE (1), Bd. 21, 28 / PE (2), S. 116 / PE (3), S. 134 / PE (4), S. 78
[80] vgl. PE (1), Bd. 21, 28 f. / PE (2), S. 116 / PE (3), S. 135 / PE (4), S. 78
[81] vgl. PE (1), Bd. 21, S. 29 / PE (2), S. 116 / PE (3), S. 135 / PE (4), S. 78
[82] vgl. PE (1), Bd. 21, S. 29 f. / PE (2), S. 117 f. / PE (3), S. 135 f. / PE (4), S 79
[83] vgl. PE (1), Bd. 20, S. 14 f. / PE (2), S. 33 / PE (3), S. 42 f. / PE (4), S. 14 f.

Variante rationaler Lebensführung zu einer in sozialer Hinsicht gewissen Durchschlagskraft gelangen, da sie die Kräfteökonomie am effektivsten organisierte. Ihre ursprüngliche Bedeutung ist „Übung", und dann wurde sie auch als „enthaltsame Lebensführung" verstanden. Beide Aspekte zusammen bezeichnen die mönchische wie die protestantische Askese: Einübung rationaler Lebensgestaltung bei gleichzeitiger Enthaltsamkeit gegenüber dem, was jene Lebensführung stören könnte. Der Gegensatz der calvinistischen gegen die mittelalterliche Askese habe nun in der Umgestaltung der mönchischen Askese, die aus dem Alltagsleben herausdrängte und in Klosterbezirken sich isolierte, zu einer rein innerweltlichen Askese bestanden.[84] Die Konsequenz war zum ersten, daß jeder Christ in der Welt sein Leben wie ein Mönch habe leben müssen[85], und zum zweiten, daß eine „penetrante Christianisierung" das Alltagsleben erfaßte[86]. Der enthaltsame Aspekt der calvinistischen Askese wurde schließlich durch den Gedanken an die Verworfenheit des Kreatürlichen[87] fundiert.

ad c) „Alltag" ist ein Schlüsselbegriff Webers. „Alltag" ist für ihn der Inbegriff des Eintönigen, traditional Bestimmten und Verflachten. Weber spricht vom „stillen und öden Ringen des ökonomischen Alltagslebens"[88]. „Das Verflachende des 'Alltags' in diesem eigentlichsten Sinn des Wortes besteht ja gerade darin, daß der in ihm dahinlebende Mensch sich dieser teils psychologisch, teils pragmatisch bedingten Vermengung todfeindlicher Werte nicht bewußt wird und vor allem: auch gar nicht bewußt werden will, daß er sich vielmehr der Wahl zwischen 'Gott' und 'Teufel' und der eigenen letzten Entscheidung darüber: welcher der kollidierenden Werte von dem Einen und welcher von dem Andern regiert werde, entzieht."[89] Der Alltag steht für all das, was Webers Ideal der „Persönlichkeit" nicht entspricht. Durch die Formulierung eines eigenen Standpunktes, durch klare und konsequente Entscheidungen soll und kann der Mensch gegenüber dem Alltag und seinen dauernden Kompromissen und Relativierungen sich behaupten. Die „Frucht vom Baum der Erkenntnis" ist keine andere als die: „um jene Gegen-

[84] vgl. PE (1), Bd. 21, S. 30 f. / PE (2), S. 118 f. / PE (3), S. 136 f. / PE (4), S. 80 f.
[85] vgl. PE (2), S. 119 / PE (3), S. 137 / PE (4), S. 186 f.
[86] vgl. PE (1), Bd. 21, S. 35 / PE (2), S. 124 / PE (3), S. 140 / PE (4), S. 84
[87] vgl. PE (1), Bd. 21, S. 44 f. / PE (2), S. 133 f. / PE (3), S. 145 / PE (4), S. 93 f.
[88] Max Weber, Der Nationalstaat und die Volkswirtschaft, in: ders., Gesammelte politische Schriften, Tübingen 1958, S. 12
[89] WL, S. 507

sätze wissen und also sehen zu müssen, daß jede einzelne wichtige Handlung
und daß vollends das Leben als Ganzes, wenn es nicht wie ein Naturereignis
dahingleiten, sondern bewußt geführt werden soll, eine Kette letzter Entscheidungen bedeutet, durch welche die Seele, wie bei Platon, ihr eigenes
Schicksal: - den Sinn ihres Tuns und Seins heißt das - wählt".[90]

Eine echte Prophetie schafft für Weber eine systematische Orientierung
der Lebensführung an einem Wertmaßstab von innen heraus, der gegenüber
der „Welt" als das nach der Norm ethisch zu formende Material gilt.[91] Die
puritanische Ethik im direkten Gefolge der alttestamentlichen Prophetie war
in der Lage, einen solchen „inneren Habitus" (Geist), eine solche Lebensmethodik zu schaffen, welche auf rationale Beherrschung der Welt zielte. Für
eine solche religiös bedingte rationale Lebensmethodik ist der ökonomische
Erfolg nicht Ziel und Selbstzweck, sondern Mittel der Bewährung.


## 3. Entzauberung

Den Religionen ist die Tendenz eigen, sowohl dogmatische Inhalte fort-
schreitend zu systematisieren als auch die ethischen Anforderungen zu ver-
einheitlichen, an höchsten Wertgesichtspunkten zu orientieren. Der Grad der
Verdrängung der Magie und die Vereinheitlichung der Lebensführung dienen
als qualitative Gradmesser dieser fortschreitenden Rationalisierung. Mit der
altisraelischen Offenbarungsreligion wurde eine gewisse qualitative Ebene
erreicht, und die darauf folgende jüdisch-christliche Religionsgeschichte ist
für Weber weitgehend identisch mit einem fortschreitenden Entzauberungsprozeß. In diesem Prozeß wird entfaltet und systematisiert, was mit der Religion des alten Israel bereits grundgelegt ist: Die Entsakralisierung der Welt
und des Kosmos, die zusammen mit einer fortschreitenden Entdämonisierung
die Entzauberung aller Lebensbereiche des Menschen bedeutet. Mit dem
Protestantismus, genauer: mit seiner asketischen Ausprägung im Calvinismus
und in den täuferischen Sekten, scheint für Weber ein Endpunkt jener Entwicklung erreicht: „Jener große, religionsgeschichtliche Prozeß der Entzauberung der Welt, welcher mit den altjüdischen Propheten einsetzte und, im Verein mit dem hellenischen wissenschaftlichen Denken, alle magischen Mittel

---

[90] ebd., S. 507-508
[91] vgl. GARS I, S. 521

der Heilssuche als Aberglaube und Frevel verwarf, fand hier seinen Abschluß."[92]

Weber verwendet den Begriff „Entzauberung" in zweierlei Weise: Im
Rahmen der allgemeinen Religionsgeschichte und des Vergleichs der großen
Religionen untereinander bezeichnet „Entzauberung" das fortwährende Zu-
rückdrängen magischer Elemente im Zuge fortschreitender Rationalisierung
von Lehre und Ethik.

Im engeren - und zweiten - Sinne, beschränkt auf die abendländische Religionsgeschichte, auf den Raum der christlichen Offenbarungsreligion, gewinnt „Entzauberung" noch eine zweite Bedeutung: Weber versteht nunmehr
darunter - im Sinne des herkömmlichen Begriffs „Säkularisierung" - die zunehmende Zurückdrängung und Eingrenzung der Religion überhaupt.

Einen der Zentralpunkte in Webers Werk bildet die „Rationalität" oder der
„Rationalismus", und zwar eine ganz bestimmte Form dieser Rationalität,
nämlich die abendländische oder okzidentale. Die Gegenwartsgesellschaft
sieht er geprägt vom „modernen okzidentalen Rationalismus", welcher für
ihn in der ersten und höchstentwickelten Form ein Zweckrationalismus ist,
ein instrumenteller, technisch-wissenschaftlicher Rationalismus, der nach und
nach alle Lebensbereiche der Menschen durchdringt. Es geht um einen umfassenden Rationalisierungsprozeß in allen Lebensordnungen, seien es nun
die Sphären der Wirtschaft, Wissenschaft, Politik oder der Kunst. Auch die
Religion unterliegt einem solchen Rationalisierungsprozeß, den er unter dem
Begriff „Entzauberung" konkretisiert.

Weber geht davon aus, daß Religion zwar irrationalen Einschlägen entspringt, weil ihr subjektive Erlebnisse und Vorstellungen einzelner zugrunde
liegen[93], daß aber religiöses Handeln zumindest in gewisser Weise rational
und sinnhaft ist, also mit Sinn und Zwecksetzung verbunden. Religion steht
mithin nicht von vornherein außerhalb der Rationalität und wird in ihrer
weiteren Entwicklung, etwa bei der Ausbildung der Gottesvorstellung, auch
durch rationale Erfordernisse geformt. Religion fordert also Rationalisierung
auf ihre eigene Weise, indem es ihr gelingt, vor allem durch Ausbildung einer
Ethik ihre Ursprungsirrationalität in eine rational geleitete Weltgestaltung
umzusetzen. Am besten, so Weber, sei dies dem asketischen Protestantismus
gelungen, der sich deshalb auch zu einem wichtigen Faktor bei der Genese

---

[92] PE (2), S. 94-95 / PE (3), S. 123 / PE (4), Anm. 163, S. 178
[93] vgl. W. u. G., S. 245

des okzidentalen Rationalismus entwickelte. Die zunehmende Rationalität
drängt freilich die Religion ihrerseits mehr und mehr in das Ghetto des Irrationalismus zurück. Der Prozeß der Entzauberung beseitigt durch den Sieges-
zug der Wissenschaften erstens jenes unterweltliche Reich, zu welchem die
Beziehung zu regeln vorzügliche Aufgabe der Religion ist; mit der Vorstellung der grundsätzlichen Erkennbarkeit unserer Welt gibt es keinen Raum
mehr für das Geheimnis oder für Transzendenz. Zum zweiten beseitigt das
rationale Erkennen die Vorstellung, der Kosmos könnte irgendeinen erkenn-
baren „Sinn" besitzen, eine Ordnung trotz aller gegenteiliger Erfahrungen.
Religion wollte diesen Sinn vermitteln; nun scheint es keinen vermittelbaren
Sinn mehr zu geben. Unsere neuzeitliche Welt wird durch die Wissenschaft
beherrscht. Aber die Einstellung zur Wissenschaft hat sich gewandelt. War
die Wissenschaft früher ein Weg zu Gott oder zur Wahrheit, so ist es heute
offenkundig, daß die Wissenschaften keine Aussagen über einen Sinn der
Welt machen können.

## 4. Wahlverwandtschaft - Über andere protestantische Kirchen und Sekten

„Wahlverwandtschaft" meint eine innere Übereinstimmung und auch ein ge-
genseitig Zu-sich-hingezogen-Fühlen zweier Einheiten. Webers These von
der Wahlverwandtschaft zwischen protestantischer Ethik und kapitalistischer
Wirtschaftsgesinnung zielt also auf eine Übereinstimmung der inneren Prinzipien beider, die so weit geht, daß sie jeweils füreinander eine gewisse Kraft
der Attraktion besitzen. Weber selbst hat sich nie ausführlich dazu geäußert,
was in methodologischer Hinsicht bei ihm „Wahlverwandtschaft" bedeutet;
ebensowenig, wie er dies hinsichtlich seines Gedankens der „Kausalrichtung"
getan hat. Dies soll an dieser Stelle nicht nachgeholt werden.
    Allerdings läßt sich im Durchgang durch seine Analyse der protestanti-
schen Ethik beobachten, wie er beide Verfahrensweisen unterschiedlich einsetzt. Und zwar in der Weise, daß es ihm zuerst darauf ankommt, eine Wahlverwandtschaft zwischen protestantischer Ethik und kapitalistischer Wirtschaftsgesinnung nachzuweisen, um danach die Kausalrichtung von protestantischer Ethik hin zur kapitalistischen Wirtschaftsgesinnung aufzuzeigen.
    Die bisherige Analyse des Calvinismus bewegte sich auf der Ebene des
Nachweises einer Wahlverwandtschaft. Zwischen der Art und Weise, wie die

anderen protestantischen Kirchen und Sekten die asketische Lebensführung ihrer Gläubigen organisieren, und dem Verfahren des Calvinismus stellt Max Weber unterschiedliche Grade der Wahlverwandtschaft mit dem Geist des Kapitalismus fest: „Der Calvinismus erscheint im Vergleich damit dem harten rechtlichen und aktiven Sinn bürgerlich-kapitalistischer Unternehmer wahlverwandter."[94] Das Konzept „Wahlverwandtschaft" scheint also nicht nur vorsichtiger, weil weniger weitreichend und damit weniger angreifbar als das Konzept „Kausalrichtung", es bietet Weber neben dem Vorteil einer behutsamen Annäherung an die Problematik auch die Möglichkeit, komparativ vorzugehen. Er kann von einer mehr oder weniger großen Wahlverwandtschaft sprechen, bei Kausalität wäre dies wohl schlecht möglich. Dieses Verfahren wird schon durch die Art und Weise deutlich, in der Weber die anderen protestantischen Kirchen und Sekten beurteilt. Nicht alle Richtungen innerhalb des Protestantismus waren in gleicher Weise zu einer solchen Methodisierung der Lebensführung in der Lage. Dem Luthertum fehlte durch seine Gnadenlehre der psychologische Antrieb zur Systematisierung.

Ebensowenig war der Pietismus - mit dem sich Weber sehr eingehend befaßt - dazu fähig: Seine Betonung der Gefühlsseite der Religionen, welche ihn anfällig für Affekte macht, steht der Intention jeder Askese naturgemäß entgegen. Der Methodizismus erweist sich als schwankend: Erscheint die „methodische" Systematik der Lebensführung bei ihm durchaus verwandt dem Calvinismus, nahm seine auf die Massen zielende Mission rasch stark emotionellen Charakter an. So bleiben als zweiter selbständiger Träger protestantischer Askese neben dem Calvinismus nur das Täufertum mit seinen Sekten: Baptisten, Mennoniten, Quäker.

Pietismus:
„Ganz offenbar enthielt also die Ausrichtung des religiösen Bedürfnisses auf eine gegenwärtige innerliche *Gefühls*affektion ein minus an Antrieb zur Rationalisierung des innerweltlichen Handelns gegenüber dem nur auf das Jenseits ausgerichteten Bewährungsbedürfnis der reformierten 'Heiligen', während sie freilich gegenüber der traditonalistisch an Wort und Sakrament haftenden Gläubigkeit des orthodoxen Lutheraners immerhin ein Mehr an *methodischer* religiöser Durchdringung der Lebensführung zu entwickeln geeignet war."[95]

---

[94] PE (1), Bd. 21, S. 56 / PE (2), S. 145 / PE (3), S. 152 / PE (4), S. 104
[95] PE (1), Bd. 21, S. 55-56 / PE (2), S. 144 / PE (3), S. 151-152 / PE (4), S. 103-104 (Herv. i. O.)

Methodismus:

> „Der Methodismus erscheint ... für *unsere* Betrachtung als ein in seiner Ethik ähnlich schwankend fundamentiertes Gebilde wie der Pietismus."[96]

Täufertum:

> „Immerhin hat ... nicht nur bis in die Gegenwart eine täuferische Sekte - die sog. 'Tunker' ... - an der Verwerfung der Bildung und jedes, das zur Lebensfristung Unentbehrliche übersteigenden Besitzes festgehalten, sondern es ist z.b. auch bei BARCLAY die Berufstreue nicht in calvinistischer oder auch nur lutherischer, sondern eher in thomistischer Art als 'naturali ratione' unvermeidliche Konsequenz der Verflochtenheit des Gläubigen in die Welt aufgefaßt. Lag in diesen Anschauungen eine ähnliche Abschwächung der calvinistischen Berufskonzeption, wie in vielen Äußerungen ... der deutschen Pietisten, so wurde andererseits die Intensität des ökonomischen Berufsinteresses bei den täuferischen Sekten durch verschiedene Momente wesentlich gesteigert. Einmal durch die, ursprünglich als eine aus der Abscheidung von der Welt folgende religiöse Pflicht aufgefaßte, Ablehnung der Übernahme von Staatsämtern .... Die ganze nüchterne und gewissenhafte Methodik der täuferischen Lebensführung wurde dadurch in die Bahn des unpolitischen Berufslebens gedrängt."[97]

Es zeigt sich also - insbesondere im Vergleich mit dem Paradebeispiel des Calvinismus - zwischen der von den anderen protestantischen Kirchen und Sekten herausgebildeten Ethik und der kapitalistischen Wirtschaftsgesinnung eine in jeweils verschiedenem Maße abgeschwächte Wahlverwandtschaft.

In dem Kapitel „Askese und kapitalistischer Geist" und in dem Aufsatz „Die protestantischen Sekten und der Geist des Kapitalismus" wird Weber „nunmehr die puritanische Berufsidee in ihrer Wirkung auf das *Erwerbs*leben"[98] untersuchen, das heißt, er wird zur Analyse der Kausalrichtung von der Askese hin zu dem kapitalistischen Geist übergehen.

## 5. Kausalrichtung - Puritaner und Kapitalismus

Als Puritaner bezeichnet Weber in Anlehnung an die im 17. Jahrhundert geläufige Definition die asketisch gerichteten religiösen Bewegungen des

---

[96] PE (1), Bd. 21, S. 60 / PE (2), S. 149 / PE (3), S. 155 / PE (4), S. 108
[97] PE (1), Bd. 21, S. 70-71 / PE (2), S. 159-160 / PE (3), S. 161-162 / PE (4), S. 117-118 (Herv. i. O.)
[98] PE (1), Bd. 21, S. 73 / PE (2), S. 162 / PE (3), S. 164 / PE (4), S. 120 (Herv. i. O.)

Protestantismus in Holland und England.[99] Hinsichtlich der Analyse des Einflusses der protestantischen Askese auf die Herausbildung der modernen kapitalistischen Wirtschafts-ethik geht Weber zwar davon aus, den asketischen Protestantismus als „Gesamtmasse" behandeln zu können, als Untersuchungsbeispiel wählt er jedoch den aus dem Calvinismus herausgewachsenen Vertreter des englischen Puritanismus, Richard Baxter.[100] Weber sucht also nicht einen repräsentativen, sondern einen typischen Vertreter des asketischen Protestantismus aus. In diesem Sinne betrachtet er auch den Puritanismus insgesamt für den asketischen Protestantismus als repräsentativ, da er die konsequenteste Fundierung der Berufsideologie liefere.[101]

Über dieses methodische Verfahren gibt Weber in seiner Protestantischen Ethik lediglich einmal in einer Fußnote Auskunft:

> „Auch hier muß, um zunächst die charakteristischen Differenzen herauszuheben, notgedrungen in einer 'idealtypischen' Begriffssprache geredet werden, welche der historischen Realität in gewissem Sinn Gewalt antut, - aber ohne dies wäre vor lauter Verklausulierung eine klare Formulierung überhaupt ausgeschlossen."[102]

Weber wählt also typische Fälle, die ihm erlauben, das Problem scharf zu zeichnen. Dieses Abstrahieren von Zufälligkeiten, Randbedingungen, Vermischungen, die auf weite Teile des Protestantismus Einfluß nahmen, dient ihm dazu, ähnlich wie im naturwissenschaftlichen Experiment einen Kausalfaktor - nämlich die puritanische Askese - zu isolieren, um ihm dann eindeutig die Wirkung - nämlich den kapitalistischen Geist - zuschreiben zu können. Inwieweit dann das möglichst scharf gezeichnete Verhältnis nur ein relatives ist, könne dann gesondert erörtert werden.[103] Hauptsächlich anhand der Schriften von Baxter arbeitet Max Weber heraus, in welcher Weise die puritanische Askese die kapitalistische Wirtschaftsgesinnung schafft. Entlang der Stichworte Arbeit, Profit, Kapitalbildung und Ausbeutung entwickelt Weber seinen Gedankengang.

---

[99] vgl. PE (1), Bd. 21, S. 2, Anm. 2 / PE (2), S. 85, Anm. 1 / PE (3), S. 191, Anm.2 / PE (4), S.54,Anm. 65

[100] vgl. PE (1), Bd. 21, S. 74 / PE (2), S. 164 / PE (3), S. 166 / PE (4), S. 122

[101] vgl. PE (1), Bd. 21, S. 74 / PE (2), S. 164 / PE (3), S. 166 / PE (4), S. 122

[102] PE (1), Bd. 21, S. 26, Anm. 50 / PE (2), S. 113, Anm. 1 / PE (3), S. 213, Anm. 69 / PE (4), S. 76, Anm. 116 (Herv. i. O.)

[103] vgl. PE (1), Bd. 21, S. 26, Anm. 50 / PE (2), S. 113, Anm. 1 / PE (3), S. 213, Anm. 69 / PE (4), S. 76, Anm. 116

*a) Arbeit:*

Zunächst einmal gelte dem Puritaner der Reichtum auf Grund seiner Versuchungen als eine schwere Gefahr. Das Streben nach Reichtum als solchem werde als sittlich bedenklich verworfen, da er gegenüber der überragenden Bedeutung des Gottesreiches sinnlos sei.[104] Während sich die Kirche des Mittelalters dem Reichtum gegenüber feindlich verhielt, insofern - wie oben schon beschrieben - gerade das Reich-werden-Wollen, und nicht das Reich-Sein, von einem christlichen Lebenswandel ablenke, ist nun umgekehrt für den Puritaner das unbefangene Reich-Sein und nicht das Reich-werden-Wollen, was ihm als verwerflich gilt.

Weber zufolge lehnt der Puritaner das Ausruhen auf dem Besitz, den Genuß des Reichtums wegen seiner Konsequenzen: Müßiggang und Fleischeslust und vor allen Dingen wegen der Ablenkung von dem Streben nach einem heiligen Leben ab. Und nur weil der Besitz die Gefahr dieses Ausruhens mit sich bringe, sei er bedenklich. Nicht Muße und Genuß, sondern nur Aktivität diene zur Mehrung von Gottes Ruhm. Daher gelte dem Puritaner die Zeitvergeudung als die erste und prinzipiell schwerste aller Sünden.[105] Zeitverlust durch Geselligkeit, faules Gerede seien so gesehen schwerste Sünden.[106] Um diesen vorzubeugen, werde den Gläubigen von Baxter harte und stetige körperliche oder geistige Arbeit als asketisches Mittel anempfohlen.[107] Darüber hinaus habe die Arbeit auch als vorgeschriebener Selbstzweck des Lebens gegolten: Wer nicht arbeite, solle nicht essen. Arbeitsunlust habe als Symptom fehlenden Gnadenstandes gegolten. Und auch der Besitzende habe nicht essen sollen, ohne zu arbeiten.[108]

*b) Profit:*

Wenn der Gott des Puritaners, der aufgrund seiner Prädestination den Menschen alle Lebenssituationen vorherbestimmt habe, einem der Seinigen eine Gewinnchance zeige, so habe er damit eine Absicht kundgetan. Mithin habe

[104] vgl. PE (1), Bd. 21, S. 75 f. / PE (2), S. 165 f. / PE (3), S. 167 / PE (4), S. 123
[105] vgl. PE (1), Bd. 21, S. 76 f. / PE (2), S. 167 / PE (3), S. 167 / PE (4), S. 124
[106] vgl. PE (1), Bd. 21, S. 77 / PE (2), S. 167 / PE (3), S. 168 / PE (4), S. 124 f.
[107] vgl. PE (1), Bd. 21, S. 79 / PE (2), S. 169 / PE (3), S. 168 / PE (4), S. 126
[108] vgl. PE (1), Bd. 21, S. 81 f. / PE (2), S. 171 f. / PE (3), S. 168 f. / PE (4), S. 128 f.

der Gläubige diesem Rufe zu folgen, indem er sich die Gelegenheit zunutze mache. Auf diese Weise werde die Wahrnehmung der Profitchancen durch den Geschäftsmann ethisch fundiert.[109] Diese Haltung richte sich nun sowohl gegen Bettelei, da sie unproduktiv und unstetig sei, wie gegen die „vornehme Lässigkeit des Seigneurs und die parvenümäßige Ostentation des Protzen", da sie den asketischen und auf Konstanz des Handelns abzielenden Zügen des puritanischen Gelderwerbs widersprächen[110], als auch gegen unrechtlich erworbenen Reichtum und triebhafte Habgier, da sie nur den Reichtum als solchen, mithin das Böse, anvisierten.[111]

*c) Kapitalbildung:*

Die beiden Aspekte der puritanischen Askese, nämlich das Verbot des unbefangenen Genießens und jeglicher Entfaltung von Luxus einerseits und die ungeheure Steigerung des Erwerbsstrebens andererseits bewirken nun eine Kapitalbildung durch asketischen Sparzwang: Die Hemmungen, welche dem konsumtiven Verbrauch des Erworbenen entgegenstanden, haben so seiner produktiven Verwendung als Anlagekapital zugute kommen müssen.[112] Dies sei neu gewesen in einer Zeit, in der kaufmännisch erworbenes Vermögen regelmäßig zum Aufkauf von Landgütern zwecks Nobilitierung des neuen Besitzes verwendet worden war. Die Antipathie des Puritanismus gegen feudale Lebensformen habe dieserart die „Veradligung" bürgerlicher Vermögen verhindert und dafür gesorgt, daß Profite immer wieder produktiv reinvestiert wurden.[113] Auf diese Weise konnten die Prozesse der Kapitalbildung langfristig stabilisiert werden.

*d) Ausbeutung:*

Zwar sei die gesamte asketische Literatur fast aller Konfessionen davon ausgegangen, daß treue Arbeit auch bei niedrigen Löhnen seitens dessen, dem das Leben sonst keine Chancen zugeteilt habe, etwas Gott höchst Wohlgefälliges sei, aber die puritanische Askese habe diesen Gesichtspunkt nicht nur

---

[109] vgl. PE (1), Bd. 21, S. 85; 87 / PE (2), S. 175 f.; 178 / PE (3), S. 171 f. / PE (4), S. 132; 134
[110] vgl. PE (1), Bd. 21, S. 87 f. / PE (2), S. 178 / PE (3), S. 172 / PE (4), S. 134
[111] vgl. PE (1), Bd. 21, S. 100 / PE (2), S. 191 / PE (3), S. 180 / PE (4), S. 146
[112] vgl. PE (1), Bd. 21, S. 101 f. / PE (2), S. 192 f. / PE (3), S. 180 / PE (4), S. 147
[113] vgl. PE (1), Bd. 21, S. 102 / PE (2), S. 193 / PE (3), S. 181 / PE (4), S. 148

vertieft, sondern sie habe jener Norm das erschaffen, worauf es für deren Wirkung allein angekommen sei, nämlich den psychologischen Antrieb zur Arbeit durch die Auffassung dieser Arbeit als Beruf seitens der Arbeiter. Auch den puritanischen Arbeitern habe ihre Arbeit als das letztlich einzige Mittel geholfen, ihres Gnadenstandes sicher zu werden.[114]

Die Produktivität der Arbeit sei durch die Kirchenzucht, die auch die „besitzenden Klassen" erfaßt habe, erheblich gesteigert worden. Auf der anderen Seite habe die Deutung des Gelderwerbs des Unternehmers als Beruf es ermöglicht, „die Ausbeutung dieser spezifischen Arbeitswilligkeit" ethisch zu fundieren.[115]

## 6. Protestantische Sekten und Kapitalismus

Weber zufolge hat die protestantische Askese ihre volle ökonomische Wirkung entfaltet, nachdem der rein religiöse Enthusiasmus der Anfangszeit überwunden gewesen sei, „der Krampf des Suchens nach dem Gottesreich sich allmählich in nüchterne Berufstugend aufzulösen begann, die religiöse Wurzel langsam abstarb und utilitaristischer Diesseitigkeit Platz machte"[116]. Dieses Phänomen beobachtet Weber anhand der protestantischen Sekten der Vereinigten Staaten von Amerika und ihrem Wirtschaftsgebaren zu Anfang dieses Jahrhunderts.

Ausschlaggebend für wirtschaftlichen Erfolg der Sektenmitglieder sei eben ihr Mitgliedsstatus in einer Sekte gewesen.[117]

Vor der Entwicklung dieser These eine Definition dessen, was Weber unter „Sekte" versteht: Eine Sekte im soziologischen Sinn sei nicht eine kleine, von einer Kirche abgesplitterte etwa ketzerische Religionsgruppe gewesen, sondern ein Verband religiös voll Qualifizierter, der auf freier Vereinbarung seiner Mitglieder beruhe. Im Gegensatz zu einer Kirche, in die man hineingeboren werde, in die jeder eintreten kann, und die ihre Gnade über Gerechte und Ungerechte walten lasse, verstünden sich die Sektenmitglieder als eine Elite. Die Aufnahme in ihren Kreis werde von Prüfungen religiöser Qualifi-

---

[114] vgl. PE (1), Bd. 21, S. 106 f. / PE (2), S. 200 / PE (3), S. 185 / PE (4), S. 151 f.
[115] vgl. PE (1), Bd. 21, S. 106 f. / PE (2), S. 200 / PE (3), S. 186 / PE (4), S. 152
[116] PE (1), Bd. 21, S. 104 / PE (2), S. 197 / PE (3), S. 183 / PE (4), S. 149
[117] vgl. PS in GARS I, S. 211 / PS in We/Wi I, S. 282

kation, das heißt, im Falle der protestantischen Sekten von dem sittlichen Lebenswandel abhängig gemacht.[118] Das Sektenmitglied habe, um in den Kreis der Gemeinschaft eintreten zu können, jene Qualitäten nachweisen müssen, die für die Entwicklung des modernen Kapitalismus ausschlaggebend gewesen seien, und es habe jene Qualitäten, um sich in diesem Kreise behaupten zu können, ständig nachweisen müssen.[119] In gewissem Sinne hätten die Sekten als Anstalten der Auslese und Züchtung jener Fähigkeit der innerweltlichen Askese gewirkt.[120]

„In dieser wie in fast jeder anderen Hinsicht sind die puritanischen Sekten, als die spezifischsten Träger der innerweltlichen Askese, die konsequenteste, in gewissem Sinn die einzig konsequente Antithese zur universalistischen katholischen Gnadenanstalt. Die allerstärksten *individuellen* Interessen der sozialen Selbstachtung wurden von ihnen in den Dienst jener Anzüchtung, also auch diese *individuellen* Motive und persönlichen Eigeninteressen in den Dienst der Erhaltung und Propagierung der 'bürgerlichen' puritanischen Ethik mit ihren Konsequenzen gestellt. Dies ist das absolut Entscheidende für die Penetranz und Wucht der Wirkung."[121]

Weber zufolge beruht das Interesse der Sekten an einer Auslese und Züchtung kapitalistischer Wirtschaftsethik jenseits aller religiösen Aspekte auch auf der Überlegung, daß der kapitalistische Erfolg eines Sektenbruders nicht zuletzt das Prestige und die Propagandachancen der Sekte selbst steigerte.[122]

Der wirtschaftliche Erfolg der Sektenmitglieder aufgrund ihres Mitgliedsstatus wird von Weber mithin nicht nur mit dem Binnenaspekt der Auslese und Züchtung, sondern auch mit dem Außenaspekt des Ansehens bei Nichtmitgliedern erklärt. Neben dem Prestige, den der wirtschaftliche Erfolg der Mitglieder der Organisation verlieh, beeinflußte umgekehrt auch die Mitgliedschaft in einer Sekte das Ansehen und den wirtschaftlichen Erfolg der Sektenbrüder:

Denn die Sektenmitglieder wurden als absolut zuverlässige und kreditwürdige Geschäftsleute geschätzt.[123] Erstens ging der Aufnahme in eine Sekte

---

[118] vgl. PS in GARS I, S. 211 / PS in We/Wi I, S. 283
[119] vgl. PS in GARS I, S. 234 / PS in We/Wi I, S. 296
[120] vgl. PS in GARS I, S. 234 / PS in We/Wi I, S. 296
[121] PS in GARS I, S. 234 / PS in We/Wi I, S. 296-297 (Herv. i. O.)
[122] vgl. PS in GARS I, S. 236 / PS in We/Wi I, S. 298
[123] vgl. PS in GARS I, S. 233 / PS in We/Wi I, S. 296

eine derart rigide Kontrolle des bisherigen sittlichen und geschäftlichen Lebenswandels vorher, daß der betreffenden Person alle ethischen Qualitäten eines ehrenhaften Geschäftsmannes zuzuerkennen seien.[124] Und zweitens war die Mitgliedschaft in der Sekte daran gebunden, daß ehrlich gewirtschaftet werde, dies bedeute zum Beispiel, daß anstelle des Versuchs, einen Geschäftspartner zu übervorteilen, feste und ehrliche Preise gemacht wurden.[125] Wucher und Betrug mußte daher zum Ausschluß aus der Sekte führen. Diese Tugenden haben Sektenmitglieder über den Kreis ihrer Organisation hinaus zu zuverlässigen und daher begehrten Geschäftspartnern werden lassen.

Weber konstatiert nun ein stetiges Fortschreiten eines „charakteristischen 'Säkularisations'-Prozesses"[126] hinsichtlich des Glaubensbekenntnisses der Sekte. Zuerst sei die Variante dieses Glaubensbekenntnisses ziemlich gleichgültig geworden:

> „Ob Freimaurer, ob Christian Science, ob Adventist, Quäker oder was immer, war einerlei. Wenn nur das Entscheidende vorlag: die Aufnahme nur durch 'ballot' nach vorheriger Prüfung und ethischer *Bewährung* im Sinne jener Tugenden, welche die innerweltliche Askese des Protestantismus, also: die alte puritanische Tradition, prämiierte, dann war die gleiche Wirkung zu beobachten."[127]

Dann habe man schließlich ganz auf ein Glaubensbekenntnis verzichten können. An die Stelle der Sekten seien immer mehr Klubs und Gesellschaften getreten, die überhaupt nicht mehr an religiösen Zielen ausgerichtet sind, die aber ihre Mitglieder nach Gesichtspunkten rekrutieren und kontrollieren, die mit denen der Sekten übereinstimmen. Weber schließt daraus,

> „daß die moderne Stellung der weltlichen, durch Ballotage sich ergänzenden Klubs und Gesellschaften weitgehend Produkt eines *Säkularisations*prozesses von der ehemaligen weit ausschließlicheren Bedeutung des Prototyps dieser voluntaristischen Verbände: der Sekten, ist".[128]

„Säkularisation" meint Verweltlichung durch den Verlust religiöser Bindungen, transzendenter Einstellungen und lebensjenseitiger Erwartungen. In diesem Sinne kann die Verwendung des Ausdrucks Säkularisation bei Weber noch relativ unbefangen als Schwund religiöser Orientierung bei gleichzeiti-

---

[124] vgl. PS in GARS I, S. 213 / PS in We/Wi I, S. 284
[125] vgl. PS in GARS I, S. 219 / PS in We/Wi I, S. 288
[126] PS in GARS I, S. 212 / PS in We/Wi I, S. 283-284
[127] PS in GARS I, S. 212 / PS in We/Wi I, S. 283 (Herv. i. O.)
[128] PS in GARS I, S. 217 / PS in We/Wi I, S. 287 (Herv. i. O.)

ger Beibehaltung der aus ihr entstandenen Wirtschaftspraktiken verstanden werden.

Säkularisation hat freilich noch einen etwas hintergründigeren Sinn: nämlich den, daß das säkularisierte Phänomen, hier die kapitalistische Wirtschaftsethik, nicht als autonom zu denken ist, sondern daß das nach wie vor Entscheidende - gleichsam die Substanz dieser Wirtschaftsethik - trotz aller Veränderung zum Weltlichen hin genuin religiös ist. Wollte man nun den Terminus „Säkularisation" bei Weber in diesem Sinne interpretieren, dann hieße dies, daß die kapitalistische Wirtschaftsethik - nicht der Kapitalismus - nicht bloß Folge der protestantischen Ethik wäre, sondern daß die kapitalistische Wirtschaftsethik in ihrer Substanz trotz aller Verweltlichung untergründig auf die protestantische Ethik zurückzuführen ist. Denn der Geist des Calvinismus blieb auch dort erhalten, wo er geherrscht hatte, auch als seine transzendente Verankerung im Prädestinationsdogma schwand. Der Gedanke der Bewährung der Gesamtpersönlichkeit als Anzeichen ihrer Erwähltheit war der entscheidende Punkt der religiösen Entwicklung gewesen - und nun:

> „Das religionslose, auf diesseitig gewendetem Determinismus ruhende Pendant dieser religiösen Glaubenswertung ist jene spezifische Art von 'Scham' und - sozusagen - gottlosem Sündengefühl, welche dem modernen Menschen ebenfalls kraft einer einerlei wie metaphysisch unterbauten, ethischen Systematisierung zur Gesinnungsethik eignen. Nicht daß er dies getan hat, sondern daß er, ohne sein Zutun, kraft seiner unabänderlichen Geartetheit so 'ist', daß er es tun konnte, ist die geheime Qual, die er trägt."[129]

Nach der Präzisierung der These der Wahlverwandtschaft zwischen protestantischer Ethik und kapitalistischer Wirtschaftsgesinnung durch die These einer Kausalbeziehung zwischen beiden wäre diese Überlegung einer substantiellen Übereinstimmung bei gleichzeitigem äußerem Wandel hin zur Verweltlichung eine dritte Variante der Interpretation. Diese Überlegung ginge freilich sehr weit. Denn eine Konsequenz wäre, daß der Autonomieanspruch eines eigenständigen bürgerlichen Lebensstils aus religiöser Perspektive sich als illegitim erwiese. An dieser Stelle soll das Problem als solches lediglich aufgezeigt werden. Allerdings wird im übernächsten Kapitel die Entstehung des bürgerlichen Lebensstils, soweit ihn Weber aus der protestantischen Ethik herleitet, dargestellt.

---

[129] W. u. G., S. 348 / We/Wi I, S. 336

## 7. Säkularisation

Der moderne Kapitalismus hat sich Weber zufolge trotz schon gegebener Ansätze in anderen Hochkulturen nur im Okzident herausgebildet. Als charakteristisch für diesen modernen okzidentalen Kapitalismus erweist sich seine Rationalität. Er vermag es, sich schon vorgegebene Rationalitätsstrukturen der Sphären von Recht, Verwaltung, Wissenschaft und Technik kompatibel zu machen und sich mit ihnen zu verzahnen.

Hierfür sind Dispositionen und Fähigkeiten notwendig, die die Menschen im Zuge ihrer praktisch-rationalen Lebensführung in die Lage versetzen, in rationalen Strukturen mitzuspielen, und nicht nur dies: Solche Fähigkeiten und Dispositionen zu einer praktisch-rationalen Lebensführung müssen die Menschen stark genug machen, damit sie sich gegen eine feindliche traditionale Umwelt, die unter anderem an einem feudalen Ehrenkodex sich orientiert, durchsetzen können.

Diese Bewegung gegen den ökonomischen Traditionalismus erhält ihre Durchschlagskraft erstens dadurch, daß sie von einer neuen Ethik getragen und gerechtfertigt wird. Denn einfache Lebensregeln würden einem traditionalen Unternehmertypus in der alten Umgebung wohl nicht die Kraft geben, trotz Mißtrauen, Haß und Verachtung seines sozialen Umfeldes konstant und unbeirrt mit seinen Unternehmungen fortzufahren. Dazu bedarf es schon einer tieferen Verankerung und Begründung dessen, was er tut. Und das leistet eine ethische, an letzten Werten und Pflichten orientierte Überzeugung, die dafür sorgt, daß eine Person sich konstant zu widrigen äußeren Gegebenheiten verhalten kann.

Berücksichtigt man zweitens, daß die Durchsetzung jener kapitalistischen Wirtschaftsgesinnung im großen Stil wohl kaum das Werk vereinzelter Kaufleute, Fabrikanten, Handwerker und Arbeiter gewesen sein kann, dann stellt sich die Frage, woher jene Gruppen kamen, die das bewerkstelligt haben. Gegen eine traditionell vorherrschende Wirtschaftsethik und ein ihr entsprechendes Ethos der zünftlerischen oder feudalen Ehre wurde eine neue Ethik gesetzt, die Kraft genug besaß, das Verhalten größerer Menschengruppen zu formen. Dies war, historisch gesehen, bislang nur mit Hilfe der Einführung neuer Religionen möglich.

Die protestantischen Sekten und Kirchen, allen voran der Calvinismus, leisteten dies jeweils in unterschiedlichem Maße, indem „ein virtuoser kapitalistischer Geschäftssinn mit den intensivsten Formen einer das ganze Leben
durchdringenden und regelnden Frömmigkeit in denselben Menschengruppen
zusammentrifft".[130]

Der puritanischen Interpretation der Prädestinationslehre Calvins zufolge
sind die Absichten Gottes, des „deus absconditus", den Menschen verborgen,
und niemand, auch die Kirche nicht, vermag zu sagen, wer dereinst ausgewählt oder verworfen sein wird. Alles Bemühen, des Gnadenstandes teilhaftig
zu werden, ist daher umsonst, da Gott selbst in seinem unergründlichen Ratschluß den Menschen zur ewigen Seligkeit oder zur ewigen Verdammnis
vorherbestimmt hat. Calvins Lehre von der Prädestination wurde indes so
ausgelegt, daß die Menschen bereits in diesem Leben sich so verhalten müßten, als wären sie Auserwählte: Die Lebensführung hatte tugendhaft zu sein
und allem abzuschwören, was den Geboten Gottes entgegenzustehen schien:
dem aufwendigen Prunk, dem Vergnügen und dem Genuß, mithin den Haup-
tinhalten des seigneuralen Lebensstils. Am Erfolg, und zwar eindeutig am
sich mehrenden Reichtum, sei jedoch abzulesen, ob man von Gott erwählt sei
oder nicht. Um des Nachweises der ewigen Seligkeit willen habe man in dieser Welt und in seinem Inneren sich gleichsam einer Askese zu unterziehen,
die alles Tun und Denken einzig daran messe, daß nichts unnütz und ver-
schwenderisch getan werde. Um des Seelenheils willen war dem Prinzip feu-
daler Verschwendung das Prinzip der Akkumulation entgegenzusetzen.

Die Durchsetzung neuer Verhaltensweisen gegen das Beharren traditionaler Strukturen bedarf des ethischen Pathos, das freilich entbehrlich wird unter
den Bedingungen funktionierender Systeme. Erst der von seinen pathetisch-
religiösen Grundlagen gelöste Gedanke der Berufspflicht bzw. der innerweltlichen Askese, im Geist des Kapitalismus zum autonomen Zweck erhoben,
besaß die Chance, Massenethik zu werden, also die Sektengrenze zu über-
schreiten.

Weber zufolge hat die protestantische Askese ihre volle ökonomische
Wirkung entfaltet, nachdem der rein religiöse Enthusiasmus der Anfangszeit
überwunden gewesen sei, „der Krampf des Suchens nach dem Gottesreich
sich allmählich in nüchterne Berufstugend aufzulösen begann, die religiöse

---

[130] PE (1), Bd. 20, S. 8 / PE (2), S. 26 / PE (3), S. 36 / PE (4), S. 8

Wurzel langsam abstarb und utilitaristischer Diesseitigkeit Platz machte"[131].
Dieses Phänomen beobachtet Weber - wie oben dargestellt - anhand der protestantischen Sekten der Vereinigten Staaten von Amerika und ihrem Wirtschaftsgebaren zu Anfang dieses Jahrhunderts.

Weber faßt „Säkularisation", wie er sie am Beispiel der amerikanischen
Sekten zu Anfang des 20. Jahrhunderts beschreibt, als einen kontinuierlichen
Prozeß auf. Freilich muß man bedenken, daß jener kontinuierliche Säkulari-
sationsprozeß der amerikanischen Sekten unter den Bedingungen eines längst
schon etablierten Systems kapitalistischer Wirtschaftsweise stattgefunden hat.
Es ist allerdings fraglich, ob diese besondere Variante der kontinuierlichen
Säkularisation den historisch früheren Übergang von einem religiös-
protestantisch motivierten Wirtschaftshandeln zu einem Wirtschaftshandeln,
dem religiöse Zwecke fremd oder wenigstens gleichgültig sind, erklären
kann. Während Webers Untersuchungen sich auf die Bedingungen des historischen „Starts" des modernen Kapitalismus konzentrieren, drängt sich anhand seiner Theorie die Frage nach jener historischen Zwischen-etappe der
Säkularisation auf, auf die seine Beschreibung der amerikanischen Sekten
keine Antwort liefert.

Das Argument eines linearen Prozesses der Säkularisation besitzt zwar eine gewisse Plausibilität, ist aber nur auf den ersten Blick unproblematisch.
Gerade aus der Sicht der Theorie Webers erweist sich jene Säkularisation
noch einmal als erklärungsbedürftig. Für die weitere Behandlung dieses Problems wird ein kleiner Umweg durch die Theorie Webers nötig.

Bei allen Unterschieden zwischen traditionaler Wirtschaftsethik und prote-
stantischem Geist hinsichtlich der Auswirkung auf das Wirtschaftshandeln ist
ihnen ein Grundzug ihrer Struktur gemeinsam, nämlich die vom Ideal her
postulierte Ungeschiedenheit von religiösem und weltlichem Handeln.

Kennzeichnend für die Lebensweise der Menschen im Feudalsystem war
der Indifferenzzustand von Ökonomie, Politik und Religion.[132] Wirtschaftliche Motive als solche ließen sich vom normalen Lebensverlauf nicht trennen;
sie waren mit religiösen Verpflichtungen und machtpolitischen Abhängigkeitsverhältnissen aufs engste verzahnt. Ökonomische Beziehungen waren
identisch mit sozialen Beziehungen, so in der Abhängigkeit des Leibeigenen
oder Hörigen vom Feudalherren, des Lehrlings vom Zunftmeister. Die reli-

---

[131] PE (1), Bd. 21, S. 104 / PE (2), S. 197 / PE (3), S. 183 / PE (4), S. 149
[132] vgl.oben Kap. II. 1.

giösen und politischen Restriktionen und Spezifikationen der zum Tausch zugelassenen Güter waren noch nicht als irrelevant aus dem Tauschvorgang herausgenommen.

Während es auf dieser Stufe der Vergesellschaftung nicht möglich war, „öko-nomische" Transaktionen unabhängig von verwandtschaftlichen, politischen und religiösen Aspekten vorzunehmen, wo sie sich mithin überhaupt noch nicht als rein ökonomische konstituiert hatten, vermochte sich im Verlaufe der Entwicklung der Städte und des Handels ein eingenständiger Sektor ökonomischen Handelns herauszubilden.

Anstelle persönlicher Abhängigkeitsverhältnisse, die von der Kirche immer unter ethische Postulate gestellt werden konnten, da sie weitgehend von den individuellen Willen der Beteiligten abhingen, tritt eine Marktvergesellschaftung, die durchweg ihren eigenen sachlichen Gesetzlichkeiten folgt, deren Nichtbeachtung auf die Dauer den ökonomischen Untergang nach sich zieht. In dem Maße, wie der Tausch aus seiner marginalen Existenz in das Zentrum gesellschaftlichen Handelns trat, waren die Menschen zunehmend gezwungen, das, was sie taten, unter dem Gesichtspunkt der Effektivität zu betreiben. Dies verlangte die Konstitution einer neuen Arbeitsmoral, die den frühmittelalterlichen feudalen Traditionalismus ablöste.

Max Weber spricht davon, daß das Gewinnstreben „tolerabel" wurde.[133] Kapitalistisches Gewinnstreben wurde zwar nicht mehr diffamiert, aber es entsprach auch nicht dem nach wie vor vorherrschenden Codex sozialer Ehre, der noch mittelalterlich-ständisch geprägt war. Das heißt, der reiche Kaufmann und der Bankier hatten im Vergleich zum Adel zwar ökonomisch gesehen weit größere Möglichkeiten, mußten sich aber sozial gesehen minderwertig fühlen. Dies erklärt die Tendenz zur Feudalisierung der großen kapitalistischen Vermögen jener Zeit.[134]

Die Kriterien religiöser Pflichterfüllung und die Bedingungen ökonomischen Handelns traten auseinander und waren nicht mehr so ohne weiteres miteinander vereinbar.

Während so der strenggläubige Katholik im Erwerbsleben fortwährend mehr oder weniger gegen irgendwelche kirchlich-religiösen Grundsätze verstieß, mithin nicht das Gefühl der Legitimität seines ökonomischen Handelns haben konnte, hebt die protestantische Ethik jene Trennung von religiösem

---

[133] vgl. PE (1), Bd. 20, S. 33 / PE (2), S. 60, PE (3), S. 63 / PE (4), S. 31; 171
[134] vgl. PE (1), Bd. 21, S. 102 / PE (2), S. 193 / PE (3), S. 181 / PE (4), S. 148

Handeln und Erwerbshandeln wieder auf: Es entsteht von neuem ein Indifferenzzustand von Religion und Ökonomie, nunmehr aber mit dem Effekt, daß Religion zum Antrieb und zur Legitimierung des Gewinnstrebens dient. Dieser Indifferenzzustand von protestantischer Ethik und kapitalistischer Ökonomie ist auf lange Sicht letzterer hinderlich. Das Auflösen jener Indifferenz ist das, was Weber als Säkularisation bezeichnet. Säkularisation ist nun nicht mehr einfach als ein Fortfallen von Glauben und Religiosität zu verstehen, sondern als Ablösung eines religiös motivierten Handlungstypus durch einen Handlungstypus, der sich an den Bedingungen des je besonderen Handlungsfeldes orientiert. Im Verlaufe des Mittelalters handelte es sich dabei um einen tiefgreifenden und revolutionären Vorgang. Mit Hilfe der Umformulierung der Berufsethik in Kategorien der Handlungsrationalität, wie Weber sie vorgelegt hat, kann es gelingen, auch diesen zweiten Prozeß der Säkularisation mit mehr Tiefenschärfe wahrzunehmen.

Die Wahlverwandtschaft zwischen kapitalistischer Wirtschaft und protestantischer Ethik begründet sich in der methodisch-rationalen Lebensführung, die von beiden verlangt wird. Es handelt sich hierbei erst einmal um die rationale Kalkulation einander zugeordneter Zwecke und Mittel. Weber unterscheidet hierbei unter anderem zwischen Wertrationalität und Zweckrationalität. „Rein wertrational handelt, wer ohne Rücksicht auf die vorauszusehenden Folgen handelt im Dienst seiner Überzeugung von dem, was Pflicht, Würde, Schönheit, religiöse Weise, Pietät oder die Wichtigkeit einer 'Sache', gleich welcher Art, ihm zu gebieten scheinen. Stets ist wertrationales Handeln ein Handeln nach Geboten oder gemäß Forderungen, die der Handelnde an sich selbst gestellt glaubt."[135]

Die formale Rationalität der Werte bemißt sich daran, ob sie so fundamental sind, daß sie eine prinzipiengeleitete Lebensweise, also eine ganze Biographie begründen können. Auf die protestantische Ethik trifft dies zu. Demgegenüber ist reines Wirtschaftshandeln nach zweckrationalen Gesichtspunkten organisiert. „Zweckrational handelt, wer sein Handeln nach Zwecken, Mitteln, Nebenfolgen orientiert und dabei sowohl die Mittel gegen die Zwecke, wie die Zwecke gegen die Nebenfolgen, wie endlich auch die verschiedenen möglichen Zwecke gegeneinander rational abwägt, also jedenfalls weder affektuell ... noch traditional handelt."[136] Die Verknüpfung zweckra-

---

[135] W. u. G., S. 12
[136] ebd., S. 13

tionalen und wertrationalen Handelns ergibt nun jenen Handlungstyp, den Weber in der protestantischen Ethik in Gestalt der Wahlverwandtschaft beschreibt. Diese Verknüpfung war jedoch eine historisch einmalige Situation, „eine prinzipielle und systematisch ungebrochene Einheit von innerweltlicher Berufsethik und religiöser Heilsgewißheit hat in der ganzen Welt nur die Berufsethik des Protestantismus gebracht."[137]

Die protestantische Ethik hat lediglich die Startbedingungen für die Durchsetzung der kapitalistischen Gesellschaft erfüllt, sie bringt diese auf den Weg, ohne freilich die Bedingungen ihrer Stabilisierung sichern zu können. Weber selbst geht davon aus, daß die Subsysteme zweckrationalen Handelns langfristig für die protestantische Ethik eine destruktive Umwelt bilden: „Die moderne Form der zugleich theoretischen und praktischen intellektuellen und zweckhaften Durchrationalisierung der Lebensführung hat die allgemeine Folge gehabt: daß die Religion, je weiter diese besondere Art von Rationalisierung fortschritt, desto mehr ihrerseits in das ... Irrationale geschoben wurde."[138] Umgekehrt stand auch der Anspruch des wertrationalen Handlungstypus nach Orientierung des ganzen Lebens der allmählichen Ausdifferenzierung der Wirtschaft als besonderem weitgehend selbstregulativ funktionierendem Subsystem der Gesellschaft fremd und feindlich gegenüber. Nicht nur das Wirtschaftssystem, sondern auch Recht, Verwaltung und Wissenschaft entwickelten jeweils eine Eigenlogik, die, in direkter Konfrontation mit wertrationalen Orientierungen wie der protestantischen Ethik und ihren Trägergruppen, eine offene Konkurrenzsituation geschaffen hätte. Frage ist, wie sich das allmählich etablierende moderne kapitalistische Wirtschaftssystem von seinen religiösen Ausgangskonstellationen lösen und selbstregulativ weiterlaufen konnte, ohne in eine direkte Konfrontation mit fundamentalistischen religiösen Kriterien zu geraten. Es läßt sich vermuten, daß die weltweite Durchsetzung des okzidentalen Kapitalismus nicht bloß als eine Ausweitung und anschließende Säkularisation - im Sinne einer sukzessiven linear verlaufenden Reduzierung religiöser Gehalte - der protestantischen Ethik verstanden werden kann und daß hinsichtlich der Etablierung und Stabilisierung des modernen kapitalistischen Wirtschaftssystems mit anderen Kombinationen als der der Zweckrationalität mit Wertrationalität gerechnet werden kann.

---

[137] ebd., S. 337
[138] GARS I, S. 253

Jürgen Habermas konstatiert an diesem Punkt der Problematik, Weber habe lediglich erklärt, inwiefern die wertrationale Verankerung der zweckrationalen Handlungsorientierungen den modernen Kapitalismus auf den Weg gebracht habe, unklar bleibe jedoch, unter welchen Bedingungen dieser Kapitalismus seine eigene Stabilisierung ohne jene wertrationale Bindung habe sichern können.[139] Die Erklärung eines allmählichen Abschiebens der religiösen Gehalte der protestantischen Ethik ins Irrationale sei unbefriedigend.[140] Dabei wirft Habermas Weber vor, er habe jene Traditionen nicht behandelt, die in den bürgerlichen Schichten eine Laienmoral gefördert haben und in den Rationalismus der Aufklärung eingeflossen sind. Demgegenüber habe Bernhard Groethuysen Untersuchungen vorgelegt, die das Aufkommen eines gegenüber der Kirche autonomen bürgerlichen Moralbewußtseins nachweisen.[141] Habermas insistiert hier auf dem Nachweis der Genese eines autonomen, von der Religion emanzipierten bürgerlichen Moralbewußtseins als einer Bedingung für die Stabilisierung des sich von religiösen Traditionsbeständen ablösenden kapitalistischen Wirtschaftshandelns.

Habermas übersieht hier freilich den Vorschlag Webers, wie Entwicklungsbrüche zu denken sind, nämlich als Paradoxien. Eine religiöse Werthaltung der protestantischen Ethik wird Weber zufolge nicht etwa durch eine andere Werthaltung bekämpft und abgelöst, sondern sie zerstört sich selbst. Säkularisation wird als paradoxe Entwicklung aufgefaßt. Das Thema paradoxe Handlungs- und Geschehensverläufe, das über den Aspekt der Säkularisation hinaus als eine Grundfigur der Weberschen Argumentation in der Protestantischen Ethik und in weiteren Teilen seines Gesamtwerkes auftaucht, wird in dem Abschnitt über „Paradoxe Umbrüche" einer näheren Betrachtung unterzogen.

---

[139] vgl. Jürgen Habermas, Theorie des kommunikativen Handelns, Bd. I, Frankfurt/M. 1982, S. 314
[140] vgl. ebd., S. 315
[141] vgl. ebd., S. 316 / Bernhard Groethuysen, Die Entstehung der bürgerlichen Welt- und Lebensanschauung in Frankreich, Bd. 2, a.a.O., S. 205 ff.

## 8. Legalisierung des Erwerbsstrebens und bürgerlicher Lebensstil

Die protestantische Askese ist gleichbedeutend mit einer systematisch durchrationalisierten Lebensführung. Ziel dieser Lebensführung war ursprünglich die Mehrung der Ehre Gottes; ein Mittel, diese Askese durchzuführen, bestand in der rastlosen Berufsarbeit. Aber nicht nur in ihr: Sie fungierte als Zentrum eines Komplexes von Aktivitäten, die insgesamt die Lebensführung ausmachten.[142] Es ist also nicht so, daß sich lediglich die Berufsauffassung änderte und jenseits dieser Berufstätigkeit der Mensch der gleiche geblieben wäre. Vielmehr hat sich die ganze Lebensführung von Grund auf und durch und durch geändert, das heißt, es hat sich - wie Weber dies nennt - ein neuer „Lebensstil"[143] entwickelt.

Dieser neue Lebensstil mußte sich gegen andere Lebensstile durchsetzen: so zum Beispiel gegen die Luxuskonsumtion des Adels und gegen die unproduktive Bettelei der Mönche. Gerade diese beiden Gruppen nahmen das Leben jeweils auf ihre Weise leicht, indem sie sich dem unbekümmerten Genuß oder einem Leben von der Hand in den Mund hingaben. Dies trifft Weber zufolge für die Durchschnittskatholiken insgesamt insofern zu, als die gnadenspendende Kirche hier in religiöser Hinsicht ebenfalls ein Von-der-Hand-in-den-Mund-Leben ermöglichte, denn der Gläubige konnte von den Sünden jederzeit nachträglich entlastet werden.

Der Protestant hingegen fühlte sich verpflichtet, da er auf solche Gnadenmittel nicht zurückgreifen konnte, jede einzelne seiner Handlungen als nicht revidierbaren Beitrag zum Nachweis seines alles entscheidenden Gnadenstandes aufzufassen. Diese Verantwortung legte sich mit einer „erkältenden Schwere auf das Leben"[144]. Denn mit „voller Gewalt wendet sich die Askese ... vor allem gegen eins: das *unbefangene Genießen* des Daseins und dessen, was es an Freuden zu bieten hat"[145]. Die Schwere der Verantwortung im Gegensatz zu einem leicht genommenen Sein war Ausdruck jener asketischen Lebensstimmung. Während das Leben auf diese Weise gleichsam schwerer -

---

[142]  vgl. PE (1), Bd. 21, S. 98 f. / PE (2), S. 190 / PE (3), S. 179 / PE (4), S. 144 f.
[143]  PE (1), Bd. 21, S. 98 / PE (2), S. 189 / PE (3), S. 179 / PE (4), S. 144
[144]  PE (1), Bd. 21, S. 98 / PE (2), S. 189 / PE (3), S. 178 / PE (4), S. 144
[145]  PE (1), Bd. 21, S. 92 / PE (2), S. 183 / PE (3), S. 175 / PE (4), S. 139 (Herv. i. O.)

nicht schwieriger - wurde, „entlastete" die protestantische Ethik die Lebensführung von allen Zweideutigkeiten und befreite in psychologischer Hinsicht
den Gütererwerb von den Hemmungen der traditionalistischen Ethik.[146] Man
könnte sagen, daß das Leben zwar durch eine Schwere der Verantwortung
belastet, daß es aber gleichzeitig hinsichtlich quälender Sinnfragen unkom-
plizierter wurde, indem es von ihnen befreit, entlastet wurde. Der Protestant
wußte unzweideutig und ohne alle irritierenden Zweifel, was zu tun war, und
dies hatte er mit der Schwere der ganzen Verantwortung und aller Kraft
durchzuführen. Auf diese Weise konnte sich alle Energie von der Begründung der Handlung lösen und auf die Handlung selbst konzentrieren. Weber
zufolge reicht die Genesis dieses Lebensstils in einzelnen Wurzeln in das
Mittelalter zurück. Aber erst in der Ethik des asketischen Protestantismus
habe sie ihre konsequente ethische Unterlage gefunden.[147] Denn erst der
Protestantismus „legalisierte"[148] diesen Lebensstil, der im Mittelalter, soweit
er in Ansätzen vorkam, noch etwas Zweifelhaftes, Anrüchiges und Pariahaf-
tes an sich hatte. Nunmehr konnte der Protestant „ein ungeheuer gutes Gewissen ... beim Gelderwerb"[149] haben. Neben der konsequenten Ausgestal-
tung dieses Lebensstils ist seine Legalisierung die zweite große Leistung des
Protestantismus. Denn diese Legalisierung ermöglichte erst seine kulturelle
Durchsetzungsfähigkeit auf breiter Ebene, das heißt, die Durchsetzung seiner
Prinzipien in nicht-protestantischen Teilen der Bevölkerung, wie Weber am
Beispiel der USA erläutert.[150]

In dem Maße, wie nun im Laufe der Zeit die religiösen Wurzeln dieses
Lebensstils langsam abstarben, dieser sich säkularisierte, entstand nicht nur
ein „spezifisch *bürgerliches Berufsethos*"[151], sondern auch ein bürgerlicher
Lebensstil, ein bürgerlicher „Geist"[152]. Dieser bürgerliche Lebensstil, „geboren"[153] aus der protestantischen Askese, habe, nachdem die religiösen Wurzeln langsam „abgestorben"[154] seien, sein asketisches Gepräge beibehalten.

---

[146] vgl. PE (1), Bd. 21, S. 99 / PE (2), S. 190 / PE (3), S. 179 / PE (4), S. 145
[147] vgl. PE (1), Bd. 21, S. 98 / PE (2), S. 189 f. / PE (3), S. 179 /PE (4), S. 144
[148] PE (1), Bd. 21, S. 99 / PE (2), S. 190 / PE (3), S. 179 / PE (4), S. 145
[149] PE (1), Bd. 21, S. 104 / PE (2), S. 198 / PE (3), S. 184 / PE (4), S. 150
[150] vgl. PS in GARS I, S. 215 / PS in We/Wi I, S. 286
[151] PE (1), Bd. 21, S. 104-105 / PE (2), S. 198 / PE (3), S. 184 / PE (4), S. 150 (Herv. i. O.)
[152] vgl. PS in GARS I, S. 214 / PS in We/Wi I, S. 286
[153] PE (1), Bd. 21, S. 107 / PE (2), S. 202 / PE (3), S. 187 / PE (4), S. 152
[154] PE (1), Bd. 21, S. 107 / PE (2), S. 202 / PE (3), S. 187 / PE (4), S. 153

Und das asketische Gepräge sei das „Grundmotiv des bürgerlichen Lebensstils"[155]. Es äußert sich in dem, was Weber „Fachmenschentum" oder „Berufsmensch"[156] nennt.

## 9. Fachmenschentum und moderner Kapitalismus

Den Ausdruck „Fach-" oder „Berufsmensch" gebraucht Weber im Gegensatz zu einer „faustischen Allseitigkeit des Menschentums".[157] Die durch Askese geleitete Beschränkung auf Facharbeit[158] und deren gleichzeitige ethische Verklärung[159] bedeute „einen entsagenden Abschied von einer Zeit vollen und schönen Menschentums"[160].

Sieht man einmal von der etwas melancholischen Stimmung ab, die diese Beobachtung Webers durchdringt, so heißt dies, daß das Leben nicht nur an Schwere gewonnen und an Leichtigkeit verloren hat - wie oben schon bemerkt wurde -, sondern daß es sich auch auf schmaleren, eingeengteren, weil fachspezifischen Bahnen bewegt. Die konsequente Durchrationalisierung der Lebensführung auf einen nicht problematisierbaren Zweck hin verschafft diesem Leben zwar Gradlinigkeit und auch Durchschlagskraft, sie ist freilich auch mit einer gehörigen Portion Ignoranz (siehe oben) gegenüber anderen Möglichkeiten der Lebensführung und anderen Lebensstimmungen verbunden. Diese Möglichkeiten werden ignoriert, sobald der berufliche Erfolg - wie beim Protestantismus - zum alles entscheidenden Kriterium für das Leben wird.

Diese asketische Berufsarbeit habe den modernen Kapitalismus „entbinden"[161] helfen, habe ihn letztlich auf den Weg gebracht. Sie sei aber unter den Bedingungen des einmal funktionierenden modernen Kapitalismus aus einer quasi Schöpferposition in die Position eines Materials, eines „Brennstoffes" gedrängt worden.

---

[155] PE (1), Bd. 21, S. 107 / PE (2), S. 202 / PE (3), S. 187 / PE (4), S. 153
[156] PE (1), Bd. 21, S. 108 / PE (2), S. 203 / PE (3), S. 188 / PE (4), S. 153
[157] PE (1), Bd. 21, S. 107 / PE (2), S. 203 / PE (3), S. 187 / PE (4) S. 153 (Herv. i. O.)
[158] vgl. PE (1), Bd. 21, S. 107 / PE (2), S. 203 / PE (3), S. 187 / PE (4), S. 153
[159] vgl. PE (1), Bd. 21, S. 87 / PE (2), S. 178 / PE (3), S. 172 / PE (4), S. 134
[160] PE (1), Bd. 21, S. 87 / PE (2), S. 203 / PE (3), S. 187 / PE (4), S. 153
[161] PS in GARS I, S. 235 / PS in We/Wi I, S. 297

Die protestantische Askese habe zwar die Welt umgebaut, aber die äußeren Güter dieser Welt hätten eine zunehmende und schließlich unentrinnbare
Macht über den Menschen gewonnen. Denn der siegreiche Kapitalismus bedürfe, seit er auf mechanischer Grundlage beruhe, der protestantischen Askese nicht mehr. Er sei vergleichbar mit einem „Triebwerk", das den Lebensstil
der Menschen, die in es hineingeboren werden, mit überwältigendem Zwange
bestimme.[162]

Wie dieses „Triebwerk" genau funktioniert, darüber klärt Weber nicht auf.
Er konnte wohl voraussetzen, daß diese kulturkritische Metaphorik in der
Stimmung seiner Zeit um die Jahrhundertwende Plausibilität besaß. Wenn er
davon spricht, daß das Triebwerk mit seiner überwältigenden Macht funktioniert, „bis der letzte Zentner fossilen Brennstoffs verglüht ist"[163], so ist das
ein Hinweis darauf, daß die kapitalistische Wirtschaftspraktik sich zwar von
ihren geschichtlichen Voraussetzungen losgelöst und selbständig gemacht
hat, daß sie aber nach wie vor von Beständen als ihrem Brennstoff zehrt, die
sie zwar nicht reproduziert, auf die sie aber im Sinne ihrer Bestandserhaltung
angewiesen ist.

Verlängert man diese Spekulation Webers, so könnte man sagen, daß der
moderne Kapitalismus von den Beständen einer bürgerlichen Kultur: Motiv-
struktur und Lebenshaltung der Menschen lebt, daß aber mit dem Auszehren
jener kulturellen Voraussetzungen der Kapitalismus seinen eigenen Bestand
gefährdet.

---

[162] vgl. PE (1), Bd. 21, S. 108 / PE (2), S. 203 / PE (3), S. 188 / PE (4), S. 153
[163] PE (1), Bd. 21, S. 108 / PE (2), S. 203 / PE (3), S. 188 / PE (4), S. 153

# V. Kritiken und Antikritiken

Die Kritiken an der „protestantischen Ethik" werden lediglich daraufhin untersucht, inwieweit sie Weber zu Klarstellungen und Erläuterungen seiner Analyse veranlaßt haben. Dies bedeutet, daß nur diejenigen Kritiken hier zu Wort kommen, auf die Weber ausdrücklich, und nicht nur beiläufig, in den Fußnoten seiner Aufsätze geantwortet hat. Seine Antworten sind im folgenden zu zwei Themenschwerpunkten zusammengefaßt. Erstens geht es um den Vorwurf, Weber betreibe idealistische Geschichtsdeutung, und zweitens wird das Problem diskutiert, ob Weber seine Fragestellung nicht von vornherein falsch gestellt habe angesichts des Sachverhaltes, daß der Kapitalismus längst schon vor der Entwicklung der protestantischen Ethik fest im Sattel gesessen habe.

## 1. Idealistische Geschichtsdeutung?

In der Auseinandersetzung zwischen H. Karl Fischer und Max Weber, die sich über vier Etappen erstreckt: Kritik, Antikritik, Replik auf die Antikritik und schließlich eine Replik auf die Replik, fällt neben dem sich zunehmend verschärfenden Ton der Auseinandersetzung ein Streitpunkt gegenwärtig besonders auf: Es ist dies der von Fischer erhobene Vorwurf, Weber betreibe idealistische oder gar - wie Weber sich selbst ausdrückt[164] - spiritualistische Geschichtsschreibung. Zunächst steckt Fischer gegenüber Weber die Fronten ab:

> „Seine Einzeluntersuchung führt W. [Weber; F.G.] unter einem umfassenden, großen Gesichtspunkt: Seine Studien sollen einen Beitrag bilden zur Veranschaulichung dessen, wie überhaupt 'Ideen' in der Geschichte wirksam werden. Wenn nach der materialistischen Geschichtsdeutung der Geist des Kapitalismus aufzufassen ist als eine Widerspie-

---

[164] vgl. PE (1), Bd. 21, S. 110 / PE (2), S. 205 / PE (3), S. 190 / PE (4), S. 155

gelung der materiellen Verhältnisse in dem ideellen Überbau, so ist dies unhaltbar, barer Unsinn."[165]

Im einzelnen setze Weber zwei Argumente ein. So sei erstens die Überlegung Webers, das Wort „Beruf" stamme in seinem heutigen Sinne aus dem Geist der Bibelübersetzung Luthers, irrig. Denn, so fragt Fischer, wie sei Luther überhaupt dazu gekommen, die entsprechenden Bibelstellen mit „Beruf" zu übersetzen? Dies sei wohl sicher nicht in der Absicht geschehen, mit Hilfe der Bibelübersetzung ein religiöses System zu schaffen, in dem die weltliche Berufsarbeit ihren Platz erhielt. Sondern Luther habe geglaubt, mit diesem im Volke geläufigen Ausdruck die jenem Volke verständliche Übersetzung gewählt zu haben. Demzufolge sei der „Geist" der Bibelübersetzung selbst nichts Originäres, sondern lediglich eine Anpassung an eine längst gängige Ausdrucksweise.[166]

„Hat sich der lutherische Protestantismus somit als ein wenig geeignetes Gebiet erwiesen, die Wahrheit der idealistischen Geschichtsdeutung in der zur Behandlung stehenden Frage zu erhärten"[167], tauge zweitens die Benutzung der theologischen Erbauungsliteratur des Puritanismus ebensowenig als Beweismaterial:

> „Denn mit Hilfe jener Schriften kann im günstigsten Fall doch nur bewiesen werden, daß von den Verfassern derselben wirtschaftliche Anschauungen in das dogmatische System hineinverwoben worden sind. Andererseits deuten jene Erbauungsschriften darauf hin, wie stark die Beeinflussung der religiösen Vorstellungsweisen durch wirtschaftliche Faktoren gewesen ist; so z.B. die Wertschätzung der Arbeit und Verwerfung jedes Zeitverlustes durch Geselligkeit, faules Gerede, Luxus und übermäßigen Schlaf, ferner die Wertschätzung der Berufsarbeit gegenüber der Gelegenheitsarbeit, die Wertschätzung der Berufsgliederung und Arbeitsteilung und endlich die providentielle Deutung der privatwirtschaftlichen Profitlichkeit, wonach Gott mit dem Gläubigen eine bestimmte Absicht hat, wenn er ihm eine Gewinnchance zeigt".[168]

Fischer beruft sich nun auf Sombart, für den die Frage, ob die materialistische oder die idealistische Geschichtsdeutung zur Lösung dieses Problems zu verwenden sei, nur mit Hilfe eines empirischen Nachweises konkrethistorischer Zusammenhänge beantwortet werden könne.[169] Dieser empiri-

---

[165] H. Karl Fischer, Kritische Beiträge zu Professor Max Webers Abhandlung „Die protestantische Ethik und der ‚Geist' des Kapitalismus", in: We/Wi II, S. 12

[166] vgl. ebd., S. 13

[167] ebd., S. 14

[168] ebd., S. 16

[169] vgl. ebd, S. 17

sche Nachweis habe bei Sombart nun erstens gezeigt, daß die Entstehung des kapitalistischen Geistes auf wirtschaftliche Ursachen zurückgehe, und zweitens, daß längst vor der protestantischen Reformation die Methoden für kapitalistische Betriebsformen herausgebildet und angewendet wurden.[170] Aus der Perspektive Fischers besitzt die These Webers, der Berufsbegriff sei eine spezifische Leistung Luthers, wohl eine stark idealistische Färbung etwa in dem Sinne, daß hier ein Einzelner - wie auch immer - eine Idee prägt. Sein Hinweis, Luther habe mit einer gewissen Plausibilität seiner „Wortschöpfung" bei eventuellen Lesern rechnen müssen, läuft argumentationsstrategisch darauf hinaus, diese Übersetzung selbst noch einmal als bedingt, das heißt, nicht als einsamen Gedankenakt des Reformators oder als Selbstgenerierung des Gedankens mit Hilfe des Reformators zu interpretieren.

Dieses Argument scheint Weber vor die Alternative zu stellen, den Berufsgedanken entweder als originäre Leistung Luthers oder des Protestantismus zu konzipieren, mithin sich dem Verdacht des Idealismus auszusetzen, oder selbst noch einmal Gründe oder Ursachen oder Bedingungen für die Entstehung jenes Gedankens anführen zu müssen.

In seinen „Kritischen Bemerkungen zu den vorstehenden 'Kritischen Beiträgen'" wendet Weber sich nun zuerst gegen das Argument Fischers, das Wort Beruf sei schon zur Zeit Luthers ein geläufiger Ausdruck gewesen:

> „Während ich es mich ... ziemlich erhebliche Mühe habe kosten lassen, nachzuweisen, daß der *allen* protestantischen Völkern seit den Bibelübersetzungen gemeinsame, *allen* anderen fehlende ethisch gefärbte Begriff des 'Berufes' (und also auch die entsprechende Wortbedeutung) in dem für meine Untersuchung entscheidenden Punkt eine Neuschöpfung der Reformation ist, meint mein Herr Kritiker, Luther werde sich bei dieser Neuschöpfung dem 'im Volk geläufigen Ausdruck' angeschlossen haben, - ohne natürlich versuchen zu können, für diese 'Geläufigkeit' irgendeine Tatsache anzuführen. Selbstredend können philologische Funde meine Ergebnisse jederzeit berichtigen. Mit dem bloßen Behaupten des Gegenteils ist es aber doch gegenüber dem derzeitigen Stand des Materials nicht getan."[171]

Den gegen ihn geäußerten Verdacht einer idealistischen Geschichtsdeutung hält Weber nun für gänzlich verfehlt, da er ja selbst „nachdrücklich die Möglichkeit der 'törichten' These ablehne, daß die Reformation *allein* den kapita-

---

[170] vgl. ebd., S. 18
[171] Max Weber, Kritische Bemerkung zu den vorstehenden „Kritischen Beiträgen", in: We/Wi II, S. 27-28 (Herv. i. O.)

listischen Geist 'oder wohl gar' den Kapitalismus selbst (als Wirtschafts*sy-stem*) geschaffen habe, da ja wichtige Formen kapitalistischen Geschäftsbetriebs erheblich älter als sie seien"[172].

Weber will die Antwort auf seine Frage, wie wirtschaftliches Gebaren von Konfession abhängig ist, nicht im Sinne einer naturgesetzlichen Abhängigkeit interpretiert sehen. Dementsprechend beharrt er auf seinem Konzept der Kreation des Berufsgedankens durch Luther, gibt diesem Gedanken aber nicht die Bedeutung einer alleinigen Ursache oder auch nur einer in der Geschichte wirkenden „treibenden Kraft":

> „Daß nun diese beiden Kulturkomponenten auch damals nicht in einem Verhältnis 'gesetzlicher' Abhängigkeit von einander standen, - dergestalt, daß wo x (asketischer Protestantismus) ist, auch schlechthin ausnahmslos y (kapitalistischer 'Geist') bestand, - dies ist bei der Art der ursächlichen Verkettung historisch komplexer Erscheinungen miteinander a priori selbstverständlich."[173]

> „Daß die bloße Tatsache der konfessionellen Zugehörigkeit eine bestimmte Entwicklung ökonomischer Art derart rein aus dem Boden stampfen könnte, daß baptistische Sibirier unvermeidlich zu Großhändlern, calvinistische Bewohner der Sahara zu Fabrikanten würden, - diese Meinung wird man mir schließlich kaum imputieren wollen. Für ein Land mit den geographischen und kulturellen Bedingungen Ungarns z.B. in der Zeit seiner kontinuierlichen Unterjochung und Wiederbefreiung von den Türken wäre die Annahme, der Calvinismus hätte hier kapitalistische Betriebsformen schaffen müssen, ähnlich seltsam als die, seine Herrschaft hätte im Boden Hollands Kohlenflöze entstehen lassen müssen."[174]

Fischers Replik auf Webers Gegenkritik und dessen Bemerkungen zur Replik verdeutlichen zunächst den Gegensatz beider Positionen. Fischer beharrt darauf, daß die Antwort auf die Frage nach der Entstehung des Geistes methodischer Lebensführung in jener Zeit noch offen ist:

> „Daß im lutherischen *Protestantismus* die *Pflichterfüllung innerhalb* des weltlichen Berufs als höchster Inhalt der sittlichen Betätigung geschätzt wird, daß in der lutherischen Dogmatik die weltliche Berufsarbeit als Ausdruck äußerer Nächstenliebe gewertet wird, diese Tatsachen lassen sich gleicherweise auch deuten als eine Anpassung der religiösen Vorstellungswelt an den vorhandenen wirtschaftlichen Zustand. Daß im Calvinismus gerade die angestrengteste Berufsarbeit als äußeres Zeichen der Erwählung betrachtet wurde, läßt die 'wirtschaftliche' Ausdeutung gleichfalls zu, läßt sogar die Vermutung aufkommen, daß der wirtschaftliche Zustand die religiösen Anschauungen beeinflußt hat. Daß endlich mit Hilfe religiöser Erbauungsschriften im günstigsten Falle nur bewiesen

---

[172] ebd., S. 28 (Herv. i. O.)
[173] ebd, S. 29-30
[174] ebd., S. 30

sind, daß von den Verfassern derselben wirtschaftliche Anschauungen in das dogmatische System hineinverwoben wurden, darauf hatte ich bereits früher hingewiesen."[175]

Fischer erscheinen mithin die Antworten Webers unzureichend, die Frage nach dem Ursachenverhältnis zwischen kapitalistischem Geist und protestantischer Ethik daher noch offen. Ausschlaggebend für die Unzulänglichkeit der Antworten Webers sei seine methodische Unklarheit:

> „Der Versuch einer nachzeichnenden Rekonstruktion der Vergangenheit, insbesondere unser Bemühen, die in der Geschichte wirksam gewesenen Motive zu erkennen, begegnet der großen Schwierigkeit, daß wir in und mit der Geschichte keine Experimente treiben können. Wir können nicht diese oder jene Ursachen-Komponente variieren oder gänzlich ausschalten, um dadurch in der Wirkung das Vorhandensein oder die Größe des Anteils jener Ursachen-Komponente in dem Ursachen-Komplex zu erkennen."[176]

Was Fischer von Weber letztlich verlangt, ist, „auf eine *methodisch einwandfreie Verwertung* des Quellenmaterials zu achten"[177]. Diese „methodologische" Wende in der Kritik Fischers läßt Weber ungehalten reagieren. Die Frage nach der Methode wehrt er als hilflose Taktik eines Kritikers ab, der aufgrund mangelnder Materialkenntnis keine Sachargumente einzubringen habe.

> „Eine nicht auf *irgendwelcher* Sachkenntnis ruhende Besprechung kann aber überhaupt, auch bei den schönsten 'methodologischen' Vorsätzen, nicht wohl mit der Prätention auftreten, eine 'Nachprüfung' historischer Untersuchungen darzustellen."[178]

In seinen weiteren Bemerkungen zu Fischers Replik geht es ihm um die Erläuterung der These, daß Fischer hinsichtlich des Vorwurfs der idealistischen Geschichtsdeutung einem Irrtum aufgesessen sei. Auf vier Aspekte weist er hin:

Erstens ignoriere Fischer einfach die Erklärungen, daß er, Weber, von vornherein die Frage der Beeinflussung der religiösen Bewegungen durch die ökonomischen Prozesse keineswegs durch seine bisherigen Untersuchungen als erledigt betrachte. Daher sei es „sehr gut möglich, daß, wenn meine Untersuchungen einmal zu Ende kommen sollten, ich zur Abwechslung ganz ebenso entrüstet der Kapitulation vor dem historischen Materialismus gezie-

---

[175] H. Karl Fischer, Kritische Beiträge zu Professor Max Webers Abhandlung „Die protestantische Ethik und der ‚Geist' des Kapitalismus", in: We/Wi II, S. 40 (Herv. i. O.)

[176] ebd., S. 41

[177] ebd., S. 43 (Herv. i. O.)

[178] Max Weber, Bemerkungen zu der vorstehenden „Replik", in: We/Wi II, S. 45 (Herv. i. O.)

hen werde wie jetzt der Ideologie"[179]. Es ist anzunehmen, daß Weber weder daran dachte, eine idealistische oder materialistische Geschichtsdeutung vorzulegen, noch daran, eine der beiden Varianten zu widerlegen. Interpretationen seines Werkes auf dem Raster des Weltanschauungsstreites Idealismus versus Materialismus verfehlen die Eigenständigkeit seines Verfahrens.

Zweitens sei es ihm, Weber, nie darum gegangen, „'den treibenden Faktor des geschichtlichen Geschehens' irgendeiner Epoche oder irgendwelche '*wahrhaft* treibenden Kräfte' zu finden: - denn derartige Gespenster gibt es ... nicht in der Geschichte"[180].

Drittens habe er, Weber, auch hinsichtlich der quantitativen Beeinflussung durch religiöse Motive erheblich differenziert. So vertrete er die Ansicht, daß das Maß der Beeinflussung oft sehr groß, aber nicht überall gleich groß gewesen sei. Es habe auch durch andere Umstände abgeschwächt oder auch völlig überwogen werden können. Ihm sei es allerdings vor allem darauf angekommen, nachzuweisen,

> „daß die Richtung, in welcher jener Einfluß sich bewegte, in protestantischen Ländern mit den denkbar verschiedensten politischen, ökonomischen, geographischen und ethnischen Bedingungen - Neu-England, deutsche Diaspora, Südfrankreich, Holland, England (die irischen 'Scotch-Irish', Friesland, zahlreiche andere deutsche Gebiete hätten hinzugefügt werden können) - in den entscheidenden Punkten die gleiche war, und insbesondere: daß diese Richtung *unabhängig* bestand von dem Maß der Entwicklung des Kapitalismus als Wirtschaftssystem"[181].

Ein viertes Argument, das Weber in einem anderen Diskussionszusammenhang erwähnt, sei hier angefügt: Die Durchdringung des ganzen Lebens mit jenem spezifischen Geist des Kapitalismus sei zum Beispiel in Nordamerika Voraussetzung dafür gewesen, daß der moderne Kapitalismus Wurzeln schlug. Um dies zu ermöglichen, sei ein ungeheures Maß an Erziehungsarbeit notwendig gewesen.

> „Wenn aber jemand auf die ... so sehr 'naheliegende' Vermutung käme: ob denn jene Qualifikation des religiösen trainings, Geschäftsleute heranzubilden, und ob dieser ganze Zusammenhang von spezifisch geschäftlichen und von religiösen Qualifikationsmerkmalen überhaupt nicht etwa erst Folge davon sei, daß jene religiösen Gemeinschaften sich eben, in einem bereits kapitalistischen 'Milieu', entwickelten, - so frage ich: warum entwickelte denn wohl die katholische Kirche solche Kombinationen und eine derartig auf den Kapitalismus abgestellte Erziehungsrichtung nicht? Weder in den großen Zentren

---

[179] ebd. S. 56, Anm. 5
[180] ebd., S. 46 (Herv. i. O.)
[181] ebd., S. 47 (Herv. i. O.)

des Mittelalters, die, wie Florenz, denn doch weiß Gott in ganz anderem Grade kapitalistisch 'entwickelt' waren als z.B. das noch dünn besiedelte Bauerngebiet im westlichen North Carolina, ... noch wie die wesentlich naturalwirtschaftlichen Gebiete der amerikanischen Kolonien, in denen sich bereits vor 200 Jahren das gleiche abspielte? Warum nicht das Luthertum? - Es vermählte sich eben ein Strang von psychischen Inhalten, der aus sehr spezifischen sittlich-religiösen Wurzeln entsprang, mit kapitalistischen Entwicklungs*möglichkeiten*."[182]

Die von Fischer gestellte Forderung, Weber solle die methodischen Prinzipien seiner Vorgehensweise klären, wird von letzterem in seiner Erwiderung zwar abgewehrt, aber in seiner im folgenden Kapitel zu erörternden Auseinandersetzung mit Rachfahl nachgeholt. Sie sei schon an dieser Stelle angeführt:

„Ein spezifisch historisches Gebilde, was das, was wir unter jenem Namen [Geist des Kapitalismus; F.G.], zunächst ganz ungeklärt, vorstellen, kann zu begrifflicher Deutlichkeit eben nur ... durch Synthese seiner einzelnen Komponenten, wie sie die Realität der Geschichte darbietet, erhoben werden. So zwar, daß wir aus der Realität des historisch Gegebenen jene Einzelzüge, die wir dort in vielfach vermittelter, gebrochener, mehr oder minder folgerichtiger und vollständiger Art, mehr oder minder vermischt mit anderen, heterogenen, sich auswirkend finden, in ihrer schärfsten, konsequentesten Ausprägung auslesen, nach ihrer Zusammengehörigkeit kombinieren und so einen 'ideal-typischen' Begriff, ein Gedankengebilde, herstellen, dem sich die faktischen Durchschnittsinhalte des Historischen in sehr verschiedenem Grade *annähern*. In Wahrheit verwendet ja jeder Historiker, bewußt oder (meist) unbewußt, kontinuierlich Begriffe dieser Art, wo er überhaupt scharfe 'Begriffe' verwendet. ... Jedenfalls aber konnte in vorliegendem Fall, bei einer sehr komplexen historischen Erscheinung, zunächst nur von dem *anschaulich Gegebenen* ausgegangen werden und allmählich, durch Ausscheiden des für den notwendig isolierend und abstrahierend gebildeten Begriff 'Unwesentlichen', dieser zu gewinnen versucht werden. Demgemäß verfuhr ich so, daß ich zunächst 1. die von niemandem bisher bezweifelte Tatsache der auffällig starken Kongruenz von Protestantismus und modernem Kapitalismus: kapitalistisch orientierter Berufswahl, kapitalistischer 'Blüte', durch Beispiele in die Erinnerung rief, sodann 2. illustrativ einige Beispiele vorführte für solche ethische Lebensmaximen (FRANKLIN), die wir unzweifelhaft als von 'kapitalistischem Geist' zeugend beurteilen, und die Frage stellte, wodurch sich diese ethischen Lebensmaximen von abweichenden, speziell von den Lebensmaximen des Mittelalters, unterscheiden, und dann 3. die Art, wie solche seelische Attitüden sich zu dem Wirtschaftssystem des modernen Kapitalismus *kausal* verhalten, wiederum durch Beispiele zu illustrieren suchte, wobei ich 4. auf den 'Berufs'-Gedanken stieß, dabei an die längst (insbesondere durch GOTHEIN) festgestellte, ganz spezifische Wahlverwandtschaft des Calvinismus (und daneben des Quäkertums und ähnlicher Sekten) zum Kapitalismus erinnerte, und gleichzeitig 5. aufzuzeigen suchte, daß unser heutiger Begriff des

---

[182] Max Weber, Antikritisches Schlußwort zum „Geist des Kapitalismus", in: We/Wi II, S. 312 f.; S. 182, Anm. 26 (Herv. i. O.)

Berufs irgendwie religiös fundiert sei. Damit ergab sich dann das Problem, ... dahin: wie
verhält sich der Protestantismus in seinen einzelnen Abschattierungen zur Entwicklung
des Berufsgedankens in seiner spezifischen Bedeutung für die Entwicklung derjenigen
ethischen Qualitäten des Einzelnen, welche seine Eignung für den Kapitalismus beeinflussen. Die Frage hatte natürlich nur Sinn, wenn es überhaupt solche religiös bedingten
spezifischen ethischen Qualitäten gab. Welcher Art diese sein könnten, war vorerst nur
an Beispielen allgemein erläuterbar. In Verbindung mit der Erörterung des Problems
selbst mußte also in immer weiterer Vertiefung der Nachweis erbracht werden (in Ergänzung zu dem schon bei der Entwicklung des Problems Gesagten), daß es solche Qualitäten in der Tat in bestimmten Bestandteilen protestantischer Ethik gab, welche dies seien,
welche Arten von Protestantismus sie in spezifisch hohem Grade entwickeln konnten,
und worin sie sich von den durch die mittelalterliche Kirche und von anderen Spielarten
des Protestantismus teils anerzogenen, teils geduldeten Qualitäten unterschieden."[183]

Webers idealtypische Konstruktionen zeigen eine eigentümliche Problematik:
Bewußt vereinfachen und komprimieren sie das Beobachtungsmaterial, um in
der historischen Wirklichkeit scharfe Grenzen zu ziehen. Hierdurch entfernt
sich die Analyse von einer unbestimmten Mehrdeutigkeit und einer vielfälti-
gen Verschlungenheit des faktisch vorliegenden Verhaltenszusammenhanges.
Das Zerlegen jedes komplexen Phänomens in seine Komponenten impliziert
einen Abstand zwischen Begriff und Beobachtungsmaterial. Diese Komponenten werden dann gleichsam als Variablen in die Analyse eingeführt, um
die Wirkung der einen auf die anderen Variablen aufzuzeigen. In der protestantischen Ethik hat sich Weber auf die Analyse lediglich einer Kausalrichtung beschränkt.

Die Schwierigkeit, sich in seine Verfahrensweise hineinzudenken, besteht
darin, daß der vermutete Zusammenhang zwischen Protestantismus und Kapitalismus im analytischen Verfahren zuerst einmal in voneinander isolierte
Bestandteile bzw. Idealtypen, nämlich protestantische Ethik, asketischer
Protestantismus, kapitalistischer Geist, Kapitalismus aufgelöst wird. Danach
werden die einzelnen isolierten Idealtypen hinsichtlich kausaler Beziehungen
untereinander untersucht. Je nachdem, für welche Kausalrichtung man sich
entscheidet, fällt die andere erst einmal unter den Tisch, obwohl doch auch
für sie einiges spricht, was Weber nie bestritten hat.

Es sind also zwei Schritte, die dem gesunden Menschenverstand so viele
Schwierigkeiten bereiten: Erstens ein in einem sozialen Umfeld hervorge-
kommener und auch von ihm beeinflußter Protestantismus wird von jenem
isoliert und idealtypisch so definiert, daß jene Einflüsse keine Rolle mehr

---

[183] ebd., S. 303-305 (Herv. i. O.)

spielen. Zweitens wird hinsichtlich der Untersuchungsrichtung diesem religiösen Idealtypus die Funktion der unabhängigen Variable zugesprochen. Dies ist ein höchst artifizielles Verfahren. Aber wie auch immer man es beurteilen mag, idealistisch oder bei umgekehrter Kausalrichtung: materialistisch ist es sicher nicht.

## 2.  Kapitalismus und kapitalistischer Geist

Rachfahl wendet gegen Weber ein, der Kapitalismus habe sich, auch in den später vom Puritanismus dominierten Ländern, unabhängig von der protestantischen Reformation, weil zeitlich gesehen schon vor ihr, entwickelt. So habe Frankreich eine beträchtliche Entwicklung von Handel, Industrie und Kapitalismus schon vor dem Auftreten des Hugenottentums, gerade im Jahrhundert von 1450 bis 1550 zu verzeichnen gehabt.[184] Auch der niederländische Kapitalismus sei entstanden vor dem Eindringen des Calvinismus.[185] Ebenso sei der Kapitalismus in England älter als das Puritanertum.[186]

> „Schon aus unseren bisherigen Ausführungen, zumal aus denen über Holland und England, erhellt, daß das Auftreten des Kapitalismus älter ist als die 'asketischen Richtungen' der Reformation, und schon daher auch von ihnen unabhängig. Das Gleiche gilt natürlich erst recht von Deutschland und den katholischen Ländern des Südens und Westens von Europa."[187]

Umgekehrt könne man von den nordamerikanischen Kolonien nicht behaupten, daß sie zu dem Zeitpunkt, zu dem Weber dort gerade am Beispiel Franklins das Auftreten des kapitalistischen Geistes konstatierte, in irgendeiner Weise einen Kapitalismus herausgebildet hätten.[188] Sei der Kapitalismus aber längst schon vor der Reformation etabliert gewesen, habe es zu jener Zeit schon große Kapitalisten, zum Beispiel die Fugger, gegeben, so müsse man fragen, von welchem Geist sie beseelt waren, wenn nicht von dem des Kapitalismus.

---

[184] vgl. Felix Rachfahl, Kalvinismus und Kapitalismus, in: We/Wi II, S. 96
[185] vgl. ebd., S. 98
[186] vgl. ebd., S. 102
[187] ebd., S. 105
[188] ebd., S. 103 f.

„Wir haben somit gezeigt, daß der kapitalistische Geist, richtig verstanden, älter ist als die ‚asketischen Richtungen der Reformation'."[189]

Diese Argumentation Rachfahls stellt die Relevanz der Problemstellung Webers insgesamt in Frage. Weber antwortet darauf in drei Schritten: Erstens habe er längst darauf hingewiesen,

„daß der ganze *Typus*, wie ihn die großen italienischen, deutschen, englischen, holländischen und überseeischen Finanziers darstellen, eben ein Typus ist, den es … gegeben hat, solange wir überhaupt eine Geschichte kennen, der in seiner Eigenart schlechterdings *gar nichts* dem ‚Frühkapitalismus' der Neuzeit irgendwie Charakteristisches ist".[190]

Aber gerade um jenen Typus, der für den Frühkapitalismus der Neuzeit charakteristisch sei, ginge es ihm in seiner Analyse nicht.[191] Weber bestreitet also nicht das Vorhandensein von Kapitalismus und Kapitalisten vor der Reformation. Dies sei jedoch nicht sein Problem.

Zweitens konstatiert er, das Argument Rachfahls, er, Weber, weise anhand der Äußerungen Franklins einen kapitalistischen Geist an einem Ort und zu einer Zeit nach, wo und zu der es keinen Kapitalismus gegeben habe, treffe ihn insofern nicht, da es sowohl kapitalistischen Geist ohne kapitalistische Wirtschaft wie auch kapitalistische Wirtschaft ohne kapitalistischen Geist gegeben habe.[192]

„Eine historisch gegebene Form des ‚Kapitalismus' kann sich mit sehr verschiedenen Arten von ‚Geist' erfüllen; … der ‚Geist' kann der ‚Form' mehr oder minder (oder: gar nicht) ‚adäquat' sein."[193]

Dieser Gesichtspunkt, daß nämlich der Geist des Kapitalismus nicht einfach an der Form des Wirtschaftsbetriebs hängt[194], ist entscheidend für die Argumentation Webers. Denn nur aufgrund der Trennung beider Aspekte kann er eine relativ autonome, durch den asketischen Protestantismus beeinflußte Entstehung des kapitalistischen Geistes überhaupt erst als Problemstellung entwickeln.

---

[189] ebd., S. 110
[190] Max Weber, Antikritisches zum „Geist" des Kapitalismus, in: We/Wi II, S. 161 (Herv. i. O.)
[191] vgl. ebd.
[192] vgl. ebd., S. 164
[193] ebd., S. 171
[194] vgl. Max Weber, Kritische Bemerkungen zu den vorstehenden „Kritischen Beiträgen", in:We/Wi II, S.27

Drittens sei der von ihm analysierte Geist des Kapitalismus, der für die Entwicklung des neuzeitlichen Frühkapitalismus entscheidend wurde, nicht in eins zu setzen mit einem Erwerbsstreben, wie es allen großen Kapitalisten zu jeder Zeit eigen war. Den sogenannten Erwerbstrieb könne man in allen Stadien der Kulturgeschichte und in allen möglichen sozialen Schichten antreffen: „beim neapolitanischen barcajuolo, beim antiken und modernen orientalischen Krämer, beim 'biederen' kleinen Tiroler Gastwirt, beim 'notleidenden' Agrarier, beim afrikanischen Häuptling ... - dagegen gerade in dieser naiv triebhaften Form beim Typus des Puritaners ... *nicht*"[195].

Ferner ließe sich der Geist des Kapitalismus nicht einfach in eins setzen mit den Motiven, die die Großkapitalisten verschiedenster Zeiten in ihrem Handeln leiteten:

> „wo immer großkapitalistische Entwicklung sich je gefunden hat, im fernen Altertum sowohl wie in unseren Tagen, da hat es selbstverständlich jenen Typus von skrupellosem money maker gegeben, welcher in der Exploitierung der römischen Provinzen ebenso wie in den Raubkolonien der italienischen Seestädte und den weltumspannenden Spekulationen der Florentiner 'Geldgeber', in den Plantagen der Sklavenhalter und den Goldfeldern aller Erdteile ebenso wie in den amerikanischen Eisenbahnen oder den großfürstlichen Praktiken im fernen Osten oder den ebenfalls weltumspannenden Spekulationen der 'Imperialisten' der City sich auswirkt."[196]

Aber der „Erwerbstrieb" aller jener „Gründer und Spekulanten, die 'mit dem Ärmel an das Zuchthaus streifen', um die Millionen zu verdienen"[197], brauchte keine Ethik als Vehikel. So handelte es sich beim kapitalistischen „Geist" um ein Phänomen, das sich weniger bei den Großkapitalisten, sondern hauptsächlich bei den aufsteigenden Mittelklassen beobachten ließe.

Viertens seien die Puritaner nicht aufgrund ihres Erwerbstriebes, aufgrund von Geldgier, die ihnen fern lagen, sondern gerade ihrer Weltabgewandtheit zum Trotz reich geworden.[198] Der Reichtum als solcher galt ihnen als Quelle der Genuß- und Machtgier und als solche als Gefahr schlechthin.[199] Daß diese den reichen Leuten und dem Reichtum so feindselig gesonnenen Elemente zu einer besonders wichtigen Quelle der Reichtumsbildung wurden, bezeichnet Weber als „scheinbare Paradoxie", die er im Laufe der Analyse der prote-

---

[195] ders., Antikritisches zum „Geist des Kapitalismus", in: We/Wi II, S. 165 (Herv. i. O.)
[196] ebd., S. 166
[197] ebd., S. 168
[198] vgl. ebd.
[199] vgl. ebd., S. 160

stantischen Ethik aufgelöst habe.[200] Diese scheinbare Paradoxie wirft hinsichtlich der Analyse wie auch der Darstellung Probleme auf. Denn die theoretisch-dogmatischen Ausformulierungen der protestantischen Ethik in den verschiedensten Schattierungen geben zumindest auf den ersten Blick kaum Hinweise darauf, daß hier eine Wahlverwandtschaft zum Geist des Kapitalismus vorliegen könne. Im Gegenteil dominieren Warnungen vor Reichtum und Reichtumserwerb mit all seinen Konsequenzen. Vergleicht man diese Schriften mit katholischen Wirtschaftsethiken, so wird man zuerst wohl kaum mehr als einen graduellen Unterschied feststellen. Vergleicht man die in ihnen enthaltenen Vorschriften vollends mit der Praxis der Geschäftsleute jener Zeit, so kann man wohl lediglich konstatieren, daß sie sich nicht auf der Höhe kapitalistischen Erwerbshandelns befanden. Aber die Raffinesse der Untersuchung Webers besteht darin, diese „oberflächliche" Ebene zu verlassen, und zu fragen, „welche *praktisch-psychologischen* Motive die Eigenart der Religiosität ... für das reale ethische *Verhalten* enthielt"[201].

> Denn es sei „zwar eine gewiß auch praktisch recht wichtige und interessante Frage ...,
> was an ethischen Idealen die kirchliche Doktrin des Katholizismus, LUTHERS,
> CALVINS und anderer in ihren Übereinstimmungen und Gegensätzen untereinander enthielt, ob gewisse, durch den asketischen Protestantismus praktisch-psychologisch gezüchtete, Arten des Verhaltens von der kirchlichen Theorie etwa, wie RACHFAHL vorträgt, 'auch vom katholischen Laien' (nicht nur vom Mönch) 'gefordert' wurden oder für
> ihn 'galten', - daß aber mit dieser Feststellung ja schlechterdings *gar nichts* darüber ausgemacht ist, ob der betreffende Typus von Religiosität denn nun auch in seinen Bekennern die psychologischen Vehikel schuf, welche ein jener kirchlichen Doktrin entsprechendes ... typisches Verhalten zu erzeugen geeignet war"[202].

Lob und Empfehlung gewissenhafter Arbeit für die Laien fänden sich sowohl bei den Theoretikern der Ethik wie auch bei den Predigern des Mittelalters. An solchen Lehren vom Segen der Arbeit habe es außerhalb des Protestantismus nicht gefehlt. Aber die hätten nicht in der gleichen Weise wie im Protestantismus gewirkt, da keine psychischen Prämien darauf gesetzt gewesen seien, diesen Lehren methodisch konsequent nachzuleben.[203]

In seiner Erwiderung auf die Replik Webers führt Rachfahl folgendes Argument an: Bei Webers Fassung des kapitalistischen Geistes gebe es unend-

---

[200] vgl. ebd., S. 161
[201] Max Weber, Antikritisches Schlußwort zum „Geist des Kapitalismus", in: We/Wi II, S. 306 (Herv. i. O.)
[202] ebd., S. 306 (Herv. i. O.)
[203] vgl ebd., S. 306 f.

lich viel Kapitalismus, der ohne kapitalistischen Geist entstanden sein müß-te.[204] Daher sei der kapitalistische Geist, den Weber beschrieben habe, nicht der kapitalistische Geist schlechthin, sondern lediglich eine Sonderform, die erst in der Neuzeit aufgekommen sei: „ein Zug des allgemeinen kapitalisti-schen Geistes, den dieser in der Neuzeit unter dem Einfluß des 'asketischen' Protestantismus angenommen hat; daneben ist auch der ältere Typus bestehen geblieben"[205].

In einer zweiten Antwort auf Rachfahl bemüht sich Weber, die oben schon erwähnte Ausdifferenzierung von Form und Geist plausibel zu machen:

> „Es ist ebensowenig jedes in bureaukratischen Formen funktionierende Staatswesen schon um deswillen vom 'Geist des Bureaukratismus' beherrscht, oder muß jede noch so sehr nach deutschem oder französischem Muster organisierte Armee und der Staat, dem sie dient, von 'militärischem Geiste' beseelt sein ..., wie etwa jeder Gewerkverein ..., bei ganz gleicher Organisation, vom Geist entweder des 'Tradeunionismus' oder des 'Syndikalismus' ..., oder ein Land mit kolonialem Imperium stets vom 'Geist des Impe-rialismus', - und endlich: jede kapitalistisch organisierte Wirtschaft vom 'Geist des Ka-pitalismus' ... bestimmt sein muß"[206].

Das heißt, nicht jedes Handeln, das im Rahmen des Kapitalismus zu wirt-schaftlichem Erfolg führt, ist vom Geist des Kapitalismus bestimmt. Wenn Weber vom Geist des Kapitalismus spricht, dann nur in dem Falle, „daß al-lerdings diejenige oder diejenigen mehreren möglichen Attitüden, welche wir so bezeichnen, uns eben jenen Organisationsformen als irgendwie spezifisch 'adäquat': aus *inneren* Gründen ihnen 'wahlverwandt' erscheinen"[207].

Und ebenso wie der vorneuzeitliche Kapitalismus ohne jenen Geist des Kapitalismus auskam[208], so hat sich der heutige moderne Kapitalismus von ihm „emanzipiert"[209].

> „Dabei *kann* selbstredend der Kapitalismus recht bequem existieren, aber entweder, wie heute zunehmend, als eine fatalistisch hingenommene Unvermeidlichkeit, oder, wie in der Aufklärungsperiode einschließlich des Liberalismus modernen Stils, legitimiert als

---

[204] vgl. Felix Rachfahl, Nochmals Kalvinismus und Kapitalismus, in: We/Wi II, S. 255
[205] ebd., S. 256
[206] Max Weber, Antikritisches Schlußwort zum „Geist des Kapitalismus", in: We/Wi II, S. 284
[207] ebd., S. 283-284
[208] vgl. ebd., S. 284
[209] ebd., S. 320

irgendwie *relativ* optimales Mittel, aus der (im Sinn etwa der LEIBNIZ'schen Theodizee) *relativ* besten der Welten das *relativ* Beste zu machen."[210]

Solche Haltungen verstehen es zwar gut, mit dem Kapitalismus zu leben, aus ihm ihre Vorteile zu ziehen, sie stellen aber nicht das dar, was Weber unter „kapitalistischem Geist" versteht. Letzterer bezeichnet denjenigen Lebensstil, welcher nicht in einer irgendwie begründeten inneren Distanz zum Kapitalismus steht, wie beim katholischen und liberalen Geschäftsmann, sondern einen Lebensstil, welcher den Kapitalismus als äußere Ausdrucksform einer geschlossenen, auf letzten Prinzipien beruhenden Idee von Persönlichkeit ansieht. Einen solchen Lebensstil, der jene Adäquanz von innerer Haltung und äußerer Form, in Gestalt des Kapitalismus, herstellte, sieht Weber durch die protestantische Ethik befördert. In ihr hat der Kapitalismus seine adäquate Entsprechung auf der Ebene der Persönlichkeitsbildung gefunden. Denn die Leistung der protestantischen Ethik bestand in der Schaffung einheitlicher Grundmotive für die Pflege derjenigen Qualitäten, welche einen erfolgreichen Kapitalisten ausmachen.[211] Schaffung von Grundmotiven meint nicht Klugheitsregeln oder Geschicklichkeitsanweisungen, wie man, unabhängig davon, letztlich zum Leben steht, sich am erfolgreichsten im Geschäftsleben durchschlagen könnte, sondern bezeichnet die Verankerung der Qualitäten eines kapitalistischen Geschäftsmannes im Inneren seiner Persönlichkeit.

Bei der Untersuchung des Phänomens ging es aber nicht um

„eine bloße 'Förderung' einer an sich schon ganz ebenso vorhandenen psychischen Disposition, sondern sie bedeutete, innerhalb der weltlichen Sphäre wenigstens, einen neuen 'Geist': aus ihrem eigenen religiösen Leben, aus ihrer religiös bedingten Familientradition, aus dem religiös beeinflußten Lebensstil ihrer Umwelt heraus erwuchs hier in den Menschen ein Habitus, der sie in ganz spezifischer Weise geeignet machte, den spezifischen Anforderungen des modernen Frühkapitalismus zu entsprechen. Schematisch ausgedrückt: anstelle des Unternehmers, der sich in seinem 'Chrematismus' von Gott *höchstens* 'toleriert' fühlen konnte, ... trat der Unternehmer mit dem ungebrochenen guten Gewissen, von dem Bewußtsein erfüllt, daß die Vorsehung ihm nicht ohne bestimmte Absicht den Weg zum Gewinn zeige, damit er ihn zu Gottes Ruhm beschreite, daß Gott in der Vermehrung seines Gewinns und Besitzes ihn sichtbar segne, daß er vor allem am Erfolg in seinem Beruf, wenn dieser mit legalen Mitteln erreicht sei, seinen Wert nicht nur vor den Menschen, sondern vor Gott messen könne, daß Gott seine Absichten habe, indem er gerade ihn zum ökonomischen Aufstieg auserlesen und mit den Mitteln dazu ausgerüstet habe, - im Gegensatz zu anderen, die er aus guten, freilich unerforschlichen, Gründen zur Armut und zur harten Arbeit bestimmt habe, - der in 'pharisäischer' Sicher-

---

[210] ebd., S. 297 (Herv. i. O.)
[211] vgl. ebd., S. 298

heit seinen Weg geht in strenger formaler Legalität, die ihm die höchste und, da es eine 'Zulänglichkeit' vor Gott überhaupt nicht gibt, auch die einzige in ihrer Bedeutung sicher greifbare Tugend ist".[212]

Aufgrund dieser ethischen Fundierung eines Lebensstils, der genau das praktiziert, was im Sinne eines erfolgreichen Geschäftsmannes verlangt wird, kann Weber sagen: dieser Geist und nicht der Geist des katholisch oder liberal orientierten Geschäftsmannes sei neuzeitlichem Frühkapitalismus am adäquatesten, er biete die größte innere Übereinstimmung zwischen den ethischen Prinzipien der Persönlichkeit und den Bedingungen der Wirtschaftsstruktur.

---

[212] ebd., S. 318-319 (Herv. i. O.)

# VI. Paradoxe Umbrüche

## 1. Paradoxien der protestantischen Ethik

Paradoxe Sachverhalte, die sich dadurch auszeichnen, daß eine Handlung oder ein Geschehensablauf über eine Kette unbeabsichtigter Folgen zum genauen Gegenteil dessen führen, was beabsichtigt war, kennzeichnen das Verhältnis von protestantischer Ethik und modernem Kapitalismus im Sinne einer Theorie des sozialen Wandels: Der moderne Kapitalismus und mit ihm die Kultur der Moderne entwickeln sich nicht etwa kontinuierlich und folgerichtig aus der Ordnung des Mittelalters heraus, sondern sie sind letzterer so fremd, daß diese Transformation nur als unbeabsichtigte Konsequenz eines Handelns von Gruppen begriffen werden kann.

In der historischen Soziologie Max Webers nimmt die „Paradoxie der Wirkung gegenüber dem Wollen"[1] eine zentrale begriffsstrategische Stellung ein.[2] Mit ihrer Hilfe zeigt er in einer mehrschichtigen Argumentation auf, auf welche Weise die modernen seelen- und sinnlosen Institutionen der Bürokratie und des kapitalistischen Betriebes, die die Menschen als Rädchen in ihr Getriebe einspannen, ihre Entstehung entscheidend einem religiös-individualistisch orientierten Handeln verdanken, und wie umgekehrt die religiöse Ursprungsmotivation von ihren Folgen allmählich aufgelöst wird. So ist es gerade der Nachweis historischer Paradoxien in der Beziehung von protestantischer Ethik und Kapitalismus beim Übergang zur modernen Gesellschaft, der Max Webers Untersuchungen so interessant macht.

---

[1] GARS I, S. 524

[2] vgl. hierzu: Löwith, Karl: Max Weber und Karl Marx, in: Constans Seyfarth und Walter M. Sprondel (Hrsg.), Seminar: Religion und gesellschaftliche Entwicklung. Studien zur Protestantismus-These Max Webers, Frankfurt/M. 1973, S. 19 ff.; Wolfgang Schluchter, Rationalismus der Weltbeherrschung. Studien zu Max Weber, Frankfurt/M. 1980, S. 9 ff.; Hans Haferkamp, „Individualismus" und „Uniformierung" - Über eine Paradoxie in Max Webers Theorie der gesellschaftlichen Entwicklung, in: Johannes Weiß (Hrsg.), Max Weber heute. Erträge und Probleme der Forschung, Frankfurt/M. 1989, S. 461 ff.; Detlev J. K. Peukert, Max Webers Diagnose der Moderne, Göttingen 1989, S. 35

a) These: *Weber konstruiert für politisches Handeln insgesamt eine paradoxe Handlungsstruktur, nämlich die Verkehrung der Absichten des Handelns in seinen Folgen.*

Er warnt den Politiker eindringlich: dieser solle damit rechnen, daß niemals „aus Gutem ... nur Gutes, aus Bösem nur Böses folgen" könne, sondern daß sich ganz im Gegenteil häufig das Gegenteil des Gewünschten entwickle. Wer das nicht wisse und nicht berücksichtige, bleibe politisch gesehen ein Kind.[3] Denn: „Es ist durchaus wahr und eine ... Grundtatsache aller Geschichte, daß das schließliche Resultat politischen Handelns oft, nein: geradezu regelmäßig, in völlig unadäquatem, oft in geradezu paradoxem Verhältnis zu seinem ursprünglichen Sinn steht."[4] Politisches Handeln führt zu paradoxen Resultaten: Es hat unbeabsichtigte, teilweise sogar dem angestrebten Ziel konträr entgegengesetzte Konsequenzen. Daß dem so ist, mag daran liegen, daß der Politiker, sofern er seine Vorstellungen umgesetzt sehen will, auf eine möglichst große Anhängerschaft angewiesen ist, und die, so gibt Weber zu verstehen, muß durch allerlei Vergünstigungen bei Laune gehalten sein. Diese Vergünstigungen können nun auch aus Zugeständnissen politischer Art bestehen - eine mögliche Einflußgröße auf politische Geschehensverläufe. Dazu kommt, und das betont Weber mehrfach, die Unausweichlichkeit für den Politiker, mit dem Mittel 'Gewaltsamkeit' umzugehen: Politik braucht die Gewalt zu ihrer Durchsetzung, sei es auch lediglich in Form einer Warnung vor ihrem Gebrauch. Die Gewalt ist nun nach Weber ein vollkommen unberechenbares Mittel: Nie kann der Politiker die Auswirkungen eines Einsatzes im voraus einschätzen. Die Nutzung dieser „diabolischen" Macht, der der Politiker, das scheint sein Los zu sein, nicht ausweichen kann, führt zu unvorhergesehenen, zu paradoxen Resultaten. Es ist nach Weber eine in der Geschichte häufig anzutreffende Erscheinung, daß Kultursysteme und Institutionen, „die ausgegangen sind von großen Weltanschauungsideen, zu Mechanismen werden, die sich faktisch davon loslösen. Das liegt einfach an der allgemeinen, wie man zu sagen pflegt: 'Tragik' jedes Realisationsversuchs von Ideen in der Wirklichkeit überhaupt".[5]

---

[3]   vgl. Max Weber, Politik als Beruf, Berlin 1993, S. 60
[4]   ebd., S. 53
[5]   ders., Rede auf dem ersten Deutschen Soziologentage in Frankfurt 1910, in: ders., Gesammelte Aufsätze zur Soziologie und Sozialpolitik, Tübingen 1988, S. 445

b) These: *Diese Paradoxie gilt auch für ethisch motivierte Revolutionen, in deren Verlauf die besten Absichten regelmäßig in ihr Gegenteil verkehrt werden.*

Die paradoxe Handlungsstruktur formiert nicht nur das politische Alltagsgeschehen, sondern gerade jene besonderen Situationen, in denen entschieden gehandelt wird: für irgendwie ethische und religiös motivierte Revolutionen. Zuerst einmal geht es um die Verkehrung der Motive. Im Interesse des Erfolges verdrängen die niederen Motive allmählich die höheren Ideale.

> „Wer die absolute Gerechtigkeit auf Erden mit Gewalt herstellen will, der bedarf dazu der Gefolgschaft: des menschlichen 'Apparates'. Diesem muß er die nötigen inneren und äußeren Prämien - himmlischen oder irdischen Lohn - in Aussicht stellen, sonst funktioniert er nicht. ... Von dem Funktionieren dieses seines Apparates ist der Führer in seinem Erfolg völlig abhängig. Daher auch von dessen - nicht: von seinen eigenen - Motiven. ... Was er unter solchen Bedingungen seines Wirkens tatsächlich erreicht, steht daher nicht in seiner Hand, sondern ist ihm vorgeschrieben durch jene ethisch überwiegend gemeinen Motive des Handelns seiner Gefolgschaft, die nur im Zaum gehalten werden, solange ehrlicher Glaube an seine Person und seine Sache wenigstens einen Teil der Genossenschaft: wohl nie auf Erden auch nur die Mehrzahl, beseelt. ... Ist erst einmal der höhere Idealismus durch das gemeine Interessenkalkül abgelöst, so ist es nur noch ein kleiner Schritt, das Ideal zur Phrase verkommen zu lassen. Der traditionalistische Alltag kommt nach der emotionalen Revolution, der Glaubensheld und vor allem der Glaube selbst schwindet oder wird - was noch wirksamer ist - Bestandteil der konventionellen Phrase der politischen Banausen und Techniker. Diese Entwicklung vollzieht sich gerade beim Glaubenskampf besonders schnell, weil er von echten Führern: Propheten der Revolution, geleitet oder inspiriert zu werden pflegt. Denn wie bei jedem Führerapparat, so auch hier, ist die Entleerung und Versachlichung, die seelische Proletarisierung im Interesse der 'Disziplin', eine der Bedingungen des Erfolges. ... Wer Politik überhaupt und wer vollends Politik als Beruf betreiben will, hat sich jeder ethischen Paradoxien und seiner Verantwortung für das, was aus ihm selbst unter ihrem Druck werden kann, bewußt zu sein."[6]

Im Gegensatz hierzu ist eine reine Gesinnungsethik für Weber in der Politik schon deswegen abzulehnen, weil der Politiker - und nicht nur der - fortlaufend mit der „Paradoxie der Folgen" konfrontiert wird. Jede Gesinnungsethik geht von dem Grundsatz aus, daß aus der rechten Absicht nur Gutes entstehen könne. Die Wirklichkeit spricht indes eine andere Sprache. Es gibt immer wieder Kräfte, die das Gute wollen und das Böse schaffen, wie auch umgekehrt. Dies wird ein verantwortungsvoller Politiker bedenken und alle mögli-

---

[6]  ders., Politik als Beruf, a.a.O. S. 62-64

chen Neben- und Spätfolgen sorgsam abwägen, ehe er sich für eine Vorgehensweise entscheidet. Die Gesinnungsethik orientiert sich am Eigenwert des
Handelns und verhält sich gegenüber den Folgen des Handelns relativ gleichgültig.

Aber „dann bleiben dem Handelnden jene diabolischen Mächte, die im Spiel sind, unbewußt. Sie sind unerbittlich und schaffen Konsequenzen für sein Handeln, auch für ihn
selbst innerlich, denen er hilflos preisgegeben ist, wenn er sie nicht sieht".[7] „Wer Politik
überhaupt und wer vollends Politik als Beruf treiben will, hat sich jener ethischen Paradoxien und seiner Verantwortung für das, was aus ihm selbst unter ihrem Druck werden
kann, bewußt zu sein."[8]

c) These: *Der paradoxen Handlungsstruktur unterliegt auch die zu Beginn
der Neuzeit einsetzende religiöse Revolution: die protestantische Reformation in mehrerer Hinsicht. Die erste Paradoxie besteht darin, daß eine im Ursprung stark antikapitalistisch gefärbte Religionsbewegung wie die protestantische Reformation bei der Durchsetzung des modernen Kapitalismus
eine entscheidende Rolle spielt.*

Weber weist erst einmal ausdrücklich darauf hin, „daß die Kulturwirkungen
der Reformation zum guten Teil - vielleicht sogar für unsere speziellen Gesichtspunkte überwiegend - unvorhergesehene und geradezu *ungewollte* Folgen der Arbeit der Reformatoren waren, oft weit abliegend oder geradezu im
Gegensatz stehend zu allem, was ihnen selbst vorschwebte".[9] Es handelt sich
hierbei um einen Vorgang, an dem „das Prinzip der Irrationalität und der
Wertdiskongruenz zwischen Ursache und Wirkung"[10] sichtbar wird. Die
theoretisch-dogmatischen Ausformulierungen der protestantischen Ethik in
den verschiedensten Schattierungen geben zumindest auf den ersten Blick
kaum Hinweise darauf, daß hier eine Wahlverwandtschaft zum Geist des Kapitalismus vorliegen könnte. Im Gegenteil dominieren Warnungen vor
Reichtum und Reichtumserwerb mit all seinen Konsequenzen.[11] Vergleicht
man diese Schriften mit katholischen Wirtschaftsethiken, so wird man zuerst

---

[7]  ebd., S. 65
[8]  ebd., S. 64
[9]  PE (1), Bd. 2o, S.53-54 / PE (2), S. 83 / PE (3), S.76 / PE (4), S. 50 (Herv. i. O.)
[10] Max Weber, Erste Diskussionsrede zu E. Troeltschs Vortrag über „Das stoisch-
     christliche Naturrecht", in: ders. Gesammelte Aufsätze zur Soziologie und Sozialpolitik,
     Tübingen 1988, S. 462
[11] vgl. PE (1), Bd. 2I, S. 75 f. / PE (2), S. 165 f. / PE (3), S. 167 / PE (4), S. 123

wohl kaum mehr als einen graduellen Unterschied feststellen. Kontrastiert
man die in ihnen enthaltenen Vorschriften vollends mit der Praxis der Geschäftsleute jener Zeit, so kann man wohl lediglich konstatieren, daß sie sich
nicht auf der Höhe kapitalistischen Erwerbshandelns befanden. „Beim Puritaner war der Erwerb ungewollte Folge".[12] So sind die Puritaner weder aufgrund ihres Erwerbstriebes noch aufgrund von Geldgier, die ihnen fernlagen,
sondern gerade ihrer Weltabgewandtheit zum Trotz reich geworden.[13] Der
Reichtum als solcher galt ihnen als Quelle der Genuß- und Machtgier, mithin
als die Gefahr schlechthin.[14] Daß diese den reichen Leuten und dem Reichtum so feindselig gesonnenen Elemente zu einer besonders wichtigen Quelle
der Reichtumsbildung wurden, bezeichnet Weber als „scheinbare Paradoxie",
deren Erklärung er im Laufe der Analyse der protestantischen Ethik aufgelöst
habe.[15]

Wenn Weber von einer „scheinbaren"[16] Paradoxie, die analytisch aufzulösen ist, spricht, so hat man zwei Ebenen zu unterscheiden: erstens die Ebene
der realen Handlungsvollzüge, auf der sich die Interaktionen des Handelns in
dessen Folgen in ihr Gegenteil verkehren, Zweitens die Ebene der Beschreibung jener paradoxen Sachverhalte. Wird auf dem theoretischen Niveau einer
Beschreibung und Analyse eine Paradoxie behandelt, so stellt sich erst einmal
die Frage, ob hier eventuell ein Kurzschluß, ein theoretischer Mangel vorliege, da ja Theorien frei von Widersprüchen und Paradoxien sein sollten. Die
Beschreibung und Erklärung des paradoxen Sachverhaltes steht also vor der
Aufgabe, den Verdacht ausräumen zu müssen, es handele sich lediglich um
einen theoretischen Fehlschluß; auf dieser Ebene gilt es die scheinbare Paradoxie aufzulösen, um den Sachverhalt jenseits von Theorie in seiner paradoxen Struktur bloßzulegen. So beschreibt Weber die verblüffende Entwicklung, die er in folgende Worte kleidet: „die 'industry' dieser den reichen
Leuten und dem Reichtum so feindselig gesonnenen Elemente [muß; F.G.]
als eine besonders wichtige Quelle der Reichtumsbildung" gelten. Im Ge-

---

[12] GARS I, S. 532
[13] vgl. Max Weber, Antikritisches zum „Geist" des Kapitalismus, in: We/Wi II, S. 168
[14] vgl. ebd., S. 160
[15] vgl. ebd., S. 161
[16] Webers Erklärung der Entstehung des Kapitalismus aus der protestantischen Ethik „ist …
paradox und heißt, aus dem Feuer die Kälte erklären". Ottmar Spann, Tote und lebendige
Wissenschaft. Abhandlungen zur Auseinandersetzung mit Individualismus und Marxismus, Jena 1925, S 162

genteil: Aufgrund ihrer Arbeitsamkeit und ihres unermüdlichen Einsatzes nahmen die Protestanten nunmehr einen überwältigenden Anteil am Unternehmertum ein. Die vollständige Orientierung der Protestanten an ihrem Gott im Jenseits veranlaßte sie, sich im Diesseits mit größtem Engagement dem Gelderwerb zu widmen. Trotz ihrer unumstößlichen Ablehnung traditionalistischer Gier nach Geld und Genuß stellten sie die Weichen für die Ausbreitung und positive Wertschätzung eines „kapitalistischen Geistes".

c.a) These: *Diese Variante der paradoxen Verkehrung kann man schon bei der mittelalterlichen mönchischen Askese, die zur Anhäufung klösterlichen Reichtums beitrug, beobachten. Außerdem entwickelte sich das spirituell ausgerichtete Klosterleben zum Zentrum zweckrationalen Wirtschaftens.*

Der „Erwerb" des Puritaners „war ebenso ein Nebenerfolg und Symptom des Gelingens seiner Askese wie der der Klöster".[17] Es handelt sich hierbei um die „scheinbare Paradoxie von Weltablehnung und Erwerbsvirtuosität"[18]. Wie konnte es zu der Paradoxie kommen, daß eine ursprünglich weitgehend antikapitalistisch eingestellte Religionsbewegung die Heraufkunft des modernen Kapitalismus einleitet? In seinen Erklärungen hierzu verweist Weber auf weitere Paradoxien. So habe schon vor dem Auftreten des Protestantismus mönchische Askese und Weltflucht zum ökonomischen Erfolg der Klöster beigetragen. „Die Paradoxie aller rationalen Askese, daß sie den Reichtum, den sie ablehnte, selbst schuf, hat dabei dem Mönchtum aller Zeiten in gleicher Art das Bein gestellt. Überall wurden Tempel und Klöster ihrerseits zu Stätten rationaler Wirtschaft."[19] Ein Leben in religiöser Weltablehnung kann mithin in weltlicher Hinsicht durchaus erfolgreich sein; ebenso wie ein irrational religiös begründetes Handeln rationale Folgen zu zeitigen vermag.

c.b) These: *Versachlichung und Rationalisierung der Welt infolge eines Handelns, das in seiner Begründung, nämlich einem letztlich ganz unverständlichen Willen Gottes dienen zu wollen, irrational begründet ist. Die verzweifelte Sorge des Puritaners um sein Seelenheil trägt dazu bei, die seelenlosen Maschinerien von Kapitalismus und Bürokratie zu entfesseln.*

---

[17] GARS I, S. 532
[18] ebd.
[19] GARS I, S. 545 / vgl. W. u. G., S. 354

Die „überweltlich orientierte puritanische rationale Ethik führte den innerweltlichen ökonomischen Rationalismus in seinen Konsequenzen durch, gerade weil ihr an sich nichts ferner lag als dies".[20] Jede religiöse Ethik fußt auf
der Regelung persönlicher, zwischenmenschlicher Beziehungen. Im Kapitalismus nun werden diese persönlich-zwischenmenschlichen Beziehungen
zunehmend versachlicht. Die religiösen Ideale zur Regelung interpersonaler
Relationen wie Nächstenliebe, Caritas, Brüderlichkeit, Almosen werden unter
den Lebensbedingungen des modernen Kapitalismus ins Abseits gedrängt.

Das Denken und die eigenen Lebensvollzüge rational zu gestalten, war die
Idee, die im Zeitalter des Puritanismus eine enorme Bedeutung gewann. Sie
stand für Innovationen und galt als Schlüssel zu einer besseren Welt: wenn
erst einmal der Alltag, das religiöse und berufliche Leben rationalisiert seien,
so glaubte man dem für menschliches Denken immer unbegreiflich bleiben-
den Gott doch wenigstens ein Stück näher gekommen zu sein. Ihr Leben nach
rationalen Grundsätzen zu führen, war die entscheidende Verpflichtung der
Protestanten gegenüber ihrem Gott.

Die paradoxe Figur dieser Haltung besteht in folgendem: Mit Hilfe rationaler Denk- und Handlungsmuster versuchten die Menschen, einen unverständlichen, außerhalb ihres Einflußbereichs liegenden Gott zu enträtseln.
Weber beschreibt, daß der Protestant „alles Wirken in der Welt als Dienst in
Gottes ... ganz unverständlichen ... Willen ... rational versachlichte und damit auch die Versachlichung ... der ganzen Welt als ... Material der Pflichterfüllung hinnahm".[21]

Aus den irrationalen, religiösen Grundlagen des Protestantismus, dem
Glauben an einen letztlich in seinem Willen, in seinen Absichten unverständlichen Gott, entsteht ein Handeln, das die Welt versachlicht, ihrer Geheimnisse, ihres Zaubers beraubt und sie radikal durchrationalisiert. Und noch ein
zweiter Aspekt jener Paradoxie ist erwähnenswert: Im Zuge der Unterwerfung unter den Willen eines absoluten Gottes schlägt Unfreiheit in ein Handeln um, das sich seinerseits die Freiheit nimmt, die Welt nach rational ver-
sachlichten Kriterien zu unterwerfen. Denn die „Welt ist dazu - und nur dazu
- bestimmt: der Selbstverherrlichung Gottes zu dienen, der erwählte Christ ist
dazu - und nur dazu - da, den Ruhm Gottes in der Welt durch Vollstreckung
seiner Gebote an seinem Text zu vermehren. Gott aber will die soziale Lei-

---

[20] GARS I, S. 534
[21] GARS I, S. 545-546

stung des Christen, denn er will, daß die soziale Gestaltung des Lebens seinen
Geboten gemäß so eingerichtet werde, daß sie jenem Zweck anspreche. Die
soziale Arbeit des Calvinisten in der Welt ist lediglich Arbeit 'in majorem
gloriam Dei'".[22]

c.c) These: *Die religiös begründete Individualisierung im Verhältnis Gott-
Mensch schlägt in eine homogene Organisation des Sozialverbandes Gemeinde um.*

Es „scheint zunächst ein Rätsel, wie mit jener Tendenz zur innerlichen Lösung des Individuums aus engsten Banden, mit denen es die Welt umfangen
hält, die unbezweifelbare Überlegenheit des Calvinismus in der sozialen Organisation sich verknüpfen konnte".[23] Individualisierung bedeutet hier nicht
Individualismus im Sinne von Besonderheit, Heterogenität, Originalität,
Nonkonformismus, sondern den gleichartigen Kampf der je einzelnen gegen
die kreatürliche Welt und gegen das Kreatürliche in sich selbst. Dieser Typus
des Individuums ist sozusagen „massenhaft" und auf ein Ziel ausgerichtet
und als solcher idealer Baustein für eine homogene Organisation, wie die
protestantische Gemeinde sie zumindest im Ursprung darstellt.

Im Namen Gottes galt es, eine straffe soziale Organisationen zuerst der
Gläubigen und danach auch ihres Umfeldes zu schaffen. Paradox mutet jedoch an, daß dies aus einer Situation größter Einsamkeit des Gläubigen heraus zu geschehen hatte. Tiefstes Mißtrauen selbst gegen Freunde und Nach-
barn, zu dem sogar religiöse Würdenträger dringend rieten, war nur eine Ursache dieser Einsamkeit, die andere ist im enggefaßten Verbot der Kreaturvergötterung zu sehen. Jede größere Nähe zu einem Menschen, jedes Gefühl
einem Menschen gegenüber geriet schnell in den Verdacht, es handele sich
hierbei um verwerfliche Kreaturvergötterung. Die Glaubenssituation trug ein
übriges dazu bei: denn jeder Gläubige war vollständig auf sich selbst angewiesen, kein Geistlicher, kein Sakrament, nicht einmal Gott selbst konnten
ihm helfen, das einmal festgelegte Schicksal zu verändern. Die absolute Einsamkeit als Konsequenz aus dieser hoffnungslosen Lage wird auf diese Weise
begreiflich. Trotz alledem sollten nach Gottes Willen soziale Organisationen
geschaffen werden, und auch diese durften die Gläubigen nicht der Gefahr

---

[22] PE (1), Bd. 21, S. 14, Anm. 21 / PE (2), S. 98-99, Anm. 1 / PE (3), S. 200-201, Anm. 31 /
PE (4), S. 65, Anm. 85
[23] PE (1), Bd. 21, S. 24 / PE (2), S. 98-99 / PE (3), S. 125 / PE (4), S. 65

der Kreaturvergötterung einerseits, der Gefahr des Mißbrauchs andererseits aussetzen: es blieb also nur die scheinbar absurde Möglichkeit, eine solche Organisationen emotionsfrei, sachlich und in einer sicheren Distanz der einzelnen Mitglieder zueinander zu gestalten. Weber bemerkt in einer Rückschau auf die Blütezeit des Calvinismus:

> „... die unbezweifelbare Überlegenheit des Calvinismus in der sozialen Organisation ... folgt ... aus der spezifischen Färbung, welche die christliche 'Nächstenliebe' unter dem Druck der inneren Isolierung des einzelnen durch den calvinistischen Glauben annehmen mußte. ... Die 'Nächstenliebe' äußert sich ... in erster Linie in Erfüllung der durch die lex naturae gegebenen Berufsaufgaben, und sie nimmt dabei einen eigentümlich sachlich-unpersönlichen Charakter an: den eines Dienstes an der rationalen Gestaltung des uns umgebenden gesellschaftlichen Kosmos".[24]

In tiefster innerer, gottgewollter Vereinsamung war der Calvinist damit befaßt, seinen Sozialraum nach gottgegebenen rationalen Regeln zu gestalten. Die Eigenart dieser sozialen Organisationen lag in ihrem vollkommen unpersönlichen Charakter.

c.d) These: *Letztlich führt die Unterwerfung der Menschen unter den Willen eines absoluten Gottes zu deren Herrschaft über die Welt.*

> „Die christliche Askese ... hatte bereits aus dem Kloster heraus ... die Welt kirchlich beherrscht. Aber dabei hatte sie im ganzen dem weltlichen Alltagsleben seinen natürlich unbefangenen Charakter gelassen. Jetzt trat sie gegen den Markt des Lebens, schlug die Tür des Klosters hinter sich zu und unternahm es, gerade das weltliche Alltagsleben mit ihrer Methodik zu durchtränken, es zu einem rationalen Leben ... umzugestalten."[25]

Die Unterordnung unter das asketische Regelwerk, das „nach Gottes Willen" und zu seiner Ehre geschaffen worden war, hatte tatsächlich also die überraschenden Folgen, daß die Gläubigen mit großem Einsatz den Versuch unternahmen, den Alltag - und damit alle Menschen ihrer Umgebung und ihres Wirkungskreises - religiös zu beherrschen. „Die Welt fiel ihr [der puritanischen Ethik; F.G.], der Verheißung gemäß, zu, weil sie 'allein nach ihrem Gott und dessen Gerechtigkeit getrachtet' hatte."[26] Die Unterordnung der Menschen unter den machtvollen Willen Gottes führt zu ihrer Beherrschung der Welt. Dies ist die Konsequenz eines Glaubens, der „an feststehende offenbarte Gebote des im übrigen ganz unverständlichen Gottes glaubt und des-

---

[24] PE (1), Bd. 21, S. 14-17 / PE (2), S. 98-101 / PE (3), S. 125-126 / PE (4), S. 65-67
[25] PE (1), Bd. 21, S. 73 / PE (2), S. 163 / PE (3), S. 165 / PE (4), S. 120-121 (Herv. i. O.)
[26] GARS I, S. 534

sen Willen dahin versteht, daß diese Gebote dieser kreatürlichen und deshalb der Gewaltsamkeit und ethischen Barbarei unterworfenen Welt eben auch durch deren eigene Mittel: Gewalt aufgezwungen werden sollen"[27].

Zusammenfassend läßt sich vorläufig folgendes festhalten: Nachdem Weber für politisches Handeln insgesamt eine paradoxe Handlungsstruktur, nämlich die Verkehrung der Absichten des Handelns in dessen Folgen, behauptet hat, bezieht er jene Paradoxie auch auf religiös ethisch motivierte Revolutionen. Am Beispiel der Heraufkunft jener revolutionären Bewegung der protestantischen Reformation konstatiert er eine vierfach geschichtete Paradoxie.

Zuerst einmal bringt eine im Ursprung antikapitalistische Religionsbewegung den modernen Kapitalismus auf den Weg. Dies ist aber weiter nicht verwunderlich, denn schon die weltfremde mönchische Askese habe wirtschaftlichen Erfolg nach sich gezogen. Aus dem von völlig irrationalen religiösen Grundannahmen angeleiteten Handeln der Protestanten entstand die Durchrationalisierung und Versachlichung der Welt; aus der Unterwerfung unter einen absoluten Gott folgte die völlige Freiheit zur Beherrschung der Welt; aus religiöser Vereinsamung und Isolierung der je einzelnen ergab sich eine traditionale soziale Formation, die jedoch in wirtschaftlicher Hinsicht eine weit überlegene soziale Organisation war. Die Paradoxien der Rationalisierung verlangen einen hohen Preis: eine gottfremde, entzauberte Welt; Entfesselung von seelenlosen Maschinerien des Kapitalismus und der Bürokratie; Verlust aller Gewißheit über einen Sinn der Welt; radikale Vereinsamung des Einzelnen.

Eine ähnlich vielschichtige Paradoxie, wie sie für die Heraufkunft des modernen Kapitalismus zwischen religiösem und wirtschaftlich orientiertem Handeln existiert, konstatiert Weber auch für jene Epoche, in der der moderne Kapitalismus sich von seinen religiösen Ursprüngen zu emanzipieren beginnt, um auf eigenen Füßen zu stehen. Hierbei handelt es sich um die im folgenden darzustellenden Paradoxien des Säkularisierungsprozesses.

d) These: *Die protestantische Ethik ist nicht nur auf eine paradoxe Weise erfolgreich, sondern sie bringt sich selbst mit Hilfe eines Erfolges zum Verschwinden. Eine von religiösem Geist auf den Weg gebrachte Wirtschafts-*

---

[27] GARS I, S. 549

*form emanzipiert sich von diesen Ursprüngen und trägt zu deren allmählichem Bedeutungsverlust bei.*

Das Programm der protestantischen Ethik, im Namen Gottes Selbstbeherrschung und Beherrschung der Welt durch Berufsarbeit zu praktizieren, wirkte selbstdestruktiv. Denn die religiös entwertete Welt zwingt im Versuch ihrer Beherrschung zur Anerkennung ihrer eigenen Gesetze. Dem religiösen Postulat gegenüber beginnt sie, sinn-immun zu werden. Hatte zunächst die Religion die Welt entzaubert, mithin ihres Eigenwertes beraubt, so entwertet diese nun die Religion. Gerade der „Geist des Kapitalismus", nach Weber Produkt einer religiös fundierten innerweltlichen Askese, ist hierfür ein Beispiel. Denn er verbindet sich mit der kapitalistischen Wirtschaftsform zu einem sachlichen Ganzen, und in ihm „tritt der religiösen Ethik eine Welt interpersonaler Beziehungen entgegen, die sich ihren urwüchsigen Normen gar nicht fügen *kann*".[28]

d.a) These: *Der mit Hilfe religiöser Askese erworbene Besitz entfaltet eine säkularisierende Wirkung.*

In Anlehnung an den Spruch von Goethes Mephisto: „Ich bin die Kraft, die stets das Böse will und stets das Gute schafft"[29], beschreibt Weber die Askese als „die Kraft, die stets das Gute will und stets das Böse" ...: den Besitz und seine Versuchungen, 'schafft'".[30] Weber bezeichnet mit Säkularisierung jenen Prozeß, in dem die christliche Religion das Entstehen des modernen Betriebskapitalismus begünstigt und selbst durch diese innerweltliche Macht zunehmend entwertet wird. Er erläutert den Prozeß der Säkularisierung zuerst einmal anhand des paradoxen Schicksals,

> „welchem die Vorgängerin der innerweltlichen Askese: die klösterliche Askese des Mittelalters, immer wieder erlag: Wenn die rationelle Wirtschaftsführung hier, an der Stätte streng geregelten Lebens und gehemmter Konsumtion, ihre Wirkung voll entfaltet hatte, so verfiel der gewonnene Besitz entweder direkt - wie in der Zeit vor der Glaubensspaltung - der Veradligung, oder es drohte doch die klösterliche Zucht in die Brüche zu gehen, und eine der zahlreichen Kloster-'Reformationen' mußte eingreifen. Ist doch die ganze Geschichte der Ordensregeln in gewissem Sinne ein stets erneutes Ringen mit dem Problem der säkularisierenden Wirkung des Besitzes. Das gleiche gilt in grandiosem Maßstabe auch für die innerweltliche Askese des Puritanismus. Der mächtige 'revival'

---

[28] W. u. G., S. 353 (Herv. i. O.)
[29] Johann Wolfgang von Goethe, Faust, 1. Teil, Stuttgart 1986, S. 39, Vers 1335
[30] PE (1), Bd. 21, S. 100 / PE (2), S. 191-192 / PE (3), S. 180 / PE (4), S. 146

des Methodismus, welcher dem Aufblühen der englischen Industrie gegen Ende des 18. Jahrhunderts vorangeht, kann mit einer solchen Klosterreformation recht wohl verglichen werden. Von John Wesley selbst möge nun hier eine Stelle Platz finden, welche wohl geeignet wäre, als Motto über allem bisher Gesagten zu stehen. Denn sie zeigt, wie die Häupter der asketischen Richtungen selbst sich über die hier dargelegten, scheinbar so paradoxen Zusammenhänge vollkommen, und zwar durchaus in dem hier entwickelten Sinn, klar waren".[31]

Mit zunehmendem wirtschaftlichen Erfolg emanzipierte sich das aus religiöser Notwendigkeit erfolgte ökonomische Engagement immer stärker von seinen religiösen Wurzeln. Weber zitiert Wesley, um die dargestellte Entwicklung zu verdeutlichen:

„Ich fürchte: wo immer der Reichtum sich vermehrt hat, da hat der Gehalt an Religion in gleichem Maße abgenommen. ... Religion *muß* notwendig sowohl Arbeitsamkeit (industry) als Sparsamkeit (frugality) erzeugen, und diese können nichts anderes als Reichtum hervorbringen. Aber wenn Reichtum zunimmt, so nehmen Stolz, Leidenschaft und Weltliebe in allen Formen zu. ... So bleibt zwar die Form der Religion, der Geist aber schwindet allmählich."[32]

Letztlich wird das paradoxe Schicksal der protestantischen Ethik durch zwei Vorstellungen eingeleitet: erstens die protestantisch begründete Interpretation der Welt als eines kreatürlichen, per se wertlosen Kosmos von Dingen und Vorgängen und zweitens die Vorstellung von dieser chaotischen Welt als eines Objektbereichs, der rational beherrscht werden soll. Denn eine religiös entwertete Welt steht nicht mehr unter höherem Schutz. Auf diese Weise aber vermag die nun profanisierte Welt ihre eigenen Bedingungen geltend zu machen. Sie zwingt im Versuch ihrer Beherrschung zur Anerkennung ihrer eigenen Gesetze mit der Konsequenz, daß sie allmählich gegenüber religiösen Postulaten sinn-immun wird. Hatte zunächst der Protestantismus die Welt entwertet, so entwertet diese nun die protestantische Ethik:

d.b) These: *Die religiös begründete Entwertung der Welt schlägt bei zunehmender Weltorientierung in eine Entwertung und Irrationalisierung der Religion um.*

Die auf alle Bereiche des Lebens ausgedehnte Rationalisierung veränderte die Lebensbedingungen der Menschen tiefgreifend. Deren Welt wird entzaubert, versachlicht, alles, was irrational ist oder als irrational angesehen wird, wird

---

[31] PE (2), S. 195-196 / PE (3), S. 182 f. / PE (4), S. 199-200
[32] John Wesley in: PE (2), S. 196-197 / PE (3), S. 182-183 / PE (4), S. 199-200 (Herv. i. O.)

entweder „ad acta" gelegt oder nach rationalen Gesichtspunkten neu erklärt und behandelt. So beseitigte man beispielsweise mit der Beichte die Möglichkeit zur Sündenvergebung. Eine weitere gravierende Entwicklung schloß sich der Rationalisierung an: Den Protestanten wurde immer stärker bewußt, daß es in ihrer rationalisierten Welt einen überaus wichtigen Bereich gab, der sich nicht rationalisieren ließ, der sogar immer irrationaler erschien. Weber faßt diese Erkenntnis in folgende Worte:

> „Wo immer aber rational empirisches Erkennen die Entzauberung der Welt ... konsequent vollzogen hat, tritt die Spannung gegen die Ansprüche des ethischen Postulates: daß die Welt ein gottgeordneter, also irgendwie ethisch *sinnvoll* orientierter Kosmos sei, endgültig hervor.... Mit jeder Zunahme des Rationalismus der empirischen Wissenschaft wird dadurch die Religion zunehmend aus dem Reich des Rationalen ins Irrationale verdrängt und nun erst: *die* irrationale oder antirationale überpersönliche Macht schlechthin."[33]

Im Verlauf der zunehmenden, religiös begründeten Rationalisierung des Denkens und Handelns wird die Welt „entzaubert" und „versachlicht". Die Rationalisierung der Welt läßt die Religion immer irrationaler erscheinen. Dies geht auf Kosten religiöser Gewißheit. Religion, die das primäre Monopol für die Deutung des Weltganzen besitzt, ist somit erste und vorzügliche Trägerin eines fortschreitenden Intellektualisierungsprozesses, sie ist kein „Sündenfall" des Irrationalismus, sondern - zumindest unter den besonderen Rahmenbedingungen des Okzidents - eine wesentliche Antriebskraft auf dem Weg der Modernisierung, die ihr dann freilich zum Verhängnis wird: Gerade indem die von Religion in die Wege geleitete Intellektualisierung bis zu den Grundbegriffen vordringt, mit deren Hilfe der Kosmos, die Gesellschaft, das Individuum verstanden und gedeutet werden, gerät die Rationalisierung zur „Entzauberung", welche dann letztlich eine Weltdeutung ohne religiöses Apriori ermöglicht. Bei „Entzauberung" handelt es sich um den genuin religiösen Rationalisierungsvorgang, welcher nicht-religiöse Deutungskonzepte freisetzt.

Die Gläubigen gingen davon aus, daß Gott die Rationalisierung der Welt gewollt hatte. Sie eigneten sich ein tiefgreifend verändertes, dem Sachlichen, empirisch Feststellbaren verpflichtetes Weltbild an. Die Erkenntnis, daß ihre Religion in umfassendem Widerspruch zur erworbenen rationalen Weltsicht stand, mußte die Protestanten zutiefst betreffen und zu anhaltender Verunsi-

---

[33] GARS I, S. 564 / vgl. ebd. S. 571 (Herv. i. O.)

cherung führen. Gefühle der Sicherheit und der religiösen Zuversicht in bezug auf das weitere Lebensschicksal, in bezug auf die Möglichkeit, von Gott
zur Erlösung erwählt zu werden, konnten im Konflikt zwischen dem Anspruch auf Rationalität und der Erkenntnis religiöser Irrationalität nicht weiter fortbestehen. Die Paradoxie dieser Entwicklung liegt darin, daß eine Veränderung, die im sicheren Glauben auf einen „Auftrag Gottes" durchgeführt
wurde, zum Verlust an Glauben, an religiöser Sicherheit führte. Den Auftrag,
sich gegenüber Gott und der Wahrheit rational zu verhalten, entlarvte die
Irrationalität des Glaubens und der Religion.

d.c) These: *Aus religiösem Antrieb rationalisiert und entzaubert die Religion
sich selbst. Dies bedeutet eine Intellektualisierung der Religion, deren Preis
der Verlust der Sicherheit, der Gewißheit über den Sinn der Welt ist.*

Säkularisierung bezieht sich auch auf den Sachverhalt, daß die Entmachtung
der Religion nicht nur von außerreligiösen Kräften erzwungen, sondern teilweise durch die Religion selbst angestoßen und gefördert wurde. Folgt man
Weber, so hat der Säkularisierungsprozeß, den er einen Prozeß der Entzauberung der Welt nennt, seine Ursprünge in der vorexilschen Prophetie Altisraels
und einen entscheidenden Förderer im asketischen Protestantismus.

Die „Entzauberung der Welt" ergibt sich nach Weber daraus, daß sie eine
Folge des „Intellektualisierungsprozesses" ist, „dem wir seit Jahrhunderten
unterliegen"[34]. Vormals bildeten magische und religiöse Mächte die wichtigsten Formkräfte der Lebensführung. Allmählich wandelte sich der primitive
Geister- und Dämonenglauben zur Erlösungsreligiosität, die die Welt, wie sie
sie vorfindet, verneint und nach einer meist im Jenseits erreichbaren Befreiung von Leiden und Sünde strebt. Diese Ablehnung der Welt geht mit einer
fundamentalen Intellektualisierung der Religion einher. Denn von diesem
Punkt an können die Dinge nicht mehr gedankenlos so genommen werden,
wie sie sind. Nunmehr taucht der Anspruch auf, daß das Weltgefüge ein sinnvoll zu ordnender Kosmos sei. Man fragt nach Glück und Verdienst, nach den
Ursprüngen der ungleichen Verteilung des Schicksals und sucht eine Rechtfertigung von Leiden und Tod. Religiöse Gefühle werden nunmehr denkend
bearbeitet. Religion wandelt sich aus Magie in Lehre. Dieser Prozeß zur Intellektualisierung und Rationalisierung des menschlichen Welt- und Selbst-

---

[34] WL, S. 593

verhaltens, der wesentlich von der Frage nach dem Sinn des eigenen Leidens vorangetrieben wurde, nimmt schließlich eine Wendung, die der Frage selbst den Boden entzieht. Die Religion wird am Ende ein Opfer desjenigen Willens zur vernünftigen Erklärung, den sie selbst vorangetrieben hat. So gilt, daß

> „je systematischer das Denken über den 'Sinn' der Welt, je rationalisierter diese selbst in ihrer äußeren Organisation, je sublimierter das bewußte Erleben ihrer irrationalen Inhalte wurde, desto unweltlicher, allem geformten Leben fremder, genauer parallel damit, das zu werden begann, was den spezifischen Inhalt des Religiösen ausmachte. Und nicht etwa nur das theoretische Denken, welches die Welt entzauberte, sondern gerade der Versuch der religiösen Ethik, sie praktisch ethisch zu rationalisieren, führte in diese Bahn".[35]

Es war die Tragödie der Religion, daß sie in dem Prozeß der Entzauberung, dessen Trägerin sie war, sich selbst aufhob. Die Religion kam, wenn auch nicht an ihr faktisch historisches Ende, so doch an ihr Ende als eine die Menschen beherrschende „Lebensmacht"[36].

d.d) These: *Das Verhältnis von kapitalistischem Geist und kapitalistischem System kehrt sich um. Kapitalistische Wirtschaft und Bürokratie etablieren sich als Systeme, die nun von sich aus das Personal, das sie benötigen, zu formen vermögen.*

Konsequenz jenes paradoxen Prozesses der Säkularisierung ist ein moderner Kapitalismus, der als fertiges System nunmehr unabhängig von seinen religiösen Ursprüngen nach eigenen Bedingungen funktioniert. In der Gegenwart ist die rational-kapitalistische Arbeits- und Wirtschaftsgesinnung nach Weber zumeist reines Anpassungsprodukt. Der Kapitalismus vermag sich sein Personal selbst heranzuziehen. Das eigenständig gewordene System der modernen Wirtschaftsordnung scheint in seinem Fortbestand nicht auf die Existenz sittlich-religiöser Überzeugungen wie der protestantischen Ethik angewiesen zu sein, obwohl es der Kraft dieser Überzeugungen seine Entstehung verdankt. Das Verhältnis von (kapitalistischem) Geist und (kapitalistischem) System hat sich umgekehrt.

---

[35] GARS I, S. 571
[36] GARS I, S. 566

d.e) These: *Verkehrung von Freiheit und Herrschaft: Die Stellung des Menschen als der Herr der Welt schlägt um in ein „stahlhartes Gehäuse", zu dem die Menschen sich bewegen müssen.*

In der Religionsethik des Protestantismus war eindeutig gefordert, daß der Sorge um äußere Güter niemals übergroßes Gewicht beigemessen werden sollte. Paradoxerweise wuchs sich die Verantwortung für die Güter unerwartet und trotz dieses Gebotes zu einem „stahlharten Gehäuse" aus, dem niemand mehr entrinnen konnte: Die Menschen waren plötzlich in der Sorge und Verantwortung um die äußeren Güter gefangen wie in einem Käfig.[37]

Indem die Askese die Welt umzubauen und in der Welt sich auszuwirken unternahm, gewannen die äußeren Güter dieser Welt zunehmende und schließlich unentrinnbare Macht über den Menschen, wie niemals zuvor in der Geschichte. Es geht um das „Schicksal" des Menschen als „Folge seines Handelns gegenüber seiner Absicht".[38]

> „Der Puritaner wollte Berufsmensch sein, - wir müssen es sein. Denn indem die Askese aus den Mönchszellen heraus in das Berufsleben übertragen wurde, ... half sie an ihrem Teile daran, jenen mächtigen Kosmos der modernen ... Wirtschaftsordnung zu erbauen, der heute den Lebensstil aller Einzelnen, die in dieses Triebwerk hineingeboren werden - nicht nur der direkt ökonomisch Erwerbstätigen -, mit überwältigendem Zwange bestimmt".[39]

Das Schicksal des modernen Menschen, seine „Versachlichung", „Verunpersönlichung", „Entseelung", „Entmenschung" ist aus den großartigsten religiösen Motiven herausgewachsen. Die Menschen haben die Welt zu einem Geräte- und Materialschuppen gemacht, um in souveräner Weise nach eigenen Plänen eine neue Welt zu bauen. Aber gleichzeitig entsteht durch die rationale Organisation aller Lebens- und Kulturbereiche ein „stahlhartes Gehäuse" von Institutionen, Apparaten und Betrieben der verschiedensten Art, die ein Eigenleben[40] führen. Ein Übermaß zweckrationaler Ordnung stellt die

---

[37] vgl. PE (1), Bd. 21, S. 108 / PE (2), S. 203 f. / PE (3), S. 188 / PE (4), S. 153
[38] GARS I, S. 524
[39] PE (1), Bd. 21, S. 108 / PE (2), S. 203 / PE (3), S. 188 / PE (4), S. 153 (Herv. i. O.)
[40] Im einzelnen konstatiert Weber die „in ihrer technischen Struktur liegende 'Eigengesetzlichkeit' der bürokratischen Organisation" (W. u. G., S. 578), die „'Eigengesetzlichkeit' der Parteitechnik" (W. u. G., S. 669), die „Eigengesetzlichkeiten" religiöser Lehren (GARS I, S. 259; W. u. G., S. 264; 356; 700; 704). Ähnliches gilt für die Regulationsmechanismen des Marktes (W. u. G., S. 383) sowie für die Eigengesetzlichkeiten des zweckrationalen Handelns überhaupt (GARS I, S. 554).

Entscheidungsfreiheit und Selbstverantwortlichkeit der Menschen in Frage. Denn damit „wird bei wirklich konsequenter Durchführung das eigene Handeln gegenüber den Eigengesetzlichkeiten der Welt zur Irrationalität der Wirkung verurteilt".[41] Die der Rationalisierung des menschlichen Verhaltens entsprungene Rationalität der modernen Gesellschaft richtet sich gegen die Freiheit der einzelnen Menschen selbst. Wie ein ursprünglich frei gewolltes, aus religiösen Überzeugungen fließendes rationales Verhalten ein sich verselbständigendes System rationaler Ordnungen und Betriebe schafft, so daß nun diese jenes Verhalten bestimmen, beschreibt Weber am Schluß seiner Protestantischen Ethik: Während zu Beginn der Moderne Religiosität eine bis dahin ungekannte Steigerung von rationaler Weltbeherrschung und intellektueller Autonomie hervorzubringen hilft, steht an ihrem Ende eine routinisierte Hörigkeit.

d.f) These: *An die Stelle individueller Lebensgestaltung tritt infolge des Strebens nach Lebenssicherung paradoxerweise die Vereinheitlichung der Lebensführung.*

Die protestantische Ethik fördert die Vorstellung, daß die einzelnen Gläubigen eine unmittelbare Beziehung zu Gott haben. Ihm sind sie direkt - und nicht etwa über eine sakramentenspendende Priesterschaft vermittelt - verantwortlich. Hierin ist unter anderem der moderne Individualismus begründet. Aber dieser Individualismus untergräbt sich selbst, sobald die Menschen im Sinne ihrer Selbsterhaltung nach größtmöglicher Sicherheit ihrer Lebensführung streben. Das zeigt Webers Analyse des Verhältnisses von Demokratie und Wohlfahrtsstaat, in dem die Individuen für die Sicherheit ihrer Versorgung letzlich ihre Freiheit und Individualität aufgeben.

„Es stünde heute äußerst übel um die Chancen der 'Demokratie' und des 'Individualismus', wenn wir uns für ihre 'Entwicklung' auf die 'gesetzmäßige' Wirkung materieller Interessen verlassen sollten. Denn diese weisen so deutlich wie möglich den entgegengesetzten Weg: im amerikanischen 'benevolent feudalism', in den deutschen sogenannten 'Wohlfahrtseinrichtungen', in der russischen Fabrikverfassung - überall ist das Gehäuse für die neue Hörigkeit fertig"[42], in dem die Individuen zu Klassen zusammen-

---

41 GARS I, S. 553
42 Max Weber, Zur Lage der bürgerlichen Demokratie in Rußland, in: ders., Gesammelte politische Schriften (hrsg. von Johannes Winckelmann), Tübingen 1958, S. 60

gefaßt, eine Vereinheitlichung ihrer Lebensschicksale, eine „Uniformierung des äußeren Lebensstils"[43], akzeptieren.

Aus freiem Unternehmertum entsteht schließlich die Bürokratie der großindustriellen Betriebe. Auf diese Bürokratien, die eben nicht nur in der staatlichen Verwaltung, sondern auch in der Organisation ökonomischen Handelns sich durchsetzten, spielt Webers „stahlhartes Gehäuse" an. Die Bürokratisierung widerspricht dem Ideal der Persönlichkeit, indem sie die ihr unterworfenen Menschen unfähig macht zur aktiven Gestaltung der bestehenden Ordnung. Sie begünstigt statt dessen die Heraufkunft eines der „Menschenmaschine"[44] angepaßten Typus. Dessen Vertreter werden „nervös und feige ..., wenn diese Ordnung einen Augenblick wankt, und hilflos, wenn sie aus ihrer ausschließlichen Angepaßtheit an diese Ordnung herausgerissen werden".[45] Die von Weber beobachtete Paradoxie besteht darin, daß das Bürgertum in seinen Bestrebungen, die Welt zu ordnen und zu beherrschen, eine Bürokratie produziert, die den passiv „Angepaßten" die besten Überlebenschancen einräumt.

e) These: *Gefahr der Selbstzerstörung des Kapitalismus, indem er nämlich seine motivationalen Grundlagen wie „fossilen Brennstoff" verglüht[46].*

„Denn indem die Askese in das Berufsleben übertragen wurde ... half sie an ihrem Teile mit daran, jenen mächtigen Kosmos der modernen ... Wirtschaftsordnung zu erbauen .... Heute ist ihr Geist ... aus diesem Gehäuse entwichen. ... als ein Gespenst ehemals religiöser Glaubensinhalte geht der Gedanke der 'Berufspflicht' in unserem Leben um. ... niemand weiß, wer künftig in jenem Gehäuse wohnen wird."[47]

Der Kapitalismus kann also nicht mehr auf die protestantischen Tugenden bauen: Die asketischen Vorstellungen der Berufspflicht und der unermüdlichen ökonomischen Arbeit als Forderung Gottes zählen nicht mehr. Sein Fundament und sein Antrieb gingen verloren: doch wodurch wird das kapitalistische System weiter in Gang gehalten? Welcher Geist wird es antreiben?

---

[43] ebd., S. 61
[44] Max Weber, Die wirtschaftlichen Unternehmungen der Gemeinden, in: ders., Gesammelte Aufsätze zur Soziologie und Sozialpolitik (hrsg. von Marianne Weber), Tübingen 1988, S. 413
[45] ebd., S. 414
[46] vgl. PE (1), Bd. 21, S. 108 / PE (2), S. 203 / PE (3), S. 188 / PE (4), S. 153
[47] PE (1), Bd. 21, S. 108-109 / PE (2), S. 203-204 / PE (3), 188-189 / PE (4), S. 153-154

Solange keine neuen Impulse Einfluß gewinnen, besteht die Gefahr, daß der Kapitalismus wie der Geist, der ihm einst zur Entfaltung verhalf, in die Bedeutungslosigkeit versinkt.

## 2. Weber im Kontext einer historischen Soziologie: Beschreibung von Paradoxien

Die Geschichte ist, in den Worten von Michel Serres, der „Ort der zureichenden Ursachen ohne Wirkung, der gewaltigen Wirkungen aus unbedeutenden Gründen, der starken Folgen aus schwachen Ursachen, der strikten Effekte aus zufälligen Gründen".[48] Geschichte, so kann man fortfahren, ist das Feld, auf dem sich Unerwartetes, Überraschendes als Folge menschlichen Handelns ereignet, Kleines aus großen Ambitionen, Bedeutendes aus bescheidenen Absichten folgt. Geschichte ist nie langweilig - wer interessiert sich schon für langweilige Geschichten? -, sondern dramatisch; und der Höhepunkt des Dramas ist die paradoxe Verwicklung (etwa: subjektiv unschuldig, objektiv schuldig) des scheiternden Helden.

In der Geschichte gibt es nicht immer Helden, aber zumeist Gemengelagen von Handlungen und deren nicht beabsichtigten und nicht vorhergesehenen Folgen, die (erst einmal) vom Standpunkt der Außenstehenden betrachtet, einen überraschenden und paradoxen Charakter haben.[49] Prozesse der Entparadoxierung gelingen dadurch, daß man die paradoxe Konfrontation von Handlungsintentionen und kontraintentionalen Handlungsfolgen auseinanderzieht und die Verflechtungen, Verkettungen und Vernetzungen der Handlungen untersucht, die zu jener Verkehrung geführt haben.[50]

In seiner „Idee zu einer allgemeinen Geschichte in weltbürgerlicher Absicht" hat der Königsberger Philosoph Immanuel Kant darauf hingewiesen, es existiere zwar keine von Menschen geplante, „keine planmäßige Geschich

---

[48] Michel Serres, Der Parasit, Frankfurt/M. 1984, S. 38
[49] vgl. Reinhard Wippler, Nicht-intendierte soziale Folgen individueller Handlungen, Soziale Welt 29, 1978, S. 162; 172; Niklas Luhmann, Sthenographie und Euryalistik, in: Hans Ulrich Gumbrecht und K. Ludwig Pfeifer (Hrsg.), Paradoxien, Dissonanzen, Zusammenbrüche. Situationen offener Epistemologie, Frankfurt/M. 1991, S. 59 f.
[50] vgl. Hans Ulrich Gumbrecht, Inszenierte Zusammenbrüche oder: Tragödie und Paradox, in: Hans Ulrich Gumbrecht und K. Ludwig Pfeifer (Hrsg.), a.a.O., S. 474

te"[51], dennoch folge der Geschichtsverlauf einem „verborgenen Plan der Natur"[52]. Das, was Kant den „verborgenen Plan der Natur" nennt, und was bei Adam Smith die „unsichtbare Hand"[53], bei Georg Wilhelm Friedrich Hegel die „List der Vernunft"[54] heißt, bringt auf metaphorische Weise den Sachverhalt zum Ausdruck, daß die einzelnen Menschen, indem sie ihre jeweiligen Zwecke verfolgen, im großen und ganzen nicht etwa ein Chaos produzieren, sondern ungewollt zur Entwicklung einer politischen Gesamtordnung beitragen. Analog zu der Berechnung bevölkerungsstatistischer Regelmäßigkeiten auf der Basis freier - und, so sollte man eigentlich meinen, unberechenbarer - individueller Entscheidungen zu Eheschließungen (und den davon abhängenden Geburten- und Sterbeziffern)[55], beobachtet Kant, wie einzelne „Menschen und selbst ganze Völker ... ein jedes nach seinem Sinne und einer oft wider den andern, ihre eigene Absicht verfolgen, sie unbemerkt an der Naturabsicht, die ihnen selbst unbekannt ist, ... arbeiten".[56] Optimistischerweise geht er davon aus, „daß die Natur selbst im Spiele der menschlichen Freiheit nicht ohne Plan und Endabsicht verfahre", so daß es darauf ankomme, „ein sonst planloses Aggregat menschlicher Handlungen wenigstens im Großen als ein System darzustellen".[57] Es geht um nichts weniger, als die Konstitution des bürgerlichen Staates und schließlich einer Ordnung zwi-

---

51  Immanuel Kant, Idee zu einer allgemeinen Geschichte in weltbürgerlicher Absicht, in: ders., Werke (Akademie Textausgabe) Bd. VIII, Berlin 1968, S. 17
52  ebd., S. 27
53  Adam Smith, Der Wohlstand der Nationen, München 1978, S. 371
54  Georg Wilhelm Friedrich Hegel, Vorlesungen über die Philosophie der Geschichte, in. ders., Werke in zwanzig Bänden, Bd. 12, Frankfurt/M. 1973, S. 49
55  Und noch Ende des 19. Jahrhunderts will der Tübinger Statistiker Gustav Rümelin (Ueber den Begriff der Gesellschaft und einer Gesellschaftslehre. Akademische Rede 1888, in: Deutsche Rundschau 61, 1889, S. 42) mit Hilfe einer statistischen Gesellschaftslehre das "Rätsel" lösen, wie es dazu kommt, "daß während der Einzelne planlos ohne Uebersicht und Ueberlegung der Folgen seiner Wege geht, denkt und thut, was ihm von seinen beschränkten Gesichtspunkten aus wünschenwerth und nützlich erscheint, dennoch die Gesammtwirkung aller dieser individuellen Bestrebungen und Thätigkeiten doch nicht, wie man erwarten müßte, ein chaotischer Haufen von verworrenen und unzusammenhängenden Einzelheiten bleibt, sondern etwas Geordnetes, Gestaltetes, mehr oder weniger Vernünftiges dabei herauskommt, das doch niemand gerade so erkannt und gewollt hat."
56  Immanuel Kant, Idee zu einer allgemeinen Geschichte in weltbürgerlicher Absicht, a.a.O., S. 17
57  ebd., S. 29

schen den Staaten als ungeplantes Resultat von Handlungen darzulegen. Wie
läßt sich aber der widersprüchliche Sachverhalt erklären, demzufolge die
Menschen einerseits egoistisch nach individuell bestimmten Zielen streben
und sich andererseits durch deren freie Zwecksetzungen hindurch ein gehei-
mer Plan, der die Konstitution einer bürgerlichen Ordnung vorsieht, durchsetzt? Kants knapp gefaßte Antwort besteht in einer paradoxen Formulierung,
nämlich durch „ungesellige Gesellgkeit"[58]: Die Menschen schließen sich in
einer Gesellschaft zusammen, nicht etwa weil sie in Harmonie überein-
stimmten, sondern weil sie in antagonistischer Weise ihre Kräfte gegeneinander einsetzen. Der „Antagonism derselben in der Gesellschaft"[59] „ist es nun,
welcher alle Kräfte des Menschen erweckt, ihn dahin bringt seinen Hang zur
Faulheit zu überwinden und, getrieben durch Ehrsucht, Herrschsucht oder
Habsucht, sich einen Rang unter seien Mitgenossen zu verschaffen, die er
wohl nicht leiden, von denen er aber auch nicht lassen kann". Im Zuge der
allmählichen Kultivierung der Menschen werde „so eine pathologisch-
abgedrungene Zusammenstimmung zu einer Gesellschaft endlich in ein moralisches Ganzes"[60] verwandelt.

Es ist die Erfahrung dieses Sachverhalts, daß nämlich eine ungeplante Ge-
samt-ordnung aus freien, individuellen, untereinander nicht koordinierten
Handlungen resultiert, die die Frage aufkommen ließ, ob man dieses Problem
nicht mit Hilfe des Modells einer paradoxen Verkehrung der Handlungsintentionen in den Handlungsfolgen erklärten könnte.[61] Unter der Überschrift
„Der größte Schurke selbst zum Schluß / Doch dem Gemeinwohl dienen

---

[58] ebd., S. 20
[59] ebd.
[60] ebd., S. 21
[61] vgl. hierzu mit Blick auf die Hauptpositionen der Soziologie: Hans van der Loo und
Willem van Reijen, Modernisierung. Projekt und Paradox, München 1992; Klaus Lichtblau, Soziologie und Zeitdiagnose. Oder: Die Moderne im Selbstbezug, in: Stefan Müller-Doohm (Hrsg.), Jenseits der Utopie. Theoriekritik der Gegenwart, Frankfurt/M. 1991,
S. 34 ff.; Rodrigo Jokisch, Die nichtintentionalen Effekte menschlicher Handlungen. Ein
klassisches soziologisches Problem, in: Kölner Zeitschrift für Soziologie und Sozialpsychologie, Jg. 33, 1981, S. 547 ff.; Eckart Pankoke, Paradoxien des Fortschritts. Zu Ziel-
krisen und Steuerungskrisen der Moderne, in: Soziologische Revue, Jg. 8, H. 1, 1985, S.
339 ff.; Manfred Hennen, Soziale Motivation und paradoxe Handlungsfolgen, Opladen
1990

muß"[62] erläutert Mandeville, weshalb eine nicht-tugendhafte Gesellschaft viel besser floriert als eine tugendhafte. Sein Argument ist, daß die Tugend der Entfaltung der menschlichen Leidenschaften und Begierden hinderlich ist und dadurch ein Teil potentieller Handlungsenergie verlorengeht. Damit erweist sich der moralische Diskurs, der sich ja immer an die einzelnen Menschen mit ihren Absichten richtet, als untauglich, die soziale Dimension des Handelns zu erfassen. Während man bisher davon ausging, die Freisetzung der Leidenschaften mache das menschliche Zusammenleben unmöglich, behauptet nun Mandeville, die Begierden, Egoismen, Laster dienten letztlich dem Wohlleben des sozialen Ganzen. „Ich weiß", sagt er, „daß dies vielen als ein seltsames Paradox erscheinen muß, und man wird mich fragen, welchen Nutzen die Öffentlichkeit von Dieben und Einbrechern hat."[63] Seine Antwort geht dahin, daß die Angst vor Dieben letztlich den Schmieden, die für die Herstellung von Sicherungsanlagen zuständig sind, zugute komme. „Falls", so fährt Mandeville fort, „man das Gesagte für weit hergeholt und meine Behauptung noch immer für paradox halten sollte, ersuche ich den Leser, die Dinge einmal vom Verbrauch her zu betrachten."[64] Es folgt ein weiteres Beispiel, das, wie das erste, die Funktion hat, das, was als „seltsames Paradoxon erscheinen muß", zu entparadoxieren. Die Entparadoxierung solcher paradoxen Sachverhalte gelingt über den Nachvollzug langer und weitverzweigter Handlungsketten: „Der kurzsichtige Pöbel vermag in der Kette der Ursachen selten weiter zu blicken als ein Glied; wer aber weiter blicken kann und sich die Muße gönnt, das ganze Bild der miteinander verknüpften Vorgänge zu überschauen, der wird an hundert Stellen finden, wie Gutes aus Üblem entspringt."[65]

Die Argumentationsstrategie von Mandeville besteht in einem ersten Schritt in der Konstruktion einer paradoxen Aussage: Auch der schlechte Dieb trägt letztlich zum Guten der Gesellschaft bei. Das heißt zusammengerafft, daß Schlechtes Gutes erzeugt; im Endeffekt, so wird möglicherweise nahegelegt: Schlechtes ist gar nicht schlecht. Es handelt sich hierbei um eine Kontradiktion, die von einem Sachverhalt etwas und das Gegenteil behauptet:

---

[62] Bernard Mandeville, Die Bienenfabel oder Private Laster als gesellschaftliche Vorteile, München 1988, S. 71
[63] ebd.
[64] ebd.
[65] ebd., S. 78

A und nicht-A. Freilich läßt sich die von Mandeville beschriebene Paradoxie auch als Antinomie fassen, wenn man die Relation von Handlung und Effekt vom Effekt her versteht. Das Wohl des Ganzen entsteht, weil das Handeln der Einzelnen schlecht ist. Normalerweise wäre man davon ausgegangen, daß Gutes aus Gutem entsteht (A weil A), in diesem Fall aber konstituiert sich Gutes aus Schlechtem (A weil nicht-A). Hier wird eine paradoxe Aussage über die Konstitution des Sachverhaltes getroffen. Die Rekonstruktion dieser Konstitution, indem man den Satz „A weil nicht-A" auseinanderzieht, in das zeitliche Nacheinander der Handlungsverkettungen zerlegt, trägt zur Entparadoxierung der über den Sachverhalt getroffenen Aussage bei.

Es gibt offensichtlich soziale Sachverhalte, deren „Eigenständigkeit" gegenüber dem Charakter des je individuellen Handelns, das sie überhaupt erst ermöglicht, als Paradoxon faßbar wird; die Auflösung dieses Paradoxons gelingt, indem die Erklärung der Verkettung einzelner Handlungen in der diachronischen Dimension erfolgt. Paradoxien kann man nicht sehen, man muß sie konstruieren und, erklärend, wieder dekomponieren. Es ist also durchaus nicht so, daß die soziologische Erklärung paradoxe Aussagen zu vermeiden sucht. Im Gegenteil: Zusammen mit entparadoxierenden Erklärungen sind die Konstruktionen von scheinbaren Paradoxien ein Erkenntnisziel der historischen Soziologie.

Die paradoxe Verkehrung der Handlungsintentionen in den Handlungsfolgen ist von Mandeville unter dem Gesichtspunkt der Entstehung des Guten Allgemeinen aus den schlechten Individualabsichten aufgegriffen worden. In der Terminologie moralischer Argumentationen wird eben denselben entgegengehalten, moralisches Erfassen der Handlungsabsichten erreiche überhaupt nicht mehr die Dimension der Konstitution von Gesellschaft, die von den Menschen jenseits von Gut und Böse, weil gegen ihre Absichten, evoziert wird. Vergleichbar antimoralisch argumentiert Adam Smith, der darauf verweist, daß der Egoismus und nicht etwa der Altruismus des einzelnen das Gemeinwohl fördere. Man steht gewissermaßen vor dem „Wunder" eines funktionierenden Ganzen, obwohl dessen Einzelteile in ihrer Häufung auf den ersten Blick eher ein Chaos erwarten ließen.

Das soziale Ganze als eigene Zweckeinheit ist aus dieser Perspektive Resultat der vielen Einzelhandlungen und ihrer Kombinationen und Verknüpfungen, aber es ist nicht Resultat der vielen Einzelintentionen. Dementsprechend wurde dieser Sachverhalt auch unter dem Stichwort „Heterogonie der Zwecke" diskutiert.[66] Sofern die soziale Gesamtordnung als positiv angesehen wird, vermag eine solche Theorie die Handlungsplanungen der einzelnen sowohl von moralischen Ansprüchen wie auch von dem Denken in weitläufigen Handlungsfolgenverkettungen zu entlasten. Sobald jedoch diese Art von gleichsam „nebenher", „naturwüchsig" entstandener Ordnung in irgendeiner Weise negativ bewertet wird, stellt sich die Frage des Handelns neu, nämlich: Wie kann eine gute Ordnung anstelle der schlechten alten geschaffen werden. Handeln hat aus dieser Perspektive nicht egoistisch sich am Eigeninteresse zu orientieren, sondern altruistisch das Gemeinwohl zu gestalten. Hier tritt nun die zweite Konzeption einer Verkehrung der Handlungsintentionen in den Folgen der Handlungen auf den Plan; sie legt dar, inwiefern aus den besten Absichten die schlimmsten Folgen resultieren. Dies ist das konservative Argument gegen die Befürworter der Französischen Revolution. Albert O. Hirschman hat drei typische Paradoxien beschreibende Argumente der konservativen Rhetorik unterschieden: Die Sinnverkehrungsthese warnt davor, eine Entscheidung werde über eine Kette unbeabsichtigter Folgen zum genauen Gegenteil dessen führen, was erklärtermaßen beabsichtigt sei. Die Gefährdungs-these behauptet, daß man durch Veränderungen zwar etwas hinzugewinnen kann, daß man aber nicht nur gleichzeitig etwas verliert, sondern daß die Verluste ungleich schwerer wiegen als der Gewinn. Die Revolutionäre - so das Argument der Konservativen - wollen zwar eine neue Ordnung, schaffen aber letztlich Chaos. Um diese beiden paradoxen Argumentationsfiguren gewissermaßen abzuschließen, wird die Vergeblichkeitsthese eingesetzt, die besagt, daß alle Bemühungen um Veränderung letztlich nutzlos, oberflächlich und illusorisch seien, weil nämlich die „tiefen" Strukturen der Gesellschaft davon ganz unberührt blieben.[67] Während die zwei ersten The-

---

[66] vgl. Wilhelm Wundt, Grundriß der Psychologie, Leipzig 1907, S. 404 f.; Georg Jellinek, Allgemeine Staatslehre, Kronberg/Ts. 1976 (1. Aufl. 1900); Übersichten hierzu bei Rudolf Eisler, Stichwort „Heterogonie", In: ders., Wörterbuch der philosophischen Begriffe, 1. Bd., Berlin 1910, S. 488 ff. und Werner Sombart, Die drei Nationalökonomien. Geschichte und System der Lehre von der Wirtschaft, München, Leipzig 1950, S. 230 f.; Gerhard Mackenroth, Zweckverstehen und Ausdrucksverstehen, in: Walter L. Bühl (Hrsg.), Verstehende Soziologie. Grundzüge und Entwicklungstendenzen, München 1972, S. 196

[67] vgl. Albert O. Hirschmann, Denken gegen die Zukunft. Die Rhetorik der Reaktion, München und Wien 1992, S. 24 ff.; 55 ff.; 94 ff.

sen auf die paradoxe Verkehrung der Handlungsintentionen in den Folgen des
Handelns hinweisen, geht die dritte These davon aus, daß es in der sozialen
Realität Folgen vergangenen Handelns gibt, die schon so weit in die Funda-
mente der Bedingungen menschlichen Zusammenlebens eingegangen sind,
daß aktuelles Handeln diese tiefliegenden wirkungswichtigen Schichten gar
nicht zu erreichen vermag. Die Folgen des Handelns in der Vergangenheit
haben sich gewissermaßen aufgeschichtet, sind sedimentiert, und bilden nun
gegenüber je aktuellem Handeln resistente, festgefügte soziale Bestände, mit
denen die Menschen als Sachzwänge rechnen müssen. Bei den Paradoxien
des Handelns geht es mithin nicht nur um die Verkehrung der Intentionen in
den Folgen des Handelns, dies wäre immer noch als ein Spezialfall nicht-
beabsichtigter Folgen des Handelns zu begreifen, sondern um die Eigenmacht, die diese Folgen gegenüber dem Handeln gewinnen. Die Frage ist
freilich, wie weit diese Eigenmacht geht. Besteht sie lediglich - wie in der
Vergeblichkeitsthese avisiert - in der Resistenz sozialer Formen gegenüber
Einschlägen veränderungswilligen Handelns, oder kommt ihr darüber hinaus
die Potenz zu, menschliches Handeln in irgendeiner Weise zu beeinflussen, in
Bahnen zu lenken? Hier deutet sich die Polarisierung von Handlung(stheorie)
einerseits und Struktur(theorie) andererseits an, der historische Soziologie
entgehen kann, indem sie die paradoxe Verkehrung als den Gegenstandsbereich analysiert, der Handlung und Struktur miteinander vermittelt. Diese
Vermittlung macht deutlich, inwiefern aus Handeln Strukturen resultieren
und auf welche Weise Strukturen nicht nur Verhalten, sondern Handeln generieren. Handeln, so die bisher erläuterte These, formiert im Zuge der paradoxen Verkehrung der Handlungsintentionen feste soziale Formen, Institutionen, Strukturen. Wie wäre es mit der Überlegung, derzufolge auch in der um-
gekehrten Richtung, also nicht nur vom Handeln zur Struktur, sondern auch
von der Struktur zum Handeln eine paradoxe Verkehrung stattfindet, mithin
die Eigengesetzlichkeit und Selbstreproduktion der Strukturen in einer Weise
paradox wird, die systematisch ein strukturfremdes Handeln evoziert?

Aus der Sicht der Analyse von Strukturen und Systemen bedeutet dies, an-
zugeben, an welchem Punkt ihrer Selbstreproduktion die Systeme unsyste-
matisch, die Strukturen unstrukturiert werden. Die Überlegung dabei ist, daß
den Systemen und den Strukturen ihre Unsystematik und Unstrukturiertheit
als Paradoxie erscheint. Anhand der Entwürfe verschiedener Generationen
von Paradoxietheoretikern, nämlich der von Karl Marx, Max Weber, Arnold

Gehlen und Niklas Luhmann, kann man Paradoxien der Entstehung des Unsystematischen, Unstrukturierten aus Systemen und Strukturen beobachten. Bei diesen vier Theorien ist es gerade das reibungslose Funktionieren der sozialen Aggregate, und es sind nicht etwa irgendwelche störenden Einflüsse von außen, die diese in eine Krise stürzen, die ihren Bestand fundamental gefährdet. „Es gibt nicht nur Störungen des Kreislaufs, d.h. durch Mächte, die ihm noch nicht eingegliedert sind oder die sich ihm entziehen wollen und die eben deswegen bekämpft werden müssen, sondern im Kreislauf selbst, gerade wenn er frei läuft, entspringen Störungen."[68] Die Bestandsgefährdung infolge reibungslosen Funktionierens läuft bei den Theorien von Marx, Weber, Gehlen und Luhmann auf die Forderung nach der Generierung einer neuen überragenden konfliktlösenden und geschichtsträchtigen Handlungspotenz hinaus, deren Entstehung freilich nicht mehr aus dem Funktionieren der sozialen Aggregate erklärt werden kann.

Nach Karl Marx sind es nicht etwa allgemein historische Gesetzmäßigkeiten, sondern allein die Menschen, die handeln und die durch ihr Handeln ihre Lebensbedingungen schaffen. „Die Geschichte tut nichts, sie besitzt 'keinen Reichtum', sie 'kämpft keine Kämpfe'! Es ist vielmehr der Mensch, der wirkliche, lebendige Mensch, der alles tut ...".[69] Freilich: „Die Menschen machen ihre eigene Geschichte, aber sie machen sie nicht aus freien Stücken, nicht unter selbstgewählten, sondern unter unmittelbar vorgefundenen, gegebenen und überlieferten Umständen."[70] Und die vorgefundenen Umstände kanalisieren das Handeln der Menschen in einer Weise, daß die Resultate des Handelns sich verselbständigen: Wie in der Religion „scheinen die Produkte des menschlichen Kopfes mit eigenem Leben begabte, untereinander und mit den Menschen in Verhältnis stehende selbständige Gestalten. So in der Warenwelt die Produkte der Menschlichen Hand".[71] Und die „Beziehungen der

---

[68] Hans Freyer, Theorie des gegenwärtigen Zeitalters, Stuttgart 1961, S. 114
[69] Karl Marx, Die heilige Familie, MEW Bd. 2, Berlin 1975, S. 584
[70] ders., Der 18. Brumaire des Louis Bonaparte, MEW Bd. 8, Berlin 1960, S. 115
[71] ders., Das Kapital I, MEW Bd. 23, Berlin 1970, S. 86; hierzu auch Friedrich Engels, Ludwig Feuerbach und der Ausgang der klassischen Philosophie, Berlin 1946, S. 41-42: „Die Zwecke der Handlungen sind gewollt, aber die Resultate, die wirklich aus den Handlungen folgen, sind nicht gewollt, oder soweit sie dem gewollten Zweck zunächst doch zu entsprechen scheinen, haben sie schließlich ganz andre als die gewollten Folgen." So ergibt sich, „daß die in der Geschichte tätigen vielen Einzelwillen meist ganz andre als die gewollten - oft geradezu die entgegengesetzten - Resultate hervorbringen".

Individuen zueinander erscheinen aber als gesellschaftliche Beziehungen der Sachen".[72] Die Menschen stellen durch ihr Handeln diejenigen Konstellationen her, die sie wiederum zu demselben Handeln veranlassen. Es sind die Menschen, und nur die Menschen, die handeln, aber ihr Handeln folgt Bedingungen, die sie zwar geschaffen, aber weder gewollt noch durchschaut haben. Hier vollzieht sich ein Kreislauf von Handeln - Handlungskonstellation - Handeln usw., wobei die Handlungskonstellation (Kapitalverhältnis) das dynamische Element ist, das das je individuelle Handeln der Warenbesitzer ausrichtet. Bei Marx ist es der Kreislauf des sich selbst reproduzierenden Kapitals[73], der unvermeidbar im tendenziellen Fall der Profitrate sich selbst zu sprengen droht. Da jedoch die Selbstzerstörung des „autopoietischen" Kapitals sich nicht automatisch vollzieht, bedarf es der Konstitution eines revolutionären Subjekts, in Gestalt der Arbeiterklasse, das geschichtsmächtig zu handeln in der Lage ist und mit Macht jene paradoxe Krisenstuktur der kapitalistischen Gesellschaft auflöst. Nachdem Marx den systemischen Kreislaufcharakter des sich selbst verwertenden Kapitals theoriebautechnisch radikal von seinem historischen Werden getrennt hat - er analysiert die Existenzbedingungen des Kapitals nicht mehr „als Bedingungen seines Entstehens, sondern als Resultate seines Daseins"[74] -, drängt der systemische Kreislaufprozeß infolge seiner Zuspitzung der Krise auf die Konstruktion einer historisch relevanten Handlungspotenz.

Max Webers Konzeption der Entstehung und der Krisenhaftigkeit des modernen Kapitalismus sowie der Behebung der Krise durch Einführung einer revolutionären Handlungspotenz ist dem Marxschen Entwurf strukturell vergleichbar: Der moderne Kapitalismus - nicht der Kapitalismus schlechthin - setzt sich mit Hilfe einer in ihren Ursprüngen antikapitalistischen Religionsbewegung, nämlich den protestantischen Sekten und der von ihnen vertretenen Ethik, durch. Die protestantische Ethik ist nicht nur auf eine paradoxe Weise erfolgreich,[75] sondern sie bringt sich selbst mit Hilfe dieses Erfolges zum Verschwinden. Hierbei handelt es sich um die Paradoxie der Säkularisierung: Eine von religiösem Geist auf den Weg gebrachte Wirtschaftsform

---

[72] Karl Marx, Grundrisse der Kritik der politischen Ökonomie, Frankfurt/M. und Wien, o.J., S. 889

[73] vgl. ders., Das Kapital II, MEW 24, Berlin 1970, S. 109

[74] ders., Grundrisse der Kritik der politischen Ökonomie, a.a.O., S. 364

[75] vgl. Max Weber, Antikritisches zum Geist des Kapitalismus, in: We/Wi II, S. 161

emanzipiert sich von diesen Ursprüngen und trägt zu deren allmählichem Bedeutungsverlust bei. Kapitalistische Wirtschaft und Bürokratie etablieren sich als Systeme, die die Freiheit der Menschen gefährden. Die Stellung des Menschen als Herr der Welt schlägt um in ein „stahlhartes Gehäuse"[76], in dem die Menschen sich bewegen müssen. Das „Triebwerk" des Kapitalismus funktioniert mit seiner überwältigenden Macht freilich nur so lange, bis seine eigene motivationale Grundlage (die religiös, säkular begründeten Handlungsmotivationen) wie „der letzte Zentner fossilen Brennstoffs verglüht ist"[77]. Gegen das „stahlharte Gehäuse" des kapitalistischen Systems und der bürokratischen Verwaltung, die dazu tendieren, ihre eigenen Grundlagen zu zerstören, fordert Weber die Konstitution charismatisch fundierter Handlungspotenzen, deren Kennzeichen es gerade ist, daß sie nicht von innen systematisch aus dem „Gehäuse" herauswachsen, sondern irgendwie von außen kommen sollen.

Arnold Gehlen spricht im Zusammenhang der Entstehung der Institutionen von einem „Umschlagen eines durch irgendwelche Handlungen in Gang gesetzten Prozesses zur Eigengesetzlichkeit"[78]. Aufgrund des Schreckens vor dem Tode, dessen Unausweichlichkeit einerseits handlungspraktisch nicht überwunden werden kann, die aber andererseits ein unbestimmtes Bedürfnis, irgend etwas zu tun, hevorruft, beginnen die Menschen zwecklos zu handeln, insofern sie dem Tode durch gemeinschaftlich veranstaltete Rituale antworten. Indem diesem zwecklosen rituellen Handeln sich sekundäre Zwecke angliedern, entstehen letztlich die großen Institutionen. „Ein bestimmt motiviertes Verhalten, nämlich nach unserer Auffassung ein religiös-rituelles, hat sie ins Leben gerufen, das 'unvorhergesehene Resultat' einer sekundär und gerade infolge des Umschlagens in die Eigengesetzlichkeit hervortretenden Zweckmäßigkeit hat sie rückwärts stabilisiert. Diese so stabilisierten Institutionen sind Kristallisationspunkte geworden, an die sich wieder andere Interessen ansetzen, sie zur Voraussetzung ihres Bestandes nehmend, und diese Strukturen bestimmten nunmehr das Verhalten von sich aus."[79] Entscheidend für den Selbstzweckcharakter der Institutionen ist die Trennung von Motiv

---

[76] GARS I, S. 203
[77] ebd. Zur Paradoxie bei Weber mit Blick auf die charismatische Persönlichkeit vgl. Hans Haferkamp, „Individualismus" und „Uniformierung", a.a.O., S. 461 ff.
[78] Arnold Gehlen, Probleme einer soziologischen Handlungslehre, in: ders., Studien zur Anthropologie und Soziologie, Berlin und Neuwied 1963, S. 197
[79] ebd., S. 219

einerseits und Zweck oder Funktion des Handelns andererseits. Von den Intentionen, Motiven des Handelns der einzelnen Menschen her läßt sich der Charakter der Institutionen nicht mehr erschließen. Zwar benötigen sie das Handeln der Individuen, aber diesem gegenüber verfolgen sie je eigene Zwecke.

Auch für Arnold Gehlen ist es gerade die Leistungsfähigkeit der Institutionen, die paradoxerweise zu ihrer eigenen Gefährdung führt: Die Institutionen, abgeleitet aus der schreckenserregenden Erfahrung des Todes, entlasten den Menschen im Zuge ihrer Entwicklung zunehmend von existentiell bedrohlichen Ausgangslagen. Je perfekter die Institutionen funktionieren, desto eher kann der in sie integrierte Mensch vergessen, daß es eigentlich um Tod und Überleben geht. Der Erfolg der Institutionen, was die Daseinssicherung und - versorgung des Menschen angeht, läßt diesen zunehmend sorglos werden. Die Sorglosigkeit betrifft auch die Institutionen, die in ihrem Selbstwert nicht mehr akzeptiert werden. Die normative Verpflichtung des Menschen auf die Werte der Institutionen wird zugunsten subjektiver Zwecke zurückgestellt oder abgelehnt. Hierbei handelt es sich um einen Beitrag zum Verfall der Institutionen, der erst durch ihre Leistungsfähigkeit, nämlich die Menschen von Not und Tod zu entlasten, möglich wurde. Dieser von den Institutionen selbst herbeigeführte Verfall kann Gehlen zufolge nur durch die Heraufkunft eines neuen institutionentragenden Ethos abgestoppt werden. Gegenüber den Versuchungen der Subjektivität nach „Selbstverwirklichung" sollen sich - gegen alle Tendenzen der Realität - kleine Eliten auf asketische Haltungen verpflichten. Zur Krisenbewältigung fordert Gehlen - woher auch immer - eine „asketische Tendenz, in der man sich sozusagen zum Baustein im Ordnungsgefüge macht"[80].

Es ist Niklas Luhmann, der der Argumentationsspirale eine weitere Drehung[81] - in dieselbe Richtung - gibt, indem er den bisherigen Beschreibungen von Paradoxien vorwirft, sie hätten nichts weiter als Tautologien produziert,

---

[80] Arnold Gehlen, Das Ende der Persönlichkeit?, in: ders., Studien zur Anthropologie und Soziologie, a.a.O., S. 335

[81] Nachdem er von der Beobachtung von Paradoxien des Handelns (Niklas Luhmann, Soziologische Aufklärung, Bd. 1, Opladen 1972, S. 10: „die wichtigsten Probleme der Sozialwissenschaften liegen gerade im Bereich der unbedachten Folgen des Handelns") zur Beobachtung von Paradoxiebeschreibungen übergegangen ist. Zu Paradoxien bei Luhmann vgl. Manfred Hennen, Soziale Motivation und paradoxe Handlungsfolgen, a.a.O., S. 261 ff.

und gerade in ihren Versuchen, jenseits der von ihnen attestierten paradoxen Geschehensverläufe geschichtsmächtige Handlungspotenzen zu verorten, verfingen sie sich unwillentlich in selbstgemachten Paradoxien. „Jede Beobachtung von Systemen, die sich selbst beobachten, gelangt" nach Luhmann „vor die Frage nach den immanenten Schranken selbstreferentieller Operationen. Läßt man die Selbstreferenz ohne Einschränkung und nur in Anwendung auf sich selbst zu, stößt man auf Tautologien und Paradoxien."[82] Eine Gesellschaft könne über sich sagen, daß sie ist, wie sie ist, dies sei eine Tautologie, oder daß sie ist, was sie noch nicht ist, hier handele es sich um eine Paradoxie. Luhmann verlagert das Problem der Paradoxie auf die Ebene der Theoriekonstruktion: indem er beobachtet, wie andere beobachten, das heißt, auf welche Weise andere Theorien Aussagen über ihren Gegenstand treffen. Paradoxie wird in diesem Fall zu einem Problem der Aussagelogik. Es ist nicht mehr der Gegenstand selbst - seien es Individuen, Strukturen, Gesellschaften -, der sich paradox verhält, sondern es sind die Aussagen über diesen Gegenstand, die Luhmann als unvermeidlich paradox „entlarvt". Diese Verlagerung der Paradoxie von der Logik des Gegenstandes zur Logik der Argumentation vollzieht er, indem er die Konstitution des Gegenstandes zu einem Problem seiner Identität, mithin der Selbstvergewisserung macht: Was muß eine Instanz wissen, und wie muß sie dieses Wissen in Erfahrung bringen, damit sie sich ihrer Identität gewiß sein kann? Die Instanz, um die es Luhmann geht, ist Gesellschaft. Seine Frage: Wie kann Gesellschaft sich ihrer selbst gewiß werden? Paradoxien in den Selbstbeschreibungen der Gesellschaft sind für Luhmann gleichermaßen unvermeidbar wie pathologisch.[83] Ihm geht es darum, wie bisherige Selbstbeschreibungen sich bemüht haben, dieser doppelten Falle auszuweichen, und welche Möglichkeiten speziell die Systemtheorie besitzt, mit diesem Problem auf nichtpathologische Weise[84] umzugehen. Bisherige Versuche der Entparadoxierung (und für alle weiteren

---

[82] Niklas Luhmann, Tautologie und Paradoxie in den Selbstbeschreibungen der modernen Gesellschaft, in: Zeitschrift für Soziologie, H. 3, 1987, S. 170. Hier bezieht sich Luhmann wohl auf Russel, der davon ausgeht, daß eine besondere Art von Widerspruch, nämlich eine widersprechende Selbstbezüglichkeit, ein Paradoxon ergibt. Vgl. Robert Heiß, Der Mechanismus der Paradoxien und das Gesetz der Paradoxienbildung, Philosophischer Anzeiger 2, Bonn 1928, S. 406.

[83] vgl. auch Klaus Krippendorf, Paradox and Information, in: Progress in Communication Sciences 5, Norwood 1984, S. 53

[84] vgl. Niklas Luhmann, Tautologie und Paradoxie, a.a.O., S. 170

gelte dies wohl auch) hätten nur vorübergehend die paradoxale Problematik zugedeckt, dafür aber an anderer Stelle das Auftauchen von Paradoxien gefördert. So gesehen sei die Ideenevolution nichts anderes als der immer wieder startende und scheiternde Versuch, Selbstbeschreibungen der Gesellschaft zu entparadoxieren. Diese „Verstrickung" gerate nicht mehr in das Blickfeld von Theorien gesellschaftlicher Selbstbeschreibung. Luhmann sieht die Lösung dieser Problematik darin, eine Beobachterposition zweiter Ordnung zu beziehen[85], die zwar nicht die paradoxale Struktur gesellschaftlicher Selbstbeschreibung aufheben kann, die aber immerhin den Sachverhalt der unvermeidbaren Paradoxien zu thematisieren vermag.

Auf der Ebene der Theoriebeschreibung wiederholt Luhmann hier, was Marx, Weber und Gehlen auf der Ebene der Gegenstandsbeschreibung schon vorgeführt haben: Soziale Aggregate geraten durch ihr Funktionieren paradoxerweise in eine bestandskritische Lage, aus der nur der Sprung aus deren jeweiliger Struktur heraus hilft. Was bei Marx, Weber und Gehlen auf der Ebene der Gegenstandsbeschreibung das revolutionäre Proletariat, der charismatische Führer, die asketischen Eliten sind, ist bei Luhmann auf der Ebene der Theoriebeschreibung das Beziehen einer Beobachterposition zweiter Ordnung. Die Selbstbeschreibung der Gesellschaften sei unvermeidbar zirkulär und paradox; ein Sachverhalt, dem man nur durch eine Beobachtungs- und Beschreibungsart, die sich jenseits der „alten" Theorieproduktionen verortet, entgehen kann, und den man dadurch zugleich zu erfassen sucht. Aber welche    besonderen    Voraussetzungen    erlauben    Luhmann    ein „Herausspringen" aus den für andere unumgehbaren Paradoxien der Theorieproduktion? Theorie- und handlungsstrategisch wird hier in strukturell gleicher Weise wie bei den anderen Theorien vorgegangen: Unvermeidlichen Paradoxien, seien es die des Handelns oder die der Theoriebildung, entzieht man sich, indem man sich auf Instanzen, Positionen bezieht, die außerhalb der paradoxieproduzierenden Immanenz der Ordnungen gesucht werden. Während das Denken und Handeln der Individuen im Zuge ihrer paradoxen Verkehrung zu stabilen Ordnungen gerinnt, fordert umgekehrt die Krisenhaftigkeit dieser Ordnungen infolge ihres reibungslosen Funktionierens die Konstitution einer neuen Handlungspotenz: revolutionäres Subjekt bei Marx, charismatischer Führer bei Weber, asketische Elite bei Gehlen, Beobachter auf einer Position zweiter Ordnung bei Luhmann. In allen vier Varianten der

---

[85] vgl. ebd., S. 164

Theorie- und Handlungspotenz handelt es sich um Figuren, die in ihrer Funktion dem deus ex machina der griechischen Tragödie vergleichbar sind. Bei paradoxen Geschehensverläufen geht es also um zwei gegenläufige Prozesse der Paradoxierung: Zum ersten verkehren sich die Intentionen des Handelns in seinen kontraintentionalen Folgen, die sich zu sozialen Aggregaten verfestigen, und zum zweiten verlangt die Eigendynamik dieser Aggregate nach der Heraufkunft einer geschichtsträchtigen Handlungspotenz, die sie - die Aggregate - aus eigener Kraft allerdings nicht zu generieren vermögen.

# Anhang

## Verzeichnis der Abkürzungen

PE (1), Bd. 20: Max Weber, Die protestantische Ethik und der „Geist" des Kapitalismus, in: Archiv für Sozialwissenschaft und Sozialpolitik, Bd. 20, Tübingen (1904) 1905

PE (1), Bd. 21: Max Weber, Die protestantische Ethik und der „Geist" des Kapitalismus, in: Archiv für Sozialwissenschaft und Sozialpolitik, Bd. 21, Tübingen 1905

PE (2):   Max Weber, Die protestantische Ethik und der Geist des Kapitalismus, in: ders., Gesammelte Aufsätze zur Religionssoziologie, Bd.I, Tübingen 1988 (photomechanischer Nachdruck der 1920 erschienenen Erstauflage), S. 17-206

PE (3):   Max Weber, Die protestantische Ethik und der Geist des Kapitalismus, in: ders., Die protestantische Ethik, Bd. I. Eine Aufsatzsammlung (hrsg. von Johannes Winckelmann), Hamburg 1975, S. 27-279

PE (4):   Max Weber, Die protestantische Ethik und der „Geist" des Kapitalismus (hrsg. von Klaus Lichtblau und Johannes Weiß), Bodenheim 1993

GARS I:   Max Weber, Gesammelte Aufsätze zur Religionssoziologie, Bd. I, Tübingen 1988

We/Wi I:   Max Weber, Die protestantische Ethik, Bd. I. Eine Aufsatzsammlung (hrsg. von Johannes Winckelmann), Hamburg 1975

We/Wi II:   Max Weber, Die protestantische Ethik, Bd. II. Kritiken und Antikritiken (hrsg. von Johannes Winckelmann), Gütersloh 1978

PS in GARS I: Max Weber, Die Protestantischen Sekten und der Geist des Kapitalismus, in: ders., Gesammelte Aufsätze zur Religionssoziologie, Bd. I, Tübingen 1988, S. 207-236

PS in We/Wi I: Max Weber, Die Protestantischen Sekten und der Geist des Kapitalismus, in: ders., Die protestantische Ethik, Bd. I. Eine Aufsatzsammlung (hrsg. von Johannes Winckelmann), Hamburg 1975, S. 279-318

W. u. G.:   Max Weber, Wirtschaft und Gesellschaft. Grundriß einer verstehenden Soziologie, Studienausgabe, Tübingen 1976

WL:   Max Weber, Gesammelte Aufsätze zur Wissenschaftslehre (hrsg. v. Johannes Winckelmann), Tübingen 1973

Wirtschaftsgeschichte: Max Weber, Wirtschaftsgeschichte. Abriß der universalen Sozial- und Wirtschaftsgeschichte, Berlin 1981

## Lektüreempfehlungen für Anfänger:

Weber, Max: Die protestantische Ethik und der „Geist" des Kapitalismus; zu den verschiedenen Editionen vgl. Anm. 1 der vorliegenden Schrift.

Weber, Max: Die protestantische Ethik II. Kritiken und Antikritiken, (hrsg. von Johannes Winckelmann), Gütersloh 1978

Weiß, Johannes: Max Webers Grundlegung der Soziologie, München 1975

Käsler, Dirk: Max Weber, in: ders. (Hrsg.), Klassiker des soziologischen Denkens, 2. Bd., München 1978

Dülmen, Richard van: Protestantismuns und Kapitalismus. Max Webers These im Licht der neueren Sozialgeschichte, in: Christian Gneuss und Jürgen Kocka (Hrsg.), Max Weber, Ein Symposion, München 1988

## Weiterführende Diskussion:

Brocker, Manfred: Max Webers Erklärungsansatz für die Entstehung des Kapitalismus. Thesen und Kritik, in: Zeitschrift für Geschichtswissenschaft, H. 6, 43. Jahrgang 1995

Dülmen, Richard van: Protestantismuns und Kapitalismus. Max Webers These im Licht der neueren Sozialgeschichte, in: Christian Gneuss und Jürgen Kocka (Hrsg.), Max Weber, Ein Symposion, München 1988

Green, Robert W. (Hrsg.): Protestantism, Capitalism, and Social Science. The Weber Thesis Controversy, Lexington (Massachusetts), Toronto 1973

Käsler, Dirk: Max Weber, in: ders. (Hrsg.), Klassiker des soziologischen Denkens, Bd. 2, München 1978

Kaufhold, Karl Heinrich, Guenther Roth und Yuichi Shionoya (Hrsg.), Max Weber und seine „Protestantische Ethik". Vademecum zu einem Klassiker der Geschichte der ökonomischen Rationalität, Düsseldorf 1992

Lehmann, Hartmut: Asketischer Protestantismus und ökonomischer Rationalismus: Die Weber-These nach zwei Generationen, in: Wolfgang Schluchter (Hrsg.), Max Webers Sicht des okzidentalen Christentums, Frankfurt/M. 1988

Lehmann, Hartmut: Max Webers „Protestantische Ethik". Beiträge aus der Sicht eines Historikers, Göttingen 1996

Schluchter, Wolfgang: Die Entwicklung des okzidentalen Rationalismus, Tübingen 1979

Seyfarth, Constans und Walter M. Sprondel (Hrsg.): Seminar: Religion und gesellschaftliche Entwicklung. Studien zur Protestantismus-These Max Webers, Frankfurt/M. 1973

Tenbruck, Friedrich H.: Das Werk Max Webers, in: Kölner Zeitschrift für Soziologie und Sozialpsychologie, Nr. 27, 1975

Tyrell, Hartmann: Worum geht es in der „Protestantischen Ethik"? Ein Versuch zum besseren Verständnis Max Webers, in: Saeculum, Bd. 41, Freiburg und München 1990

**Bibliographien zur Diskussion über: „Max Weber, Die protestantische Ethik" finden sich in:**

Eisenstadt, Shmuel N. (Hrsg.): The protestant ethic and modernization. A comperative view, New York 1968

Kivisto, Peter, Swatos, William H.: Max Weber. A Bio-Bibliography, New York, Westport (Connecticut), London 1988

Seyfarth Constans, Schmidt, Gert: Max-Weber-Bibliographie, Stuttgart 1977

Seyfarth, Constans, Sprondel, Walter M. (Hrsg.): Seminar: Religion und gesellschaftliche Entwicklung, Frankfurt/M. 1973

Weber, Max: Die Protestantische Ethik, Bd. II, Kritiken und Antikritiken (hrsg. von Johannes Winckelmann), Gütersloh 1978

Weiss, Johannes (Hrsg.): Max Weber heute. Erträge und Probleme der Forschung, Frankfurt/M. 1989

**Lesehinweise zur Person und zum Leben Max Webers mit besonderer Rücksicht auf die „Protestantische Ethik"**

Von Max Scheler stammt der Hinweis, bei Max Weber handele es sich um einen säkularisierten Protestanten. Weber selbst äußerte sich einmal in einem Brief an Ferdinand Tönnies scheinbar konträr: Ich „bin ... religiös absolut unmusikalisch und habe weder Bedürfnis noch Fähigkeit, irgendwelche seelischen 'Bauwerke' religiösen Charakters in mir zu errichten - das geht einfach nicht, resp. ich lehne es ab." Die beiden Bemerkungen markieren Endpunkte eines Spannungsbogens, der folgende Frage plausibel werden läßt: Inwieweit haben Webers Erfahrungen und Einstellungen seine „Protestantische Ethik" beeinflußt? Hiermit eröffnet sich ein vielschichtiges Problemfeld. Einige Literaturhinweise sollen den Studierenden die Orientierung darin erleichtern.

Wer sich über das Leben Max Webers, die religiös-weltanschaulichen und ökonomischen Hintergründe seines Familienlebens sowie seine Tätigkeiten als Wissenschaftler und Politiker zuerst einmal ganz allgemein informieren will, dem seien vier Schriften empfohlen:

- Marianne Weber, Max Weber. Ein Lebensbild, Tübingen 1984
- Hans Norbert Fügen, Max Weber - mit Selbstbildnissen und Bilddokumenten, Reinbek bei Hamburg 1985
- Dirk Käsler, Max Weber, in: ders. (Hrsg.), Klassiker des soziologischen Denkens, 2. Bd., München 1978;

und zur Vertiefung:

- René König u. Johannes Winckelmann (Hrsg.), Max Weber zum Gedächtnis. Mate-rialien und Dokumente zur Bewertung von Werk und Persönlichkeit, Opladen 1963, 2. Aufl. 1985

Aufbauend auf diesen vier Büchern kann nun speziellen Fragen im Verhältnis von Biographie und Person einerseits, zum Arbeitsthema „Protestantische Ethik" andererseits nachgegangen werden:

Über Webers religiös-kirchliches Engagement gibt die Arbeit von Lothar Bily, Die Religion im Denken Max Webers (Diss. Theolog.), St. Otilien 1990, Auskunft.

In welch hervorragender Weise Weber nicht nur in evangelische Kirchenkreise integriert war, sondern infolge weitverzweigter Verwandtschaftsverhältnisse über ein familiär vermitteltes Anschauungsmaterial internationaler Kaufmanns- und Industriellentätigkeit verfügte, zeigt Guenther Roth in seinen beiden Aufsätzen:
- Zur Entstehungs- und Wirkungsgeschichte von Max Webers „Protestantischer Ethik", in: Karl Heinrich Kaufhold, Guenther Roth, Yuichi Shionoya: Max Weber und seine „Protestantische Ethik". Vademecum zu einem Klassiker der Geschichte ökonomischer Rationalität, Düsseldorf 1992
- Heidelberg - London - Manchester. Zu Max Webers deutsch-englischer Familienge-schichte, in: Hubert Treiber und Karol Sauerland (Hrsg.), Heidelberg im Schnitt punkt intellektueller Kreise. Zur Topographie der „geistigen Geselligkeit" eines „Weltdorfes": 1850 - 1950, Opladen 1995

Jenseits der ökonomischen und kirchlichen Erfahrungsdimension läßt sich auch fragen, ob nicht zwischen Webers Haltung in Fragen der Erotik und der protestantischen Ethik eine Beziehung bestehe. Wer dieser Spur nachgehen will, sollte sich zuerst einmal anhand folgender Schriften orientieren:
- Wolfgang Schwentker, Leidenschaft als Lebensform. Erotik und Moral bei Max Weber und im Kreis um Otto Gross, in: Wolfgang J. Mommsen und Wolfgang Schwentker (Hrsg.), Max Weber und seine Zeitgenossen, Göttingen Zürich 1988
- Bozena Choluj, Max Weber und die Erotik, in: Hubert Treiber u. Karol Sauerland (Hrsg.), Heidelberg im Schnittpunkt intellektueller Kreise, a.a.O.; und:
- Tilman Allert, Max und Marianne Weber. Eine Gefährtenehe; in: Hubert Treiber u. Karol Sauerland (Hrsg.), Heidelberg im Schnittpunkt intellektueller Kreise, a.a.O.

Einen weiteren Aspekt der Beziehung Person, Leben und protestantische Ethik beschreibt Sven Papke in seinem Aufsatz über „Eine Theorie der Sachzwänge: Zum Leben und Werk Max Webers, in: ders., Vernunft und Chaos. Essays zur sozialen Ideengeschichte, Frankfurt/M. 1985, wo er auf die strenge Haltung und Arbeitsbesessenheit Webers eingeht. Hinweise zum protestantischen Arbeitsethos von Max Weber finden sich auch in: Reinhard Bendix, Max Weber - Das Werk, München 1964
Zum Schluß sei noch auf einen Essay von Siegried Kracauer über „Die Wartenden" (in: ders., Das Ornament der Masse, Frankfurt/M. 1977) aufmerksam gemacht, der die von Weber intendierte Spannungsgeladenheit in seinem persönlichen Leben und wissenschaftlichen Schaffen beschreibt. Weber soll einmal gesagt haben: „Ich will sehen, wieviel ich aushalten kann." Der sich in diesem Satz offenbarende ethische Rigorismus, der Wissenschaft als heroischen Akt der Selbstverneinung (siehe Wertfreiheit) begreift, deutet auf eine untergründige Verbindung zwischen seiner wissenschaftlichen Tätigkeit und protestantischer Ethik hin.

## Literaturverzeichnis

Adorno, Theodor W.: Negative Dialektik, Frankfurt/M. 1975

Allert, Tilman: Max und Marianne Weber. Eine Gefährtenehe, in: Hubert Treiber u. Karol Sauerland (Hrsg.), Heidelberg im Schnittpunkt intellektueller Kreise. Zur Topographie der „geistigen Geselligkeit" eines „Weltdorfes": 1850-1950, Opladen 1995

Baier, Horst: Von der Erkenntnislehre zur Wirklichkeitswissenschaft. Eine Studie über die Begründung der Soziologie bei Max Weber, Universität Münster/Westfalen 1969

Bataille, Georges: Der Begriff der Verausgabung, in: ders., Die Aufhebung der Ökonomie, München 1975

Bataille, Georges: Der verfemte Teil, in: ders., Die Aufhebung der Ökonomie, München 1975

Becker, Howard: Typologisches Verstehen, in: Walter L. Bühl (Hrsg.), Verstehende Soziologie. Grundzüge und Entwicklungstendenzen, München 1972

Below, Georg von: Die Ursachen der Reformation. Prorektoratsrede vom 13. April 1916, Freiburg/Br. 1916

Bendix, Reinhard: Max Weber - Das Werk. Darstellung, Analyse, Ergebnisse, München 1964

Bienfait, Werner: Max Webers Lehre vom geschichtlichen Erkennen. Ein Beitrag zur Frage der Bedeutung des „Idealtypus" für die Geschichtswissenschaft, in: Historische Studien, H. 194, Berlin 1930, Nachdruck Vaduz 1965

Bily, Lothar: Die Religion im Denken Max Webers (Diss. Theolog.), St. Otilien 1990

Bosl, Karl: Die Gesellschaft in der Geschichte des Mittelalters, Göttingen 1975

Brentano, Lujo: Die Anfänge des modernen Kapitalismus, München 1916

Brocker, Manfred: Max Webers Erklärungsansatz für die Entstehung des Kapitalismus. Thesen und Kritik, in: Zeitschrift für Geschichtswissenschaft, H. 6, 43. Jahrgang 1995

Bühl, Walter L.: Die alte und die neue Verstehende Soziologie. Einleitung, in: ders. (Hrsg..), Verstehende Soziologe. Grundzüge und Entwicklungstendenzen, München 1972

Burckhardt, Jacob: Die Kultur der Renaissance in Italien, Stuttgart 1976

Cohn, Norman: Das Ringen um das tausendjährige Reich. Revolutionärer Messianismus im Mittelalter und sein Fortleben in den modernen totalitären Bewegungen, Bern und München 1961

Choluj, Bozena: Max Weber und die Erotik in. Hubert Treiber u. Karol Sauerland (Hrsg.), Heidelberg im Schnittpunkt intellektueller Kreise. Zur Topographie der „geistigen Geselligkeit" eines „Weltdorfes": 1850 - 1950, Opladen 1995

Daele, Wolfgang van den: „Unbeabsichtigte Folgen" sozialen Handelns - Anmerkungen zur Karriere des Themas, in: Joachim Matthes (Hrsg.), Lebenswelt und Soziale Probleme. Verhandlungen des 20. Deutschen Soziologentages zu Bremen 1980, Frankfurt/M. 1981

Dhondt, Jahn: Das frühe Mittelalter, Frankfurt/M. 1968

Dülmen, Richard van: Protestantismuns und Kapitalismus. Max Webers These im Licht der neueren Sozialgeschichte, in: Christian Gneuss und Jürgen Kocka (Hrsg.), Max Weber, Ein Symposion, München 1988

Dux, Günter: Religion, Geschichte und sozialer Wandel in Max Webers Religionssoziologie, in: Constans Seyfarth und Walter M. Sprondel, Seminar: Religion und gesellschaftliche Entwicklung. Studien zur Protestantismus-Kapitalismus-These Max Webers, Frankfurt/M. 1973

Eisenstadt, Shmuel N. (Hrsg.): The Protestant Ethic and Modernization. A Comperative View, New York 1968

Eisler, Rudolf: Wörterbuch der philosophischen Begriffe, 1. Bd., Berlin 1910

Elias, Norbert: Human Figurations. Essays for Norbert Elias, Amsterdam 1977

Engels, Friedrich: Ludwig Feuerbach und der Ausgang der klassischen Philosophie, Berlin 1946

Fausel, Heinrich: Doktor Martin Luther. Leben und Werk. 1522 bis 1546, München und Hamburg 1966

Fischer, H. Karl: Kritische Beiträge zu Professor Max Webers Abhandlung „Die protestantische Ethik und der Geist des Kapitalismus", in: Max Weber: Die protestantische Ethik II (hrsg. von Johannes Winckelmann), Gütersloh 1978

Fischer, H. Karl: Protestantische Ethik und „Geist des Kapitalismus", in: Max Weber, Die Protestantische Ethik II. Kritiken und Antikritiken (hrsg. v. Johannes Winckelmann), Gütersloh 1978

Frank, Isnard Wilhelm: Kirchengeschichte des Mittelalters, Düsseldorf 1984

Franz, Günther: Der deutsche Bauernkrieg, Darmstadt 1984

Freyer, Hans: Theorie des gegenwärtigen Zeitalters, Stuttgart 1961

Fügen, Hans Norbert: Max Weber - mit Selbstbildnissen und Bilddokumenten, Reinbek bei Hamburg 1985

Gehlen, Arnold: Das Ende der Persönlichkeit?, in: ders., Studien zur Anthropologie und Soziologie, Berlin und Neuwied 1963

Gehlen, Arnold: Probleme einer soziologischen Handlungslehre, in: ders., Studien zur Anthropologie und Soziologie, Berlin und Neuwied 1963

Gehlen, Arnold: Sozialpsychologische Probleme in der industriellen Gesellschaft, Tübingen 1949

Goethe, Johann Wolfgang von: Faust, 1. Teil, Stuttgart 1986

Gothein, Eberhard: Wirtschaftsgeschichte des Schwarzwaldes und der angrenzenden Landschaften, 1892, Reprint New York 1970

Green, Martin: Else und Frieda. Die Richthofen-Schwestern, München 1976

Green, Robert W. (Hrsg.): Protestantism, Capitalism, and Social Science. The Weber Thesis Controversy, Lexington (Massachusetts), Toronto 1973

Groethuysen, Bernhard: Die Entdeckung der bürgerlichen Welt- und Lebensanschauung in Frankreich, Bd. 2, Frankfurt/M. 1970 (Erstveröffentlichung 1927)

Gumbrecht, Ulrich, Pfeifer, K. Ludwig (Hrsg.): Paradoxien, Dissonanzen, Zusammenbrüche. Situationen offener Epistemologie, Frankfurt/M. 1991

Guttandin, Friedhelm: Genese und Kritik des Subjektbegriffs. Zur Selbstthematisierung der Menschen als Subjekte, Egelsbach, Köln und New York 1993

Guttandin, Friedhelm: Ordnungen und ihre Gegenbilder. Apokalypse, Chaos, Barbarei, Katastrophe, in: Thomas Jung u.a. (Hrsg.): Vom Weiterlesen der Moderne, Beiträge zur aktuellen Aufklärungsdebatte, Bielefeld 1984

Habermas, Jürgen: Theorie des kommunikativen Handelns, Bd. I, Frankfurt/M. 1982

Haferkamp, Hans: „Individualismus" und „Uniformierung" - Über eine Paradoxie in Max Webers Theorie der gesellschaftlichen Entwicklung, in: Johannes Weiß (Hrsg.), Max Weber heute. Erträge und Probleme der Forschung, Frankfurt/M. 1989

Hassinger, Erich: Das Werden des neuzeitlichen Europas 1300-1600, Braunschweig 1976

Heilbronner, Robert L.: Die Entstehung von Märkten und Produktionsfaktoren, in: Ekkehart Schlicht, Einführung in die Verteilungstheorie, Reinbek b. Hamburg 1976

Helfrich, Karl: Die Bedeutung des Typusbegriffes im Denken der Geisteswissenschaften. Eine wissenschaftliche Untersuchung unter besonderer Berücksichtigung der Wissenschaftslehren von Wilhelm Dilthey, Eduard Spranger, Wilhelm Windelband, Heinrich Rickert und Max Weber, Gießen 1939

Hennen, Manfred: Krise der Rationalität - Dilemma der Soziologie. Zur kritischen Rezeption Max Webers, Stuttgart 1976

Hennis, Wilhelm: Max Webers Fragestellung. Studien zur Biographie des Werks, Tübingen 1987

Hermelink, Heinrich: Reformation und Gegenreformation, in: Gustav Krüger (Hrsg.), Handbuch der Kirchengeschichte, Dritter Teil, Tübingen 1911

Heussi, Karl: Kompendium zur Kirchengeschichte, Tübingen 1979

Hilton, Rodney H.: Die Natur mittelalterlicher Bauernwirtschaft, in: Ludolf Kuchenbuch (Hrsg.), Feudalismus - Materialien zur Theorie und Geschichte, Frankfurt/M., Berlin und Wien 1977

Hilton, Rodney H.: Ein Kommentar zum Übergang vom Feudalismus zum Kapitalismus, in: Ludolf Kuchenbuch (Hrsg.), Feudalismus - Materialien zur Theorie und Geschichte, Frankfurt/M., Berlin und Wien 1977

Hintze, Otto: Feudalismus und Kapitalismus, Göttingen 1970

Hirschmann, Albert O.: Denken gegen die Zukunft. Die Rhetorik der Reaktion, München und Wien 1992

Hubatsch, Walter: Frühe Neuzeit und Reformation in Deutschland, Frankfurt/M., Berlin und Wien 1981

Irsigler, Franz: Kaufmannsmentalität im Mittelalter, in: Cord Meckseper, E. Schraut (Hrsg.), Mentalität und Alltag im Spätmittelalter, Göttingen 1985

Iserloh, Erwin, Josef Glazik, Hubert Jedin: Reformation, Katholische Reform und Gegenreformation, Handbuch der Kirchengeschichte, Bd. IV, Freiburg, Basel und Wien 1975

Iserloh, Erwin: Die protestantische Reformation, in: Erwin Iserloh, Josef Glazik, Hubert Jedin, Reformation, Katholische Reform und Gegenreformation, Handbuch der Kirchengeschichte, Bd. IV, Freiburg, Basel und Wien 1975

Jellinek, Georg: Die Erklärung der Menschen- und Bürgerrechte. Ein Beitrag zur modernen Verfassungsgeschichte, München und Leipzig 1919

Joachimsen, Paul: Die Reformation als Epoche der deutschen Geschichte, Aalen 1970

Jokisch, Rodrigo: Die nichtintendierten Effekte menschlicher Handlungen. Ein klassisches soziologisches Problem, in: Kölner Zeitschrift für Soziologie und Sozialpsychologie, Jg. 33, 1981

Kampschulte, Friedrich W.: Johann Calvin, seine Kirche und sein Staat in Genf und Leipzig 1869

Kant, Immanuel: Idee zu einer allgemeinen Geschichte in weltbürgerlicher Absicht, in: ders., Werke (Akademie Textausgabe) Bd. VIII, Berlin 1968

Käsler, Dirk: Max Weber, in: ders. (Hrsg.), Klassiker des soziologischen Denkens, Bd. 2, München 1978

Kaufhold, Karl Heinrich, Guenther Roth und Yuichi Shionoya (Hrsg.): Max Weber und seine „Protestantische Ethik". Vademecum zu einem Klassiker der Geschichte der ökonomischen Rationalität, Düsseldorf 1992

Kivisto, Peter und William H. Swatos: Max Weber. A Bio-Bibliography, New York, Westport, Connecticut und London 1988

König, René u. Johannes Winckelmann (Hrsg.): Max Weber zum Gedächtnis. Materialien und Dokumente zur Bewertung von Werk und Persönlichkeit, Opladen 1963

Kofler, Leo: Geschichte der bürgerlichen Gesellschaft, Wien und Berlin 1974

Kracauer, Siegfried: Die Wartenden, in: ders., Das Ornament der Masse, Frankfurt/M. 1977

Krippendorf, Klaus: Paradox and Information, in: Progress in Communication Sciences 5, Norwood 1984

Kroeschell, Karl: Deutsche Rechtsgeschichte, Bd. 1, Reinbek b. Hamburg 1972

Krüger, Gustav (Hrsg.): Handbuch der Kirchengeschichte, Dritter Teil, Tübingen 1911

Kuchenbuch, Ludolf (Hrsg.): Feudalismus - Materialien zur Theorie und Geschichte, Frankfurt/M., Berlin und Wien 1977

Küenzlen, Gottfried: Die Religionssoziologie Max Webers. Eine Darstellung ihrer Entwicklung, Berlin 1980

Lehmann, Hartmut: Asketischer Protestantismus und ökonomischer Rationalismus: Die Weber-These nach zwei Generationen, in: Wolfgang Schluchter (Hrsg.), Max Webers Sicht des okzidentalen Christentums, Frankfurt/M. 1988

Lehmann, Hartmut: Max Webers „Protestantische Ethik". Beiträge aus der Sicht eines Historikers, Göttingen 1996

Lennert, Rudolf: Die Religionstheorie Max Webers, in: Religion und Geschichte, 2. H., Stuttgart 1935

Lichtblau, Klaus: Soziologie und Zeitdiagnose. Oder: Die Moderne im Selbstbezug, in: Stefan Müller-Doohm (Hrsg.), Jenseits der Utopie, Theoriekritik der Gegenwart, Frankfurt/M. 1991

Loo, Hans van der und Willem van Reijen: Modernisierung. Projekt und Paradox, München 1992

Lortz, Joseph: Die Reformation in Deutschland, Freiburg/Br. 1939

Löwith, Karl: Max Weber und Karl Marx, in: Seyfarth, Constans und Walter M. Sprondel (Hrsg.): Seminar: Religion und gesellschaftliche Entwick-

lung. Studien zur Protestantismus-These Max Webers, Frankfurt/M.
1973

Ludz, Peter Christian: Soziologie und Sozialgeschichte: Aspekte und Probleme, in: ders., Soziologie und Sozialgeschichte, Opladen 1973

Luhmann, Niklas: Sthenographie und Euryalistik, in: Hans Ulrich Gumbrecht, K. Ludwig Pfeifer (Hrsg.), Paradoxien, Dissonanzen, Zusammenbrüche. Situationen offener Epistemologie, Frankfurt/M. 1991

Lutz, Burkhart (Hrsg.): Soziologie und gesellschaftliche Entwicklung. Verhandlungen des 22. Deutschen Soziologentages in Dortmund 1984, Frankfurt/M. und New York 1985

Mackenroth, Gerhard: Zweckverstehen und Ausdrucksverstehen, in: Walter L. Bühl, Verstehende Soziologie. Grundzüge und Entwicklungstendenzen, München 1972

Mandeville, Bernard: Die Bienenfabel oder Private Laster als gesellschaftliche Vorteile, München 1988

Martin, Alfred von: Soziologie der Renaissance, München 1974

Marx, Karl: Das Kapital, Bd. I, MEW 23, Berlin 1970

Marx, Karl: Das Kapital, Bd. II, MEW 24, Berlin 1970

Marx, Karl: Das Kapital, Bd. III, MEW 25, Berlin 1973

Marx, Karl: Der 18. Brumaire des Louis Bonaparte, MEW 8, Berlin 1960

Marx, Karl: Die heilige Familie, MEW 2, Berlin 1975

Marx, Karl: Grundrisse der Kritik der politischen Ökonomie, Frankfurt/M.
1976

Marx, Karl: Resultate des unmittelbaren Produktionsprozesses, Frankfurt/M.
1969

Maschke, Erich: Das Bewußtsein des mittelalterlichen Fernkaufmanns, Berlin
1964

Mayer, Hans: Martin Luther. Leben und Glaube, Gütersloh 1982

Meckseper, Cord, Schraut, Elisabeth (Hrsg.): Mentalität und Alltag im Spätmittelalter, Göttingen 1985

Mills, C. Wright: Vom Nutzen der Geschichte für die Sozialwissenschaften, in: Hans-Ulrich Wehler (Hrsg.), Geschichte und Soziologie, Königstein/Ts. 1984

Moeller, Bernd: Geschichte des Christentums in Grundzügen, Göttingen 1979

Mommsen, Wolfgang: Max Weber. Gesellschaft, Politik und Geschichte, Frankfurt/M. 1982

Mottek, Hans: Wirtschaftsgeschichte Deutschlands, Bd. 1, Berlin 1968

Mühlmann, Wilhelm E.: Max Weber und die rationale Soziologie, in: Heidelberger Sociologica, Bd. 3, Tübingen 1966

Oppenheimer, Hans: Die Logik der soziologischen Begriffsbildung mit besonderer Berücksichtigung von Max Weber, in: Heidelberger Abhandlungen zur Philosophie und ihrer Geschichte, Bd. 5, Tübingen 1925

Papke, Sven: Eine Theorie der Sachzwänge: Zum Leben und Werk Max Webers, in: ders., Vernunft und Chaos. Essays zur sozialen Ideengeschichte, Frankfurt/M. 1985

Parsons, Talcott: Das System moderner Gesellschaften, München 1972

Peukert, Detlev J. K.: Max Webers Diagnose der Moderne, Göttingen 1989

Pfister, Bernhard: Die Entwicklung zum Idealtypus. Eine methodologische Untersuchung über das Verhältnis von Theorie und Geschichte bei Menger, Schmoller und Max Weber, Tübingen 1928

Pirenne, Henri: Social- und Wirtschaftsgeschichte Europas im Mittelalter, München 1974

Polanyi, Karl: Reziprozität, Redistribution und Tausch, in: Ekkehart Schlicht: Einführung in die Verteilungstheorie, Reinbek b. Hamburg 1976

Rachfahl, Felix: Kalvinismus und Kapitalismus, in: Max Weber, Die protestantische Ethik II (hrsg. von Johannes Winckelmann), Gütersloh 1978

Rachfahl, Felix: Nochmals Kalvinismus und Kapitalismus, in: Max Weber, Die protestantische Ethik II (hrsg. von Johannes Winckelmann), Gütersloh 1978

Rammstedt, Otthein: Stadtunruhen 1525, in: Geschichte und Gesellschaft. Zeitschrift für historische Sozialwissenschaft, Sonderheft 1, Der deutsche Bauernkrieg (Hrsg. Hans-Ulrich Wehler), Göttingen 1975

Romano, Ruggiero und Alberto Tenenti: Die Grundlegung der modernen Welt, Frankfurt/M. 1967

Röpke, Jochen: Neuere Richtungen und theoretische Probleme der Wirtschaftsethnologie, in: Hermann Trimborn (Hrsg.), Lehrbuch der Völkerkunde, Stuttgart 1971

Rossi, Pietro: Vom Historismus zur historischen Sozialwissenschaft. Heidelberger Max-Weber-Vorlesungen 1985, Frankfurt a.M. 1987

Roth, Guenther: Zur Entstehungs- und Wirkungsgeschichte von Max Webers „Protestan-tischer Ethik", in: Karl Heinrich Kaufhold, Guenther Roth, Yuichi Shionoya, Max Weber und seine „Protestantische Ethik". Vademecum zu einem Klassiker der Geschichte ökonomischer Rationalität, Düsseldorf 1992

Roth, Guenther: Heidelberg - London - Machester. Zu Max Webers deutsch-englischer Familiengeschichte, in: Hubert Treiber und Karol Sauerland (Hrsg.), Heidelberg im Schnittpunkt intellektueller Kreise. Zur Topographie der „geistigen Geselligkeit" eines „Weltdorfes": 1850 - 1950, Opladen 1995

Rümelin, Gustav: Ueber den Begriff der Gesellschaft und einer Gesellschaftslehre. Akademische Rede 1888, in: Deutsche Rundschau 61, 1889

Schaaf, Julius Jakob: Geschichte und Begriff. Eine kritische Studie zur Geschichtsmethodologie von Ernst Troeltsch und Max Weber, Tübingen 1946

Schelting, Alexander von: Die logische Theorie der historischen Kulturwissenschaft von Max Weber und im besonderen sein Begriff des Idealtypus, in: Archiv für So-zialwissenschaft und Sozialpolitik (hrsg. von Emil Lederer), 49. Bd., Tübingen 1922

Schlicht, Ekkehart: Einführung in die Verteilungstheorie, Reinbek b. Hamburg 1976

Schluchter, Wolfgang (Hrsg.): Max Webers Sicht des okzidentalen Christentums, Frankfurt/M. 1988

Schluchter, Wolfgang: Die Entwicklung des okzidentalen Rationalismus, Tübingen 1979

Schluchter, Wolfgang: Rationalismus der Weltbeherrschung. Studien zu Max Weber, Frankfurt/M. 1980

Schöllgen, Gregor: Handlungsfreiheit und Zweckrationalität. Max Weber und die Tradition praktischer Philosophie, Tübingen 1984

Schwentker, Wolfgang: Leidenschaft als Lebensform. Erotik und Moral bei Max Weber und im Kreis um Otto Gross, in: Wolfgang J. Mommsen und Wolfgang Schwentker (Hrsg.), Max Weber und seine Zeitgenossen, Göttingen Zürich 1988

Seiterich, Eugen: Die logische Struktur des Typusbegriffes bei William Stern, Eduard Spranger und Max Weber, Freiburg i. Br. 1930

Seppelt, Franz Xaver, und Klemens Löffler: Papstgeschichte von den Anfängen bis zur Gegenwart, München 1933

Serres, Michel: Der Parasit, Frankfurt/M. 1984

Seyfarth Constans, Schmidt, Gert: Max-Weber-Bibliographie, Stuttgart 1977

Seyfarth, Constans und Walter M. Sprondel (Hrsg.): Seminar: Religion und gesellschaftliche Entwicklung. Studien zur Protestantismus-These Max Webers, Frankfurt/M. 1973

Simmel, Georg: Der Fremde, in: ders., Das individuelle Gesetz. Philosophische Exkurse, Frankfurt/M. 1968

Simmel, Georg: Philosophie des Geldes, Bd. 6 der Georg Simmel Gesamtausgabe (hrsg. von Otthein Rammstedt), Frankfurt/M. 1989

Smith, Adam: Der Wohlstand der Nationen, München 1978

Sombart, Werner, Max Weber und Edgar Jaffé (Hrsg.): Geleitwort, in: Archiv für Sozialwissenschaft und Sozialpolitik, Bd. 19, Tübingen 1904

Sombart, Werner: Das Verstehen, in: ders., Noo-Soziologie, Berlin 1956

Sombart, Werner: Der Bourgeois, München und Leipzig 1923

Sombart, Werner: Der moderne Kapitalismus, Bd. 1, Kapitel 14 und 15, 1. Auflage, Leipzig 1902, nachgedruckt in: Bernhard vom Brocke, Sombarts „Moderner Kapitalismus". Materialien zur Kritik und Rezeption, München 1987

Sombart, Werner: Der moderne Kapitalismus, Bd. 1, München und Leipzig 1924

Spann, Ottmar: Tote und lebendige Wissenschaft. Abhandlungen zur Auseinandersetzung mit Individualismus und Marxismus, Jena 1925

Sprandel, Rolf: Verfassung und Gesellschaft im Mittelalter, Paderborn 1975

Strieder, Jakob: Studien zur Geschichte der kapitalistischen Organisationsformen, München und Leipzig 1914

Tenbruck, Friedrich H.: Das Werk Max Webers, in: Kölner Zeitschrift für Soziologie und Sozialpsychologie, Nr. 27, 1975

Tenbruck, Friedrich H.: Die Genesis der Methodologie Max Webers, in: Kölner Zeitschrift für Soziologie und Sozialpsychologie, H. 11 1959, Köln 1959

Tenbruck, Friedrich H.: Die Soziologie vor der Geschichte, in: Peter Christian Ludz, Soziologie und Sozialgeschichte. Aspekte und Probleme, Sonderheft 16, Kölner Zeitschrift für Soziologie und Sozialpsychologie, Opladen 1976

Trimborn, Hermann (Hrsg.): Lehrbuch der Völkerkunde, Stuttgart 1971

Troeltsch, Ernst: Die Absolutheit des Christentums und die Religionsgeschichte. Vortrag. Gehalten auf der Versammlung der Freunde der christlichen Welt zu Mühlacker am 3. Oktober 1901, Tübingen 1912

Troeltsch, Ernst: Die Soziallehren der christlichen Kirchen und Gruppen, Tübingen 1923

Tyrell, Hartmann: Worum geht es in der „Protrestantischen Ethik"? Ein Versuch zum besseren Verständnis Max Webers, in: Saeculum, Bd. 41, Freiburg und München 1990

Ullmann, Walter: Individuum und Gesellschaft im Mittelalter, Göttingen 1974

Veblen, Thorstein: Theorie der feinen Leute. Eine ökonomische Untersuchung der Institutionen, München 1981 (Erstveröffentlichung 1899)

Warnke, Martin: Bau und Überbau. Soziologie der mittelalterlichen Architektur nach den Schriftquellen, Frankfurt/M. 1976

Weber, Marianne: Max Weber. Ein Lebensbild, Tübingen 1926

Weber, Max: Die protestantische Ethik und der „Geist" des Kapitalismus, in: Archiv für Sozialwissenschaft und Sozialpolitik, Bd. 20, Tübingen (1904) 1905

Weber, Max: Die protestantische Ethik und der „Geist" des Kapitalismus, in: Archiv für Sozialwissenschaft und Sozialpolitik, Bd. 21, Tübingen 1905

Weber, Max: Die protestantische Ethik und der „Geist" des Kapitalismus (hrsg. v. Klaus Lichtblau und Johannes Weiß), Bodenheim 1993

Weber, Max: Die protestantische Ethik und der „Geist" des Kapitalismus, Faksimile-Ausgabe der 1905 erschienenen Erstdrucke in der Reihe „Klassiker der Nationalökonomie" (hrsg. von Bertram Schefold), Düsseldorf 1992

Weber, Max: Die protestantische Ethik und der Geist des Kapitalismus, in: ders., Gesammelte Aufsätze zur Religionssoziologie, Bd. I, Tübingen 1988 (photomechanischer Nachdruck der 1920 erschienenen Erstauflage)

Weber, Max: Die Protestantische Ethik I. Eine Aufsatzsammlung (hrsg. von Johannes Winckelmann), Hamburg 1975

Weber, Max: Die Protestantische Ethik, Bd. II, Kritiken und Antikritiken (hrsg. von Johannes Winckelmann), Gütersloh 1978

Weber, Max: Antikritisches Schlußwort zum „Geist des Kapitalismus", in: ders., Die Protestantische Ethik II. Kritiken und Antikritiken (hrsg. v. Johannes Winckelmann), Gütersloh 1978

Weber, Max: Bemerkungen zu der vorstehenden „Replik", in: ders., Die Protestantische Ethik II. Kritiken und Antikritiken (hrsg. v. Johannes Winckelmann), Gütersloh 1978

Weber, Max: Kritische Bemerkungen zu den vorstehenden „Kritischen Beiträgen", in: ders., Die protestantische Ethik II, (hrsg. von Johannes Winckelmann), Gütersloh 1978

Weber, Max: Gesammelte Aufsätze zur Religionssoziologie, Bd. I, Tübingen 1988

Weber, Max: Die protestantischen Sekten und der „Geist" des Kapitalismus, in: ders., Gesammelte Aufsätze zur Religionssoziologie, Bd. I, Tübingen 1988

Weber, Max: Die sozialen Gründe des Untergangs der antiken Kultur, in: ders., Universalgeschichtliche Analysen, Stuttgart 1973

Weber, Max: Gesammelte Aufsätze zur Wissenschaftslehre (hrsg. v. Johannes Winckelmann), Tübingen 1973

Weber, Max: Politik als Beruf. Berlin 1993

Weber, Max: Wirtschaftsgechichte. Abriß der universalen Sozial- und Wirtschaftsgeschichte, Berlin 1981

Weber, Max: Rede auf dem ersten Deutschen Soziologentage in Frankfurt 1910, in: ders., Gesammelte Aufsätze zur Soziologie und Sozialpolitik (hrsg. von Marianne Weber), Tübingen 1988

Weber, Max: Erste Diskussionsrede zu E. Troeltschs Vortrag über „Das sto-
isch-christliche Naturrecht", in: ders., Gesammelte Aufsätze zur Soziologie und Sozialpolitik (hrsg. von Marianne Weber), Tübingen 1988

Weber, Max: Über „die wirtschaftlichen Unternehmungen der Gemeinden",
in: ders., Gesammelte Aufsätze zur Soziologie und Sozialpolitik (hrsg.
von Marianne Weber), Tübingen 1988

Weber, Max: Der Nationalstaat und die Volkswirtschaft, in: ders., Gesammelte politische Schriften Hrsg. von Johannes (hrsg. von Johannes
Winckelmann), Tübingen 1958

Weber, Max: Zur Lage der bürgerlichen Demokratie in Rußland, in: ders.,
Gesammelte politische Schriften (hrsg. von Johannes Winckelmann),
Tübingen 1958

Weber, Max: Gesammelte Aufsätze zur Sozial- und Wirtschaftsgeschichte
(hrsg. von Marianne Weber), Tübingen 1924

Weiß, Johannes (Hrsg.): Max Weber heute. Erträge und Probleme der Forschung, Frankfurt/M. 1989

Weiß, Johannes: Max Webers Grundlegung der Soziologie, München 1975

Winckelmann, Johannes: Die Herkunft von Max Webers „Entzauberungskonzeption", in: Kölner Zeitschrift zur Soziologie und Sozialpsychologie, Nr. 32, 1980

Winckelmann, Johannes: Vorwort des Herausgebers, in: Max Weber: Die
protestantische Ethik, Bd. I. Eine Aufsatzsammlung (hrsg. von Johannes
Winckelmann), Hamburg 1975

Wippler, Reinhard: Nicht-intendierte soziale Folgen individueller Handlungen, Soziale Welt, H. 29, 1978

Wittfogel, Karl August: Geschichte der bürgerlichen Gesellschaft. Von ihren
Anfängen bis zur Gegenwart, Wien 1924

Wundt, Wilhelm: Grundriß der Psychologie, Leipzig 1907